船用螺旋桨
技术研究及系列图谱

Marine Propeller Technique Research and Series Diagram

钱晓南 著

上海交通大学出版社
SHANGHAI JIAO TONG UNIVERSITY PRESS

内容提要

本书从工程实践和物理概念方面做些探讨。其中，第一部分包括螺旋桨的几何形状、桨叶剖面翼型的变化；在复杂运动状态（变速、调速和不同方位角时）中，螺旋桨的流体动力状况和相应工程技术对策；空泡现象和船后伴流场的模拟试验和评估等。为应对现代各种用途船舶对螺旋桨的要求（控制空泡、减振、降噪等），出现了现代径向变螺距、周向侧斜、轴向预置纵倾的翼形剖面桨叶船用螺旋桨。第二部分包含一些经过实验检验，证明可用的新的螺旋桨系列图谱，它们分别针对不同类型船舶所需载荷系数各异的螺旋桨。

本书可供从事船用螺旋桨研发和使用的工程技术人员参考，也可供船舶和海洋工程专业的大学生、研究生阅读。

图书在版编目(CIP)数据

船用螺旋桨技术研究及系列图谱/钱晓南著. —上海：上海交通大学出版社，2017

（船舶与海洋出版工程）

ISBN 978-7-313-17009-5

Ⅰ.①船…　Ⅱ.①钱…　Ⅲ.①船用螺旋桨—图谱　Ⅳ.①U664.33-64

中国版本图书馆 CIP 数据核字(2017)第 088333 号

船用螺旋桨技术研究及系列图谱

著　　者：钱晓南
出版发行：上海交通大学出版社
邮政编码：200030
出 版 人：郑益慧
印　　制：苏州市越洋印刷有限公司
开　　本：889mm×1194mm　1/16
字　　数：396 千字
版　　次：2017 年 5 月第 1 版
书　　号：ISBN 978-7-313-17009-5/U
定　　价：298.00 元

地　　址：上海市番禺路 951 号
电　　话：021-64071208
经　　销：全国新华书店
印　　张：14.75
印　　次：2017 年 5 月第 1 次印刷

著者简介

钱晓南　上海交通大学研究员，浙江杭州人，1933 年生，1994 年退休。

1959 年毕业于苏联列宁格勒造船学院。1959 年起在上海交通大学造船系任教，历任助教、讲师、副教授、研究员。曾编写一些新教材，如船舶阻力类和船舶操纵等。1960 年主持研制成功我国第一台潜体水下阻力仪。1980 年代起参与过多型舰船用推进器的技术研发。曾成功判定某国外引进挖泥船的可调螺距螺旋桨设计失误，及参与论证某型舰由国外引进螺旋桨设计可行。先后参与开发 JQ－5－81 系列鹰翅型螺旋桨，受托参与 SQ－5－70 低振动螺旋桨、H－4－60 螺旋桨、H－5－75 螺旋桨等系列的研发。设计过多型船舰推进用螺旋桨及推力器，包括水面、水下舰艇、货船、高速交通艇、渔船等的螺旋桨、可调螺距螺旋桨和导管螺旋桨。规划和设施过一些特种试验，如螺旋桨 360°全方位性能试验，螺旋桨倒车强度校核试验等。

前　言

著者曾有机会接触、参与国内船舶研究、设计部门船用螺旋桨的技术研发工作。出于学习的目的，多年来对参加试验所获得的数据和看到的资料，结合公开文献，做了收集、整理、分析，希望查清各类船舶螺旋桨的实际技术品质。对一些反映良好的螺旋桨，也想找出其知识含金量，加以消化吸收，并努力有所创新，形成适当的文字资料，作为参与技术讨论和决策的依据。特别是当出现某些技术困惑和争论时，还想弄清问题出在哪里。正是基于上述意愿，多方请教，努力完成螺旋桨的研发、设计课题。其中，有的工作延续时间长达数十年，才得以初步完成，有的甚至现在还没完成。所有陆续汇集的资料，都源于技术责任部门的支持和个人履行职责的义务，并不是仅仅依靠某个人努力就能完成的。

目前手头形成、积累的船用螺旋桨技术资料，包括已经向相关责任部门呈送的、受委托参与开发的、与国外交流获得的、整理归纳破译的等。这次整理出版的部分，都是著者本人在国内教科书中未看到过的内容，将侧重从物理概念方面加以阐述。全书包括两部分：第一部分涉及螺旋桨几何、力学、工程实践方面遇到的问题，且在教科书中尚未得到应有反映的，例如，当代船舶螺旋桨的图纸表达和所用剖面翼型的变化；螺旋桨在复杂运动状态（变速、调速和不同方位角时）的受力情况和相应工程技术对策；空泡现象的模拟试验和评估等。试图在实验和分析的基础上，结合工程实践，通过个例分析，加以阐述和解释。第二部分内容主要是一些螺旋桨系列图谱。20世纪60年代起，陆续出现径向变螺距、周向侧斜、轴向预置纵倾的翼形剖面桨叶船用螺旋桨。与传统的等螺距圆背形剖面螺旋桨不同，现在可供选择的螺旋桨参量（翼形、螺距、侧斜等）多了，同一型号的舰船的数量通常有限，加上甚至姐妹船的船-机参数和使用要求也有差异，都需要专配螺旋桨，导致研制工作量剧增。因此，充分吸收可能得到的、已有进展的技术信息和经验，建立相应的数据资料库-系列图谱，用作研制新船螺旋桨的范本，成为相对便捷和有效的办法。书中的螺旋桨系列图谱，包括直接从模型试验的，或从文献检索资料得到的，都通过实践装船检验，才能入选；凡由文献检索资料转载的，除标明出处外，还都经重新整理，个别图谱作了不影响推进性能、却对空泡、振动有益无害的轻度修正。各个螺旋桨系列分别适用于不同类型的舰船。图谱中的螺旋桨动力和空泡性能数据，尽量用最常见的无量纲系数表达，以便于理解物理含义。这些图谱曾多次保证以设计一个方案，顺利地达到满足技术任务书要求的结果。直到2013年，这些资料的应用范围已涉及差不多各类舰船的螺旋桨。必须强调，与传统螺旋桨叶梢宽度为零不同，系列图谱中的螺旋桨，给定了桨叶梢有限宽度，并提出了对桨叶梢端的“泥鳅脊”和“斧口脊”修整建议，即对螺旋桨梢部加工检测提出了要求。这对控制螺旋桨激励船体振动和降低螺旋桨水噪声很重要。关于加强螺旋桨叶梢部位的加工控制，在国外舰船用螺旋桨产品上，也已现端倪。

再者,对国内数十年来出版的《船舶推进》教材内容,著者以为更新不够及时,未能反映当代发展水平,觉得与国家发展的现实不适应,也有所不安。但个人已退休,且年事已高,体力也难支撑编新教材的重任,只得以当年案头专题报告和一个个螺旋桨系列图谱的形式整理出来。由于书中所有文稿形成于各个课题的研发过程中,时间跨越多年,每次独立叙述、整理成文的东西,现在汇编到一起,可能会有重复。这次只能将书中所用标记、索引文献等尽量统一;略加整理后,在所有专题报告前面加上"报告主旨",也是为说明当时准备报告的背景。

现在以《船用螺旋桨技术研究及系列图谱》为书名发表这些东西,是希望:能给从事船用螺旋桨研究、设计、制造和运行的工程技术人员提供参考;也为有关部门的"螺旋桨资料数据库"补充点材料。著者深知,造船技术在发展和进步,书中关于船用螺旋桨的看法和资料是否正确,也必须接受时间和实践的检验,该否定和淘汰的,还是得否定和淘汰。

本书撰写时假定读者具有船舶推进的基础知识。

最后,感谢上海交通大学船舶工程系对著者工作提供的支持和条件,特别要感谢海军和工业部门有关舰船院、所和工厂给与著者的工作机会和支持,这一切实际上都是对个人的培养,没有这种帮助,著者只能一事无成。因此将书中这些东西整理出来供参考,也确是著者的责任。书中若有技术内容上的遗漏或错误,应归著者本人,并祈惠于指正。

符　号　表

A_d——螺旋桨盘面积，$A_d = \pi D^2/4$；带有其他下标时专门将说明；

a——纵倾，指倾斜剖面基准线与桨叶参考面(线)交点在桨轴方向人为移动的距离；

C——螺旋桨叶剖面宽；

C_M——可调螺距螺旋桨转叶力矩系数；

CPP——controllable pitch propeller，可调螺距螺旋桨；

C_R——船的阻力系数；

C_T——螺旋桨推力载荷系数，$C_T = T/[(\rho/2)v^2 \cdot (\pi D^2/4)]$；

D——螺旋桨直径；

D_n——导管直径，实指导管内壁螺旋桨置放段的直径；

d——直径，有时用来表示孔或其他小物体的直径，常带相应下标；在船舶推进术语中"d"常特定为螺旋桨"桨毂"直径；

EAR——螺旋桨盘面比；螺旋桨展开面积 A_E 与螺旋桨盘的面积 A_d 之比；

e——饱和蒸汽气压[单位：帕(Pa)]；

f——频率，有时标记为：cps(cycle per second)；

f——螺旋桨叶剖面拱度值，剖面中点距基准线高(厚)度，"＋"指向叶背；

H——潜深(单位：m)，除特别说明外，通常指螺旋桨轴系潜深；

J——螺旋桨进速系数，$J = v/nD$；

J_P——计及伴流后的螺旋桨进速系数，$J_P = v_P/nD = v_A(1-w)/nD$；

K_T——螺旋桨推力系数，$K_T = T/\rho n^2 D^4$；

K_Q——螺旋桨扭矩系数，$K_Q = Q/\rho n^2 D^5 = Q\omega/2\pi\rho n^3 D^5$，$\omega = 2\pi n$；

kn——"节"，表示速度，为英文"knots"的简写，每小时航行的海里数，1 kn ≈ 0.514 4 m/s ≈ 1 851.8 m/h；

L——线性尺度(单位：m，ft)；

[L]——基本量线性尺度之量纲标记(单位：m)；

[M]——基本量"质量"的量纲标记(单位：kg，g)；

m——用作下标时指模型的相应数据；

N——每分钟转数，r/min 与 rpm (rotations per minute)同；

N——牛顿(力的单位)，Newton；

N_i——物体运动到空泡初生时的每分钟转数；

ND——用作下标，表示“新设计(New Design)”；

n——每秒钟转数，s^{-1}，$N = 60n$；

P——螺距，桨叶剖面绕桨轴转360°后前进的距离；

P/D——螺距比，为螺距与桨直径的比值；

P——功率[单位：瓦(W)]；

P_D——螺旋桨收到(或吸收)功率，$P_D = \omega Q = Q \cdot 2\pi n$；

P_E——螺旋桨有效功率，即克服船舶阻力所需功率；

p——流体中的压力[单位：帕(Pa)]，p 带下标时指特定含义的压力；

p_0——流体中的静压力；

Pa——帕，压力单位，$1\ \text{Pa} = 1\ \text{N/m}^2$；

Q——螺旋桨扭矩；

$Rake$——桨叶纵倾；

r——指螺旋桨上任一点的半径；

$\bar{r}$——螺旋桨上任一点的相对半径，$\bar{r} = 2r/D$；

s——用作下标时指实物(舰船或螺旋桨)的相应数据；

S——船的湿面积，单位：m^2

T——周期性变动量的循环周期[单位：秒(s)]；

T——螺旋桨推力；

t——螺旋桨叶剖面厚度值；

u——表示速度，通常为周(切)向速度，$u = 2\pi n$；

v——表示速度，通常为船行速度；

v_A——表示舰船前进速度，单位：m/s；

V_S——表示舰船航行速度，单位：kn；

v_P——表示螺旋桨盘面处的水速度，单位：m/s；

w——表示螺旋桨上任一点的合速度，单位：m/s；

W——抗弯模数；

w——伴流分数，有时亦称伴流系数；

Z——舰船螺旋桨桨叶数；

Z_P——舰船螺旋桨轴数，即螺旋桨只数；

β——螺旋桨叶剖面的螺距角；

Δ——舰船排水量(单位：m^3)；

γ——螺旋桨叶剖面的绕流的进速角；

ε——降压系数；

ε_{min}——降压系数最小值；

η——舰船推进各种效率系数，常带下标说明；

η_P——螺旋桨推进效率系数；

θ_{sk}——桨叶侧斜角，叶剖面中点到螺旋桨轴的垂线与桨叶参考线在桨盘面上投影之夹角；

Λ——讨论流体力学模拟问题时，舰船、推进器模型缩尺比；

μ——微，10^{-6}的标记；

ρ——水密度(单位：kg/m^3)；

σ——空泡数，常带下标，借以指明计算该无量纲σ数时选用的速度，例如，nD、u、v等；

σ_n——转数空泡数$\sigma_n = 2(p-e)/\rho n^2 D^2$；

σ_v——进速空泡数$\sigma_v = 2(p-e)/\rho v^2$；

σ_u——转速空泡数$\sigma_u = 2(p-e)/\rho(\pi nD)^2$；

e——临界空泡数，以$e = \sigma_{临界}$空泡现象导致螺旋桨推力系数K_T开始下降"失推"的空泡数；

ψ——螺旋桨叶径向剖面线与桨叶参考线的夹角；

ω——角速度，以每秒弧度计，与转数和频率的关系为：$\omega = 2\pi n = 2\pi f$，有时称"圆频率"；

SIAD——Skew Induced Axial Displacement，由于沿螺距线侧斜，导致叶剖面中点在螺旋桨轴方向的位移；

TAD——Total Axial Displacement，叶剖面中点在螺旋桨轴方向，到桨盘(面)的总距离(位移)；

ZT——Zero thrust，螺旋桨零推力的标记；

FR——free running，螺旋桨在水流冲刷下自由旋转的标记。

目　　录

第一部分　专题报告

第二部分　螺旋桨系列图谱

第一部分

专 题 报 告

船用螺旋桨几何形状及其工程图纸表达

报告主旨

当代船用螺旋桨，已是径向变螺距、周向有侧斜、轴向带纵倾的三维叶片状几何体。采用传统的表达方法，有时造成误解，导致螺旋桨(实物和模型)成品与图纸不符，类似问题在国内外均有发生。为此，建议对桨的图纸做出必要的说明和相应的规定。

20 世纪 40－50 年代广为应用的是等螺距螺旋桨，各半径处的叶剖面，有相同的螺距，当桨叶绕桨轴旋转一周(360°)后，都沿桨轴方向螺旋移动同一距离——螺距 P。出于提高效率、减小振动、避免剥蚀、降低噪声等目的，现代桨叶变成了形状复杂的工程制品。无论是军舰用桨，还是民船用桨，例如，欧洲厂商 Rolls-Royce 名下的 KaMeWa 公司桨，还是日本三菱的 MAP 桨，虽然还是在以桨轴为中心轴的圆柱面上，以一定角度布放机翼型剖面，当螺旋桨旋转时，这些剖面提供升力(推力)，推船航行。出于改善桨性能的目的，先是将各个半径处的螺距角加以调整，导致各剖面的螺距不相同，是为变螺距螺旋桨。再将剖面在圆柱面内的周向位置，按工程意图设定，成了侧斜螺旋桨。还是为了改善桨性能的目的，再将剖面在桨轴方向推前拉后，设定非线性纵倾，得到实质上是三维调控的螺旋桨叶，可称三维调控螺旋桨。经过在 r 半径圆柱面内设定螺距(角)，再将剖面周向绕桨轴转个角度，又将剖面沿桨轴方向移动，桨叶剖面的空间位置有待严格界定。与早先用“刮板”绕桨轴沿螺距三角板可“刮”出圆背型剖面压力面相比，机翼型剖面的压力面不是直线，难以用作剖面形状和螺距的基准。为表达机翼型剖面的形状，选定直线段为“基准线”，在线两侧(吸力面和压力面)沿基准线弦向分布拱度和厚度，这种表达方式，也用于螺旋桨叶剖面的定位和表达。将剖面基准线与圆柱面上的(等螺距)螺旋线叠合，从而确定了该剖面在圆柱面内的螺距角，这样确定各半径处剖面的螺距，得到整片桨叶的径向螺距分布。要将这些剖面在圆柱面上侧斜(变化周向位置)及纵倾(移动轴向前后)，先要选定参考坐标系，如图 1 所示。用做桨叶剖面周向定位的叫做“桨叶参考线”；用做桨叶剖面轴向定位的叫做“桨盘面”。要确定桨叶剖面的空间位置，当知道其所在 r 半径圆柱面内的螺距角方位之后，可以“盯”住剖面基准线上“M”点(任意选定)的周向位置 θ 及轴向位置 z，则剖面在圆柱面内位置固定。整片桨叶各半径 r 的剖面相继定位后，相隔 $360°/Z$ (Z—桨叶数)处重复布放，得螺旋桨几何外形。

为说明桨叶几何形状的确定，以右旋螺旋桨为例，按图 1 选定 x, y, z 坐标系，图 2 标出以桨转轴为柱坐标轴的柱坐标系 r, θ, z 及以 r 为半径圆柱面上的等螺距线及其上的 M 点，若选用 Ox 轴为该半径上叶剖面的母线(见图 2 中 OA 线段)，沿螺距线由 A 点爬升到图上 M 点位置时，M 点旋转角在 xOy 平面上的投影角为 θ，沿 z 轴方向提升高 $MM' = z$。意味着 xOz 面为桨叶参考面(在 xOy 面上看见“线”为参考线)，xOy 面为桨盘面。两组坐标系的关系为：$x = r\cos\theta$, $y = r\sin\theta$, $z = z$。

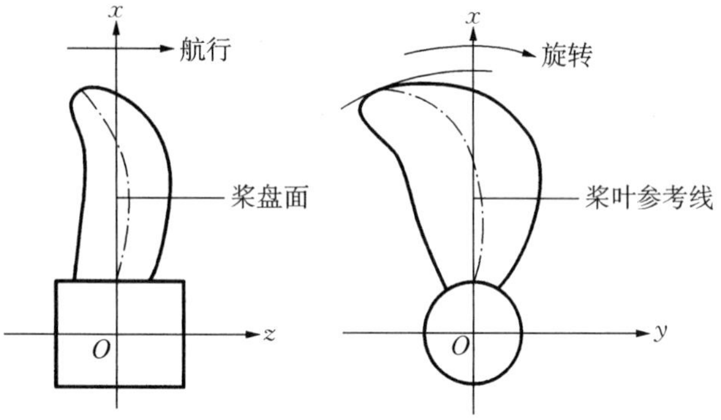

图 1　螺旋桨坐标系(右旋桨)

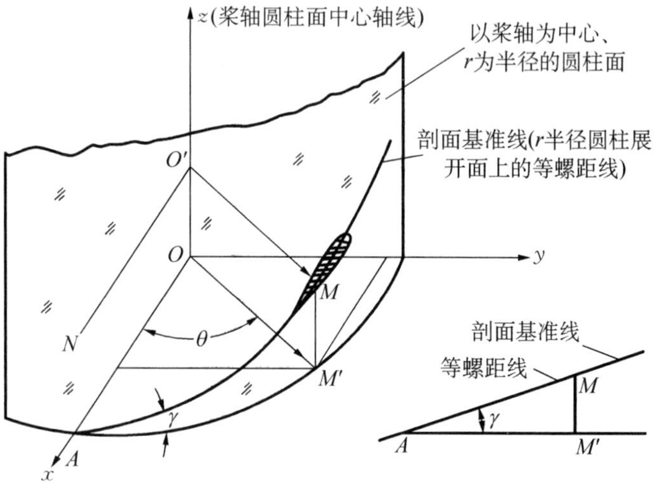

图 2　桨叶剖面的几何定位

若表示线段 AM 的长度 $AM=C$，表示螺距角为 γ，则有

$$z=AM\cdot\sin\gamma=C\sin\gamma,\ \theta=\frac{C\cos\gamma}{2\pi r}\cdot 360^\circ,\ C=\frac{\theta}{360^\circ}\times\frac{2\pi r}{\cos\gamma}$$

按惯例，将所有线性尺度除以桨直径 D，用无量纲值表达，并表示 M 点旋转一周(360°)在 z 方向升高值为螺距 P，可得螺旋桨叶的无量纲几何表达关系：

$$x/D=\frac{\bar r}{2}\cos\theta,\ y/D=\frac{\bar r}{2}\sin\theta,\ z/D=\frac{C}{D}\sin\gamma=\frac{P}{D}\,\frac{\theta}{360^\circ}=\frac{\theta}{360^\circ}\pi\,\bar r\tan\gamma,$$

$$C/D=\frac{\theta}{360^\circ}\,\frac{\pi\,\bar r}{\cos\gamma},\ \theta=\frac{C}{D}\,\frac{360^\circ}{\pi\,\bar r}\cos\gamma,\ \bar r=\frac{2r}{D}$$

由上述讨论可知，只要确定了 r 半径圆柱面上剖面基准线的螺距角 γ 及 M 点的位置 $M(r,\theta,z)$，则剖面在圆柱面上的位置已定。按国际造船和船检局通用习惯，用基准线段的中点(剖面弦长中点)作为标记点，计算桨叶剖面实际的侧斜角及轴向位置。

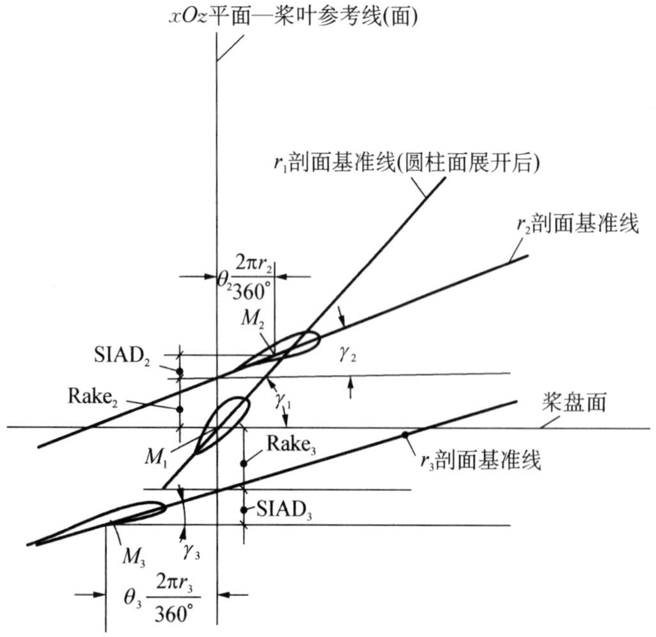

图 3　不同半径圆柱展开后剖面的位置

图 3 为 3 个不同半径圆柱面的展开碾平示意图，若以 r_1 圆柱面剖面中点 M_1 所处的垂直桨轴 z 的平面为桨盘面，以通过 M_1 点含桨轴线的平面为桨叶参考面(在 xOy 平面上为“线”)，在设计给定 r_2 圆柱面内基准线螺距角 γ_2 和 $M_2(r_2,\theta_2,z_2)$，及 r_3 圆柱面内基准线螺距角 γ_3 和 $M_3(r_3,\theta_3,z_3)$ 的情况下，M_2 点是沿着 γ_2 螺距线由桨叶参考面转 θ_2 角(图示 $\theta_2>0$) 到达的，在转 θ_2 时，其 z 方向移动(上漂)值为 SIAD(Skew-Induced Axial Displacement，即“侧斜致轴向位移”，18 届 ITTC 推荐)，$SIAD_2=\frac{P_2}{360^\circ}\theta_2$。图示之 $SIAD_2>0$，为剖面沿桨轴前倾。设计要求 M_2 点的轴向位移值为 z_2，在将 r_2 处剖面中

点延伸到桨叶面(xOz),得到剖面母线,见图 4 所标之 $O'B$ 线,图中所示 OA 为 r_1 处剖面的母线,该线在桨盘面内。由图 4 可见,应该在参考面内将母线 $O'B$ 由 OA 预先移动 Rake_2,则 M_2 达到预期 z_2。通常讲在桨叶参考线处将螺距三角板高度预置纵倾 Rake,就是这个意思。按 18 届 ITTC 的推荐,将 r_2 剖面的 M 点 z_2 值,叫做该剖面的 TAD(Total Axial Displacement,即"总纵倾"),TAD = SIAD + Rake。图 3,4 中 M 点沿剖面基准线到桨叶参考面的长度表示为 C,为机翼剖面弦向尺度,而 $\theta\dfrac{2\pi r}{360°}$ 为 C 在桨盘面上投影的圆弧长度。同理,解读 r_3 圆柱面内的各几何标示数据,如图 3 所示,$\theta_3 < 0$ 为桨叶剖面沿水流下洗。所有各剖面中最大 $\theta_{\max}$ 与最小 $\theta_{\min}$ 之差值,称为桨叶的侧斜角,或称侧斜度,也即 $\theta_{sk} = \theta_{\max} - \theta_{\min}$。

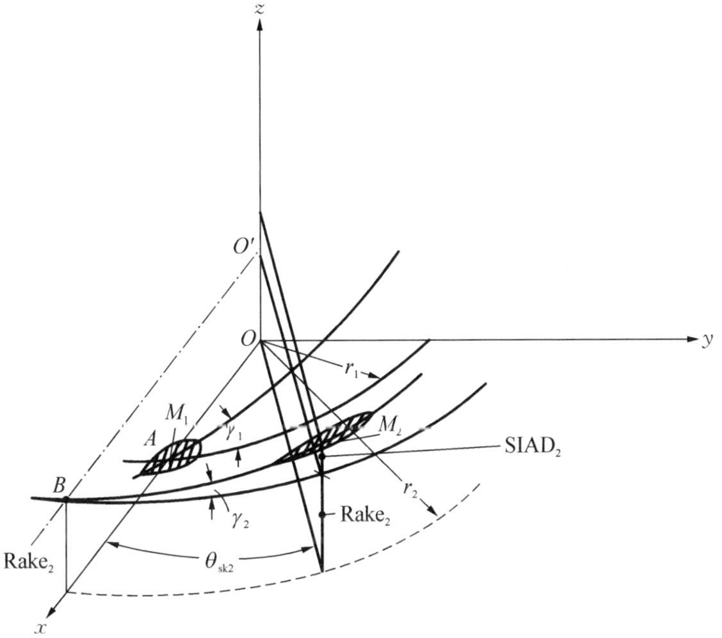

图 4 不同 r 处剖面母线的位置 OA,$O'B$

工程图纸上,在给定螺旋桨直径 D 后,还给出以下量的径向分布:螺距 $P\sim r$,桨叶宽 $C\sim r$,桨叶剖面中点到参考线沿螺距线的距离 C_{sk} 或侧斜角 θ_{sk}(两者在螺距已定下为函数相关——非独立量 $\theta = \dfrac{C\cos\gamma}{2\pi r}\times 360°$),以及各半径剖面的纵倾 Rake——"$a$"。

以桨叶参考线(面)为零点到剖面导边沿螺距线的距离为 C_L,到随边的距离为 C_T,分别为 $C_L = C_{sk} + \dfrac{1}{2}C$,$C_T = C_{sk} - \dfrac{1}{2}C$,及其相对量表达式:

$$\frac{C_L}{D} = \frac{C_{sk}}{D} + \frac{1}{2}\frac{C}{D},\ \frac{C_T}{D} = \frac{C_{sk}}{D} - \frac{1}{2}\frac{C}{D}$$

剖面导边、随边在桨盘面上距桨叶参考线的周向角 θ_L、θ_T 为

$$\theta_L = \frac{C_L\cos\gamma}{2\pi r}\times 360° = \frac{C_L}{D}\frac{\cos\gamma}{\pi\bar{r}}\times 360°,\ \theta_T = \frac{C_T\cos\gamma}{2\pi r}\times 360° = \frac{C_T}{D}\frac{\cos\gamma}{\pi\bar{r}}\times 360°$$

以桨盘面为零点的各剖面导边、随边轴向距离 z_L、z_T 为

$$z_L = z_m + \frac{1}{2}C\sin\gamma,\ z_T = z_m - \frac{1}{2}C\sin\gamma,$$

$$z_m = \text{TAD} = \text{SIAD} + \text{“}a\text{”},\ \text{SIAD} = P\times\theta_{sk}/360°$$

这样，桨叶各半径的基准线段(等于翼型剖面弦长)的柱坐标空间位置、导沿点(r, θ_L, z_L)及随沿点(r, θ_T, z_T)已定。计及$x = r\cos\theta$, $y = r\sin\theta$，相应点在x, y, z坐标系中的位置也已知。桨叶空间的“骨架”已完全确定。现在要对“基准线段”进行“修饰”，使其成为“理想”的翼型剖面。

按照机翼型剖面的表达方法，在桨叶剖面基准线段(弦长)上下两侧，给出垂直基准线的沿弦向拱度分布f及厚度分布t值。表示剖面吸力面的坐标值y_S(y_S为吸力面“Suction”专用，不是螺旋桨坐标系中的y)，压力面的坐标值y_P(y_P为压力面“Pressure”)，则有

$$y_S = f + \frac{1}{2}t, \quad y_P = f - \frac{1}{2}t$$

由基准线往吸力面方向为正值y，往压力面方向为负值y，在基准线上为$y = 0$。常见的拱度分布形式有NACA $a = 0.8$; $a = 0.8$, $b = 0.05$等，常见的厚度分布有NACA 16, NACA 66；及UK-72、UK-80等等，均以最大拱度f_0及最大厚度t_0的百分数值沿弦向分布。有时，有的厂商和名牌螺旋桨，对剖面导边和随边有专门规定(如导圆心抬高、导圆直径、随边局剖形状等)。

图5为螺旋桨的典型图纸，绘出的“骨架”投影图，通常在图中会加上抗鸣边及毂处填料等示意小图及桨叶剖面型值表等。在该5叶$D = 7.2\,\text{m}$, $P/D = 1.0$的桨图上，加填了预置纵倾Rake——“a”，侧斜至轴向位移SIAD及总纵倾TAD的示意图。绘图数据来源于附表。

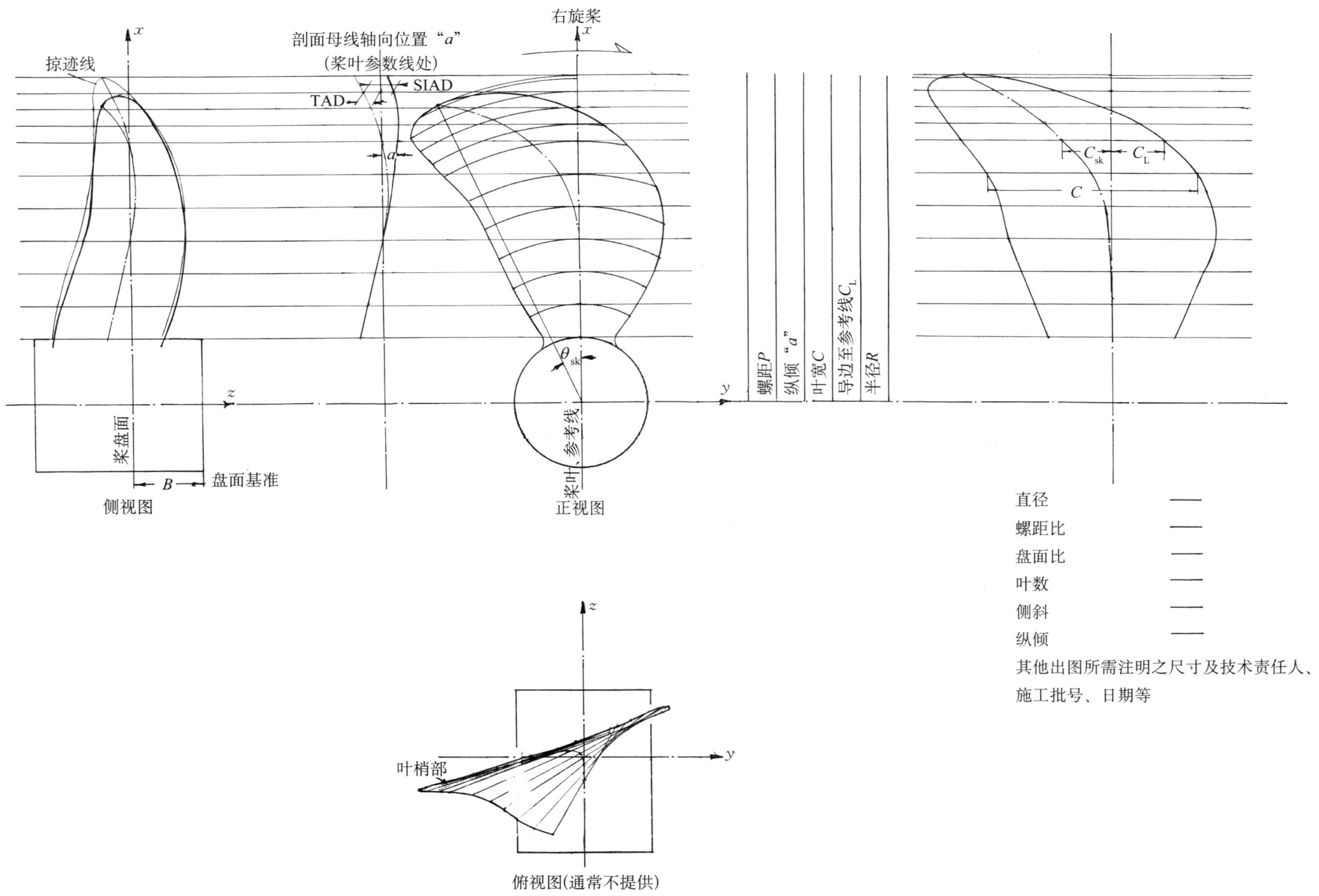
掠迹线
剖面母线轴向位置“a”
(桨叶参数线处)
TAD
SIAD
a
右旋桨
x
y
z
桨盘面
B
盘面基准
侧视图
θ_{sk}
桨叶、参考线
正视图
螺距P
纵倾“a”
叶宽C
导边至参考线C_L
半径R
C_{sk}
C_L
C
直径
螺距比
盘面比
叶数
侧斜
纵倾
其他出图所需注明之尺寸及技术责任人、
施工批号、日期等
叶梢部
俯视图(通常不提供)

图 5　螺旋桨

附表　桨制图计算数值

$Z=5$　　$D=7\ 200$ mm　　$P/D=1.0$

$\bar{r}$	0.2	0.3	0.4	0.5	0.6	0.7	0.8	0.85	0.9	0.95	0.99	1.0	备注
C/D	.189	.233	.268	.296	.312	.315	.302	.282	.247	.192	0.087	—	给定值
θ°_{sk}	0	0	0	0	−1.50°	−4.29°	−9.80°	−12.60°	−16.54°	−20.37°	−23.60°	−24.50°	给定值
TAD/D	−.036 0	−.024 0	−.012 0	0	.008 0	.008 0	0	−.007 2	−.016 0	−.027 0	−.037 2	−.040 0	给定值
P/D	1.034	1.030	1.022	1.018	1.016	1.000	0.972	0.936	0.904	0.841	0.752	0.729	给定值
$\frac{\text{SIAD}}{D}$	0	0	0	0	−.004 2	−.011 9	−.026 5	−.032 8	−.041 5	−.047 6	−.049 3	−.049 6	$\frac{\text{SIAD}}{D}=\frac{P}{D}\times\frac{\theta_{sk}}{360}$
a/D	−.036 0	−.024 0	−.012 0	0	.012 2	.019 9	.026 5	.025 6	.025 5	.020 6	.012 1	0.009 6	
C_{sk}/D	0	0	0	0	−.008 9	−.028 8	−.073 3	−.099 0	−.136 3	−.175 4	−.209 7	−.219 5	
$\cos\gamma$	.519	.675	.776	.839	.880	.910	.933	.944	.953	.963	.972	.974	
$\sin\gamma$	.855	.738	.631	.545	.475	.414	.361	.330	.305	.271	.235	.227	
$\frac{1}{2}\theta_m$	28.10°	30.04°	29.79°	28.46°	26.22°	23.46°	20.18°	17.94°	14.99°	11.15°	4.89°	0°	
$\frac{1}{2}z_m/D$	.080 7	.085 7	.084 6	.080 3	.074 0	.065 2	.054 5	.046 6	.037 6	.026 0	.010 2	—	
θ_L	28.10°	30.04°	29.79°	28.46°	24.72°	19.17°	10.38°	5.34°	−1.55°	−9.22°	−18.71°	−24.50°	
x_L/D	.088 2	.129 9	.173 6	.219 8	.272 5	.330 6	.393 5	.423 2	.449 8	.468 9	.468 8	.455 0	
y_L/D	.047 1	.075 1	.099 4	.119 1	.125 5	.114 9	.072 1	.039 5	−.012 2	−.076 1	−.158 8	−.207 3	
z_L/D	.044 7	.061 9	.072 6	.080 3	.082 0	.073 2	.054 5	.039 4	.021 6	.001 0	−.027 0	−.040 0	
θ_T	−28.10°	−30.04°	−29.79°	−28.46°	−27.72°	−27.75°	−29.98°	−30.54°	−36.53°	−31.52°	−28.49°	−24.50°	
x_T/D	.088 2	.129 9	.173 6	.219 8	.265 6	.309 7	.346 5	.366 0	.383 6	.404 9	.435 1	.455 0	
y_T/D	−.047 1	−.075 1	−.099 4	−.119 1	−.139 5	−.163 0	−.199 9	−.216 0	−.235 3	−.248 3	−.236 1	−.207 3	
z_T/D	−.116 7	−.109 9	−.096 6	−.080 3	−.066 0	−.057 2	−.054 5	−.053 8	−.053 6	−.053 0	−.047 4	−.040 0	
θ_0	0°	0°	0°	0°	−1.50°	−4.29°	−9.80°	−12.60°	−16.54°	−20.37°	−23.60°	−24.50°	
x_0/D	.100 0	.150 0	.200 0	.250 0	.299 9	.349 0	.394 2	.414 7	.431 4	.445 3	.453 6	.455 0	
y_0/D	0	0	0	0	−.007 9	−.026 2	−.068 1	−.092 7	−.128 1	−.165 3	−.198 2	−.207 3	
z_0/D	−.036 0	−.024 0	−.012 0	0	−.008 0	−.008 0	0	−.007 2	−.016 0	−.027 0	−.037 2	−.040 0	TAD/D

（续表）

$D = 240$ mm　试验模型计算数值												
r	24.0	36.0	48.0	60.0	70.0	84.0	96.0	102.0	108.0	114.0	118.80	120.0
C	45.36	55.92	64.32	74.04	74.88	75.60	72.48	67.68	59.28	46.08	20.88	0
C_L	22.68	27.96	32.16	37.02	35.30	30.89	18.64	10.13	−3.07	−19.05	−39.90	−52.68
C_T	−22.68	−27.96	−32.16	−37.02	−39.58	−44.71	−53.84	−57.53	−62.35	−65.13	−60.78	−52.68
C_{sk}	0	0	0	0	−2.14	−6.91	−17.60	−23.77	−32.71	−42.09	−50.34	−52.68

可调螺距螺旋桨叶形状表达及避免(调距时)互碰

报告主旨

利用定距桨数据设计调距桨，实践中出现过调距过程中桨叶互碰的问题，为避免出现所述情况，曾采用本报告所述程序，估算实桨转叶并避免桨叶互碰。

与定螺距桨一样，调距桨叶的空间位置，可以通过计算来确定。桨叶某一半径 r 处的翼型剖面，被布放在以桨轴为中心轴的圆柱面内，将圆柱面剖开展平时，剖面与桨盘面(线)夹角(螺距角)γ。桨叶剖面上任意点 M，在圆柱坐标系中位置 $M(r,\ \theta,\ z)$，在 r 半径柱面内，与选定的参考面(线)夹角为 θ，与选定的基准面(通常为盘面)距离为 z。该点的直角坐标位置为 $M(x,\ y,\ z)$。关于调距桨的图纸，与定距桨完全一样进行绘制。问题在于调距桨的桨叶还有绕转叶轴调节的功能。如何严格监控“调距”(桨叶绕转叶轴转动)后的桨叶位置及桨叶避免互碰问题，是面临的新课题。

如图 1 所示，选定包含桨转叶轴的垂直桨轴的平面为桨盘面(xOy 平面)，Ox 轴与桨转叶轴重合，在以 $OA=ON$ 为半径 r 的圆柱面内，AM 为翼型剖面线段，表示 $AM=C$，M 的坐标位置为 $M(x_0,\ y_0,\ z_0)$，AM 在以 r 为半径的圆柱面内投影到桨盘面的圆弧长为 AN，$AN=AM\cos\gamma=C\cos\gamma$，$M$ 点在桨盘面上与转叶轴的夹角投影为 θ(严格地讲是图 1 上 xOz 平面与 $MNOz$ 平面的夹角)。M 点在直角坐标系及柱坐标系间的关系为

$$x=r\cos\theta,\ y=r\sin\theta,\ z=C\sin\gamma;$$

$$\theta=\frac{C\cos\gamma}{2\pi r}\times 360^\circ,\ C=\frac{\theta}{360^\circ}\frac{2\pi r}{\cos\gamma}$$

现在要调节桨叶的“螺距”，实际上是将桨叶绕转叶轴转动。若已知转动前 M 点的坐标值为 $M(x_0,\ y_0,\ z_0)$，桨叶转动 $\Delta\alpha$ 角(图 1 中 $\Delta\alpha$ 为负值)以后，M 点仍停留在原来的垂直 Ox 平面内，$x_0=$ 常值，不变，而 M 点到转叶轴的距离也不变，$d=BM=\sqrt{y_0^2+z_0^2}=$ 常值，M 点转到了 M' 位置，当前坐标值为 $M'(x_0,\ y,\ z)$，$BM=BM'=d$。M 点起始的 z_0 坐标值，可以表达为 $z_0=d\sin\alpha$，转动 $\Delta\alpha$ 后，M' 点的 z 坐标值为 $z=d\sin(\alpha+\Delta\alpha)$，对应的 $y=d\cos(\alpha+\Delta\alpha)$。原来 M 点所处的圆柱面半径 $r_0^2=x_0^2+y_0^2$，现在 M' 点的“半径”为 $r^2=x_0^2+y^2\neq r_0^2$。与此同时，在绕转叶轴旋转 $\Delta\alpha$ 时，如图 1 所示，A 点并没有“动”。逐点追踪在 r_0 半径圆柱面 AM 各点，发现它们分别达到了不同的半径处，与此同时，其他半径的点，也有相应转入 r_0 半径圆柱面的。这就是所谓的“畸变”，虽然作为“刚体”的桨叶，在绕叶转轴旋转后，并未发生任何形变。

在将 M 点转到 M' 后，其 $M(x_0,\ y_0,\ z_0)$ 为 $x_0=r_0\cos\theta,\ y_0=r_0\sin\theta=d\cos\alpha,\ z_0=d\sin\alpha$，在桨盘

面(xOy) 的投影点 $N(x_0, y_0, 0)$；$M'(x_0, y, z)$ 为 $x = x_0 = r_0\cos\theta$，$y = d\cos(\alpha + \Delta x)$，$z = d\sin(\alpha + \Delta\alpha)$，在桨盘面的投影点 $N'(x_0, y, 0)$。在 xOy 面上，$M(N)$ 的柱坐标值：$r = r_0$，$\theta = \tan^{-1}\dfrac{y_0}{x_0} = \tan^{-1}\dfrac{BN}{OB}$，$z = z_0 = d\sin\alpha$；$M'(N')$ 的柱坐标值：$r = \sqrt{x_0^2 + y^2}$，$\theta = \tan^{-1}\dfrac{y}{x_0} = \tan^{-1}\dfrac{BN'}{OB}$，$z = d\sin(\alpha + \Delta\alpha)$。$y = BN' = d\cos(\alpha + \Delta x)$。

由以上讨论可知，只要知道桨叶上某点 M 的位值及转叶轴的方位，则转动桨叶 $\Delta\alpha$ 后，M 点到达的位置 M' 是确定的。由于桨叶是“刚体”，因此，整片桨叶的位置也是唯一的。在模型试验时，就是根据所述关系，确定桨叶转动 $\Delta\alpha$ 角后的位置，确定“调距”值及进行桨流体动力试验的。

由图 1 可以看到，“调距”后 r_0 半径圆柱面上的剖面上的 M 点“调”出了圆柱面，现在 r_0 半径圆柱面与桨叶的交线是一根“畸变”了的剖面线，照确定螺距比的传统办法，先要确定当前 r_0 半径圆柱面内这根“畸变”线的具体形状，再确定该线的基准线或流体动力零升力线，才能确定螺距值。

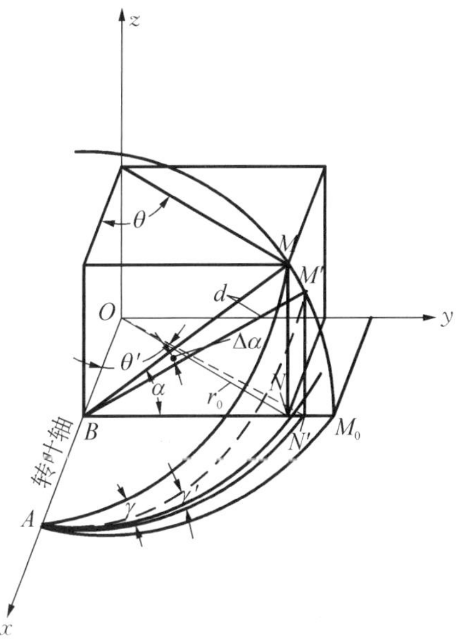

图 1　桨叶绕转叶轴转动

前面讲到，特定桨叶绕转叶轴转动某角 $\Delta\alpha$ 后，有一个，而且只能有一个桨叶的空间方位，工程上只关心调距后的“新”螺旋桨的流体动力性能(包括推进、空泡、振动等)。因此，可以根据转角 $\Delta\alpha$ 的数值，约定“调距”后螺旋桨的名义螺距比。例如，原来以 $\bar{r} = 0.7$ 处剖面的螺距定义调距桨的名义螺距比，相应的螺距角为 γ，经调距将 M 点调到 M' 时，其对应的螺距角为 γ'。由图 1 看，γ 及 γ' 角与 α 角相比，前者是将曲面展开铺平后的夹角，后者是在垂直转叶轴的 $BNN'M_0M'M$ 平面内的角度。前者是一个两夹角边都在变动的难以确定的角度，而后者是可以严格界定的($BNN'M_0$ 边不动)角度。

工程实践中，可以由径向变螺距的调距桨的特征螺距比(名义螺距比)出发。例如，从 $\bar{r} = 0.7$ 处的螺距比所对应的螺距角 γ 出发，希望知道该桨在虚拟的螺距角 γ'(对应螺距比 $\dfrac{P'}{D} = \pi\,\bar{r}\tan\gamma' = 0.7\pi\tan\gamma'$) 时的桨的性能。由虚拟的螺距角变化 $\Delta\gamma = \gamma' - \gamma$，令桨叶按约定转动 $\Delta\alpha = \Delta\gamma$，并认为转动 $\Delta\alpha$ 后，“新”调距桨就是具有螺距角 γ' 及对应螺距比的桨。

按所述办法设定和监测调距桨的“调距”程序，对多型调距桨桨模进行螺距调节，试验所得数据是可以重复的。与国外同一调距桨图纸所制模型相比，包括(未知其明确定义的)“调距”后的桨模性能试验数据，也是相吻合的。

关于桨叶是否互碰

在调距桨“调距”过程中，α 角变到 $\alpha = 0$ 时，M 点“落”入桨盘面，到达 M_0 点。有关系式：$BM_0 = d = \sqrt{y_0^2 + z_0^2}$，$\theta_{\text{extremum}} = \tan^{-1}d/x_0 = \tan^{-1}BM_0/OB$。$M_0$ 到桨轴的半径距离为：$OM_0^2 = OB^2 + BM_0^2 = x_0^2 + d^2 = x_0^2 + y_0^2 + z_0^2$。若 M 点是导沿或随沿点，则 M_0 就是调距过程中 M 点达到的最大半径和极限扇面角 θ。由于不同半径处的剖面导沿(随沿)的位置及相应图 1 中的 α 角值不同，因此，各剖面“落”入桨盘面的先后也不同，不会同时到达极限位置。桨叶剖面导(随)沿到达极限位置时，是与相邻桨叶随(导)沿相碰最甚的位置。因此，计算桨叶绕转叶轴旋转时，可能达到的极限角度及半径为 $\theta_{extremum}$ 和 r，其极限值 $OM=\sqrt{x_0^2+y_0^2+z_0^2}$，从而判断桨叶在“调距”时是否互碰。所述($\theta$, r)位置是桨叶导(随)沿落入桨盘的“痕迹”，即掠迹。将其绘制在(r, θ)坐标系中(极坐标或直角坐标)，在各 r 半径处，导沿与随沿的 $\theta_{extremum}$ 相差值小于 $360°/Z$，则相邻两叶不会互碰，而且由于各半径处的导(随)沿不是同时“落”入极限位置的，因此，在避免互碰问题上，还是留有余地的。

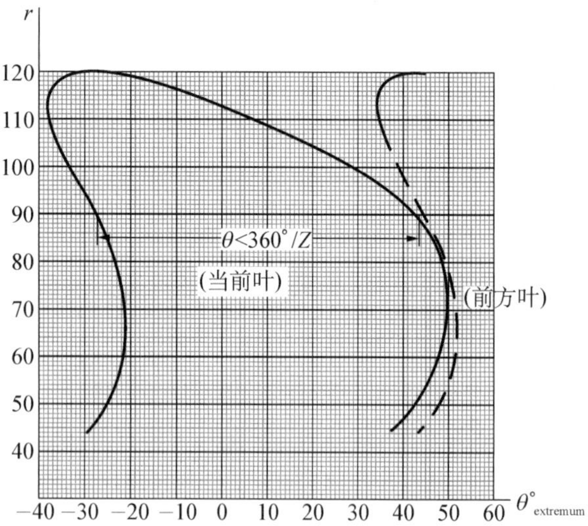

图 2　调距桨叶调距时的极限(θ, r)

图 2 为某实际存在五叶调距桨的桨叶调距极限位置图，绘图数据来源于表 1 和表 2。桨模直径 $D=240$ mm，掠迹表明，达到极限位置时为 r, θ。为清晰起见，图中除绘有当前叶外，还绘有该叶前方一叶的随沿迹线。

图 3 为五叶调距桨的工程图，除与定距桨的表达同样外，在桨叶正投影(由船尾看)上，用虚线绘出了桨叶调距时在 xOy 平面中的极限位置，也可用来判断桨叶是否互碰，在 KaMeWa 公司和 Escher Wyss 公司的供货图纸中，有所述迹线示意(用实线或虚线)，从而保证了在桨调试和运行中，顺利完成“调距”操作。

表 1　调距桨叶几何形状计算表

Eu5 - 75						P/D=1.101 7							
$\bar{r}$	.35	.4	.5	.6	.7	.75	.8	.85	.9	.95	.99	1.0	
P/D	.804 9	.913 9	1.053 7	1.105 9	1.101 7	1.070 5	1.016 6	.939 0	.837 0	.717 5	.621 7	.600 0	
C/D	.211 4	.250 5	.318 8	.376 1	.420 5	.434 1	.436 6	.422 7	.388 5	.309 5	.159 3	0	
C_L/D	+.117 1	+.157 8	+.219 5	+.254 6	+.257 3	+.241 5	+.208 5	+.158 3	+.089 5	−.010 2	−.146 1	−.243 9	
C_{sk}/D	+.011 4	+.032 6	+.060 1	+.066 6	+.047 1	+.024 6	−.009 8	−.053 1	−.104 8	−.165 0	−.225 8	−.243 9	
$\cos\gamma$	.806 9	.808 7	.830 5	.862 5	.894 1	.910 4	.927 0	.943 4	.958 9	.972 3	.980 6	.982 2	
$\sin\gamma$	.590 7	.588 2	.557 1	.506 0	.447 9	.413 6	.375 0	.331 7	.283 9	.233 7	.196 0	.187 6	
θ_{sk}	3.01°	7.55°	11.44°	10.97°	6.89°	3.42°	−1.30°	−6.75°	−12.80°	−19.35°	−25.63°	−27.45°	
a/D	.002 3	.006 2	.014 1	.022 0	.027 9	.029 0	.028 5	.026 1	.021 2	.013 5	.005 1	.002 4	
SIAD/D	.006 7	.019 2	.033 5	.033 7	.021 1	.010 2	−.003 7	−.017 6	−.029 8	−.038 6	−.044 3	−.045 8	
TAD/D	.009 0	.025 4	.047 6	.055 7	.049 0	.039 2	.024 8	.008 5	−.008 6	−.025 1	−.039 2	−.043 4	
$\frac{1}{2}\theta_m$	27.92°	29.02°	30.34°	30.98°	30.77°	30.19°	28.99°	26.88°	23.72°	18.15°	9.04°	0	
$\frac{1}{2}z_m/D$	.062 4	.073 7	.088 8	.095 2	.094 2	.089 8	.081 9	.070 1	.055 1	.036 2	.015 6	0	
θ_L	30.93°	36.57°	41.78°	41.95°	37.66°	33.61°	27.69°	20.13°	10.92°	−1.20°	−16.59°	−27.45°	
x_L/D	.150 1	.160 6	.186 4	.223 1	.277 1	.312 3	.354 2	.399 0	.441 9	.474 9	.474 4	.443 7	
y_L/D	.089 9	.119 2	.166 6	.200 5	.213 8	.207 5	.185 9	.146 3	.085 2	−.009 9	−.141 3	−.230 5	
z_L/D	.071 4	.099 1	.136 4	.150 9	.143 2	.129 0	.106 7	.078 6	.046 5	.011 1	−.023 6	−.043 4	
θ_T	−24.91°	−21.47°	−18.90°	−20.01°	−23.88°	−26.77°	−30.29°	−33.63°	−36.52°	−37.50°	−34.67°	−27.45°	
x_T/D	.158 7	.186 1	.236 5	.281 9	.320 0	.334 8	.345 4	.353 9	.361 6	.376 8	.407 1	.443 7	
y_T/D	−.073 7	.073 2	−.081 0	−.102 7	−.141 7	−.168 9	−.201 8	−.235 4	−.267 8	−.289 2	−.281 6	−.230 5	
z_T/D	−.053 4	−.048 3	−.041 2	−.039 5	−.045 2	−.050 6	−.057 1	−.061 6	−.063 7	−.061 3	−.054 8	−.043 4	
θ_{sk}	3.01°	7.55°	11.44°	10.97°	6.89°	3.42°	−1.30°	−6.75°	−12.80°	−19.35°	−25.63°	−27.45°	
x_0/D	.174 8	.198 3	.245 0	.294 5	.347 5	.374 3	.399 9	.422 1	.438 8	.448 2	.446 3	.443 7	
y_0/D	.009 2	.026 3	.049 6	.057 1	.042 0	.022 4	−.009 1	−.050 0	−.099 7	−.157 4	−.214 1	−.230 5	
z_0/T	.009 0	.025 4	.047 6	.055 7	.049 0	.039 2	.024 8	.008 5	−.008 6	−.025 1	−.039 2	−.043 4	TAD/D
C_T/D	−.094 3	−.092 7	−.099 3	−.121 5	−.163 2	−.192 6	−.228 1	−.264 4	−.299 0	−.319 7	−.305 4	−.243 9	

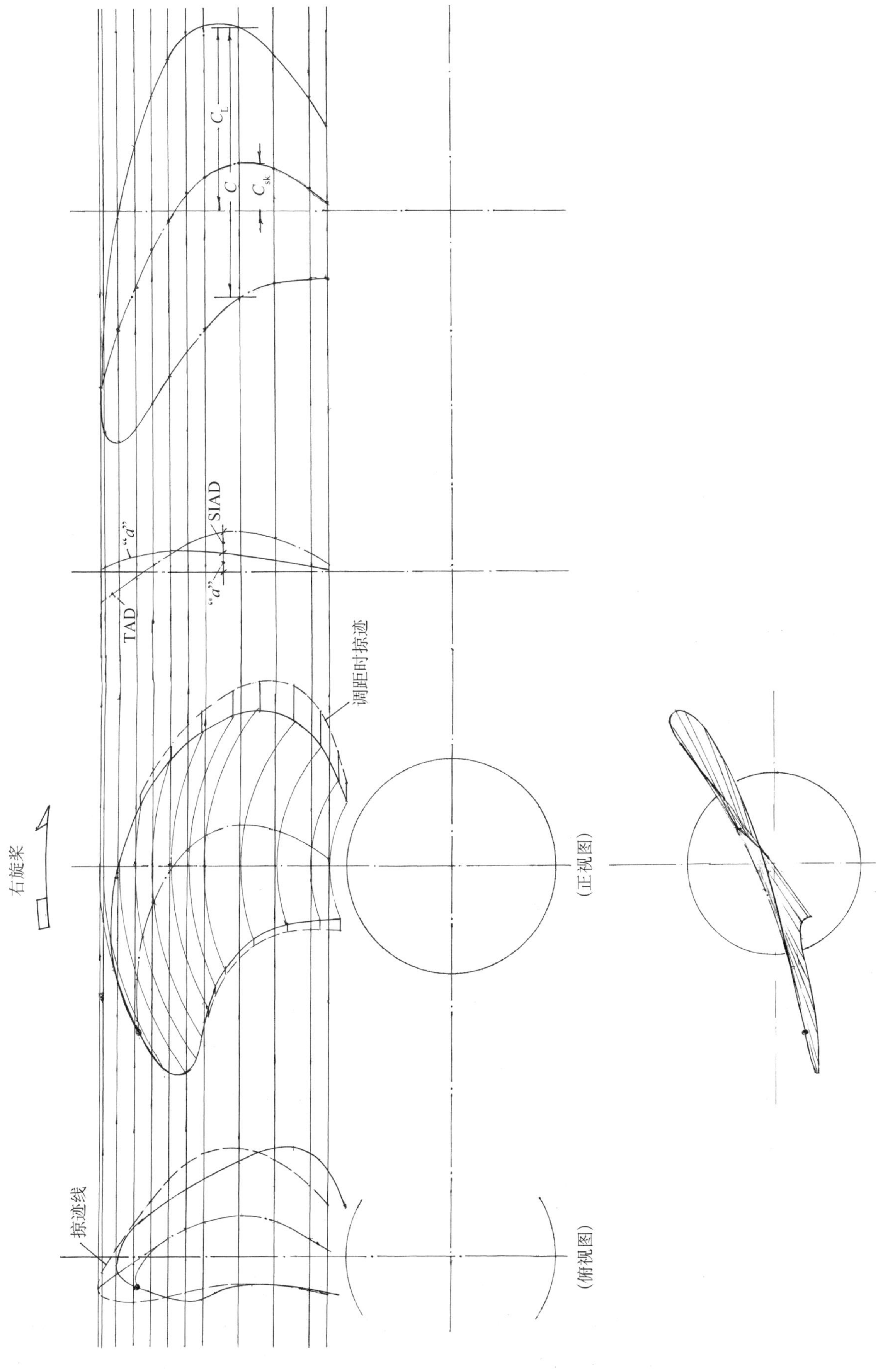

图 3 调距桨工程图

表 2 桨叶互碰检查计算

Eu5 - 75	P/D=1.101 7	D=240 mm	Z=5										
制图及调距互碰检查													
r	42	48	60	72	84	90	96	102	108	114	118.8	120	
$\bar{r}$	0.35	0.4	0.5	0.6	0.7	0.75	0.8	0.85	0.9	0.95	0.99	1.00	
导　沿													
x_L	36.02	38.54	44.74	53.54	66.50	74.95	85.01	95.76	106.06	113.98	113.86	106.49	
y_L	21.58	28.61	39.98	48.12	51.31	49.80	44.62	35.11	20.45	−2.38	−33.91	−55.32	
z_L	17.14	23.78	32.74	36.22	34.37	30.96	25.61	18.86	11.16	2.66	−5.66	−10.42	
$d=\sqrt{y^2+z^2}$	27.56	37.20	51.68	60.23	61.76	58.64	51.45	39.85	23.30	−3.57	−34.38	−56.29	
$\theta_{T掠迹}$	37.42°	43.99°	49.12°	48.35°	42.84°	38.04°	31.18°	22.61°	12.39°	−1.79°	−16.80°	−27.86°	
$\sqrt{x_L^2+y_L^2+z_L^2}$	45.35	53.57	68.36	80.58	90.75	95.16	99.37	103.72	108.59	114.04	118.93	120.45	
随　沿													
x_T	38.09	44.66	56.76	67.66	76.80	80.35	82.90	84.94	86.78	90.43	97.70	106.49	
y_T	−17.69	−17.57	−19.44	−24.65	−34.01	−40.54	−48.43	−56.50	−64.27	−69.41	−67.58	−55.32	
z_T	−12.82	−11.57	−9.89	−9.48	−10.85	−12.14	−13.70	−14.64	−15.29	−14.71	−13.15	−10.42	
$d=-\sqrt{y_T^2+z_T^2}$	−21.85	−21.05	−21.81	−26.91	−35.70	−43.32	−50.33	−58.37	−66.06	−70.95	−68.85	−56.29	
$\theta_{T掠迹}$	−29.84°	−25.23°	−21.02°	−21.93°	−24.93°	−27.77°	−31.26°	−34.49°	−37.28°	−38.12°	−35.17°	−27.86°	
$\sqrt{x_T^2+y_T^2+z_T^2}$	43.91	49.37	60.81	72.63	84.69	90.81	96.98	103.06	109.07	114.94	119.52	120.45	
$\frac{360°}{Z}+\theta_T$	42.16°	46.77°	50.98°	50.07°	47.07°	44.23°	40.74°	37.51°	34.72°	33.88°	36.83°	44.14°	前一叶随边
x_0	41.95	47.59	58.80	70.68	83.40	89.83	95.98	101.30	105.31	107.57	107.11	106.49	
y_0	2.20	6.31	11.90	13.70	10.08	5.38	−2.18	−12.00	−23.93	−37.78	−51.38	−55.32	
z_0	2.16	6.10	11.42	13.37	11.76	9.41	5.95	2.04	−2.06	−6.02	−9.41	−10.42	
a	0.55	1.49	3.38	5.28	6.70	6.96	6.84	6.26	5.09	3.60	1.22	0.58	
C	50.74	60.12	76.51	90.26	100.92	104.18	104.78	101.45	93.24	74.28	38.23	0	
C_L	28.10	37.87	52.68	61.10	61.75	57.96	50.04	37.99	21.48	−2.45	−35.06	−58.54	
C_{sk}	2.74	7.82	14.42	15.98	11.30	5.90	−2.35	−12.74	−25.15	−39.60	−54.19	−58.54	
C_T	−22.64	−22.25	−23.83	−29.16	−39.17	−46.22	−54.74	−63.46	−71.76	−26.73	−73.30	−58.54	

调距位置的计算及设定

对于 $D=240\,\text{mm}$ 的 Eu-5-75，$P/D=1.1017$ 桨模，需改变其螺距进行试验。由该桨设计状态及剖面型值知，$\bar{r}=0.7=84\,\text{mm}$ 半径处，$\theta=20°$ 时特定点的坐标值(x_0，y_0，z_0)，具体为：$x_0=78.93\,\text{mm}$，$y_0=28.73\,\text{mm}$，$z_0=22.14\,\text{mm}$。知该特定测控点到转叶轴的距离 $d=\sqrt{y_0^2+z_0^2}=36.27\,\text{mm}$，在调距

时 $d = \text{const}$。已知桨模原设计状态的螺距角 $\gamma_0 = \tan^{-1}\frac{P}{D}\frac{1}{\pi\bar{r}} = 26.61°$，拟试验 $P/D = 0.9$，1.0，1.1，1.2，1.3 时的桨的流体动力性能。

计算过程如表 3 所示。

表 3 "调距"数据确定

	P/D	螺距角 γ	$\Delta\gamma = \gamma - \gamma_0$	$\alpha = \alpha_0 + \Delta\gamma$	$y = d\cos\alpha$	$z = d\sin\alpha$	$\theta = \tan^{-1} y/x_0$	当前半径 r/mm
原设计状态	1.101 7	26.61°	0	37.61°	28.73	22.13	20°	84.00
调 距 后								
	0.9	22.26°	−4.35°	33.26°	31.31	19.89	21.63°	84.91
	1.0	24.45°	−2.16°	35.45°	29.55	21.04	20.53°	84.28
	1.1	26.57°	−0.04°	37.57°	28.75	22.11	20.01°	84.00
	1.2	28.62°	2.01°	39.62°	27.94	23.13	19.49°	83.73
	1.3	30.59°	3.98°	41.59°	27.13	24.07	18.97°	83.46

由表 3 可见，为试验该桨模名义螺距比 $P/D = 1.2$ 的情况，将测试仪表指针调到 $r = 83.73$ mm 及 $\theta = 19.49°$ 位置，将 z 值调到 $z = 23.13$ mm。如此程序，通过试验可得到调距桨叶调距后的流体动力数据，并检查试验数据的重复性。

螺旋桨剖面翼型若干资料分析的汇总

报告主旨

螺旋桨叶翼型剖面研究，时有报道，应用情况如何？为此，对曾接触到的实桨叶翼型数据进行收集和分析，其时间跨度30余年，包括不同国家的公司、设计室、研究院所实际提供的桨的数据。现将其汇总如下。实践是考核工程效果的标准，希望这些数据，对当前工程实践有点帮助。

二战以后，开始采用航空工业中的机翼型剖面，取代此前广泛用于船舶螺旋桨上的圆背型剖面。后者的基本特点是叶面是平直的，叶背是圆弧段，后来渐有给定沿弦向厚度分布，及剖面导缘、随缘部位压力面轻微抬高的方案。基于机翼理论的成果，用于分析螺旋桨叶剖面升力性能(升阻比)和压力分布，及水力机械中特有的空泡现象。20世纪80年代发现由国外采购的船用螺旋桨，具有机翼型的剖面，压力面不再是平直的，有时是"S"型的。当问及其理由时，基于可以理解的原因，供货公司总是把自己的产品说成是"深奥的理论计算、悠长的经验积累、硕大的数据库"的成果，属于知识产权内容，不能说得太"细"。在船厂方面的人士询及有关问题后，开始收集可能用于螺旋桨的机翼型剖面，1988年曾将收集的结果，列表汇集(见表1)。

为了解现代船舶螺旋桨实际采用的剖面翼型，除苏联1985版《船舶原理手册》中有资料外，未检索到桨叶剖面是如何形成的。为此，对国外引进的(由西欧、苏联、日本)船舶螺旋桨的图纸和实测翼型数据，据翼型剖面的处理方法，试算其中线拱度及拱度两侧的厚度值。自20世纪80年代起，将有关翼型剖面的试算结果存查。这些年来，有些资料得到了验证。现将得到验证的资料汇总，包括：KaMeWa-Rolls Royce公司提供的螺旋桨；苏联-俄罗斯民船和潜艇螺旋桨等。

整理剖面的数据表达方法是：由随边起算，将某半径处的剖面弦长 C 分为100等分，该直线为剖面基准线(chord line)，标出翼型在各位置处距基准线的距离，由基准线到吸力面为 y_S，到压力面为 y_P，由基准线 ($y=0$) 往吸力面为正，往压力面可正(凹)可负(凸)。在弦长该部位的厚度 t 及拱度 f 值，与 y_S、y_P 的关系为

$$y_S = f + t/2,\ y_P = f - t/2;\ f = (y_S + y_P)/2,\ t = y_S - y_P$$

若螺旋桨图纸中给出剖面的各相对弦长位置(x/C)的 y_S、y_P 值，则整个剖面的形状已定。同样，据实际测得的桨叶上(r, θ)点的桨轴向高数据，可绘出翼型剖面的形状及确定桨叶剖面基准线及相应 y_S、y_P 值。

由桨叶剖面各点的 y_S、y_P 值，可以确定该剖面在各弦向位置处的厚度 t 及拱度 f，从而可以得到最大厚度 t_0 及最大拱度 f_0 的数值及所处弦向相对位置，算出相应比值 t/t_0 及 f/f_0，将得到的拱度分布和

表 1　螺旋桨叶剖面常用厚度及拱度分布表

$x/C\%$	翼型厚度分布 $\frac{1}{2}\frac{t}{t_{max}}$					翼型拱度分布 $\frac{f}{f_c}$						
	椭圆	拟椭圆	NACA-16	NACA-66	"Walch-ner"	$a=1.0$	$a=0.8$	$a=0.8$	$a=0.8$ $b=0.05$	$a=0.8$ $b=0.10$	$a=0.8$ $b=0.15$	$a=0.8$ $b=0.2$
导边 R												
5	0.2180	0.2180	0.2091	0.2066	0.2100	0.2865	0.2711	0.2711	0.282	0.229	0.193	0.167
10	0.3000	0.3000	0.2881	0.2907	0.2870	0.4687	0.4482	0.4482	0.475	0.454	0.398	0.349
20	0.4000	0.4000	0.3887	0.4000	0.3980	0.7217	0.6993	0.6993	0.725	0.726	0.713	0.684
30	0.4583	0.4583	0.4514	0.4637	0.4600	0.8812	0.8635	0.8633	0.881	0.885	0.881	0.872
40	0.4899	0.4899	0.4879	0.4952	0.4920	0.9710	0.9614	0.9613	0.970	0.972	0.972	0.969
45				0.5000								
50	0.5000	0.5000	0.5000	0.4962	0.5000	1.0000	1.0000	1.0000	1.000	1.000	1.000	1.000
60	0.4896	0.4899	0.4863	0.4653	0.4830	0.9710	0.9785	0.9785	0.971	0.969	0.968	0.969
70	0.4536	0.4583	0.4391	0.4035	0.4280	0.8812	0.8891	0.8890	0.877	0.873	0.871	0.872
80	0.3776	0.4000	0.3499	0.3110	0.3380	0.7217	0.7027	0.7026	0.590	0.685	0.683	0.684
90	0.2376	0.2950	0.2100	0.1877	0.2070	0.4687	0.3586	0.3687	0.352	0.350	0.349	0.349
95	0.1335	0.1965	0.1179	0.1143	0.0150	0.2865	0.1713	0.1843	0.168	0.167	0.167	0.167
100	0.0100	0.0200										

表中各型剖面导沿$<5\%x/C$的范围内，没有给定翼型厚度及拱度值。这部分翼型的相应厚度、拱度值对螺旋桨在船后伴流场中运行的性能十分重要，但在实船螺旋桨加工和模型制作时，却比较难控制，实船螺旋桨按 ISO 484 或相应军标特级标准，应制作导边形状模板；模型在这$5\%x/C$范围内的翼型通常更难控制和检测。由于所述原因，目前多给定翼形剖面的导圆直径及导圆圆心坐标值，通常将导圆圆心由剖面基线抬高$h\geqslant 0.03t$，导圆直径$d\approx 0.1t$（t为翼型剖面厚度），并绘制放大图，保证导圆与剖面型线的光顺连接。

厚度分布的相对比值，按剖面弦向相对位置(x/C)绘出。现将笔者按所述思路，对能(曾经)得到的实桨图纸和实测数据整理结果汇总如下。需要指出的是，所有数据均出自商品实物或所附图纸。

1. KaMeWa-Rolls Royce (KaMeWa)桨叶剖面

桨叶厚度是根据保证螺旋桨强度的要求来确定的。桨叶沿弦向的厚度分布及拱度分布对桨叶的剖面模数的影响不是很大，主要影响剖面上的压力分布、升阻比及空泡性能。若不加任何限制，将1987年、2004年、2008年实际由KaMeWa提供的螺旋桨图纸进行分析计算，如图1所示。图中横坐标为剖面弦向相对位置x/C，纵坐标为相对比值f/f_0，用手工点出，有一点划一次，图为所得结果，从中可以看出，这些年来，KaMeWa公司(并经重组，并入Rolls Royce)所设计的螺旋桨的剖面翼型拱度分布与NACA $a = 0.8$ mod. 拱度分布线吻合。其中，1987年数据在叶梢处偏离，是因为试验时，发现在右旋桨时针“10”点位置出现面空泡后，曾切削导边压力面，从而抬高了该处拱度值。

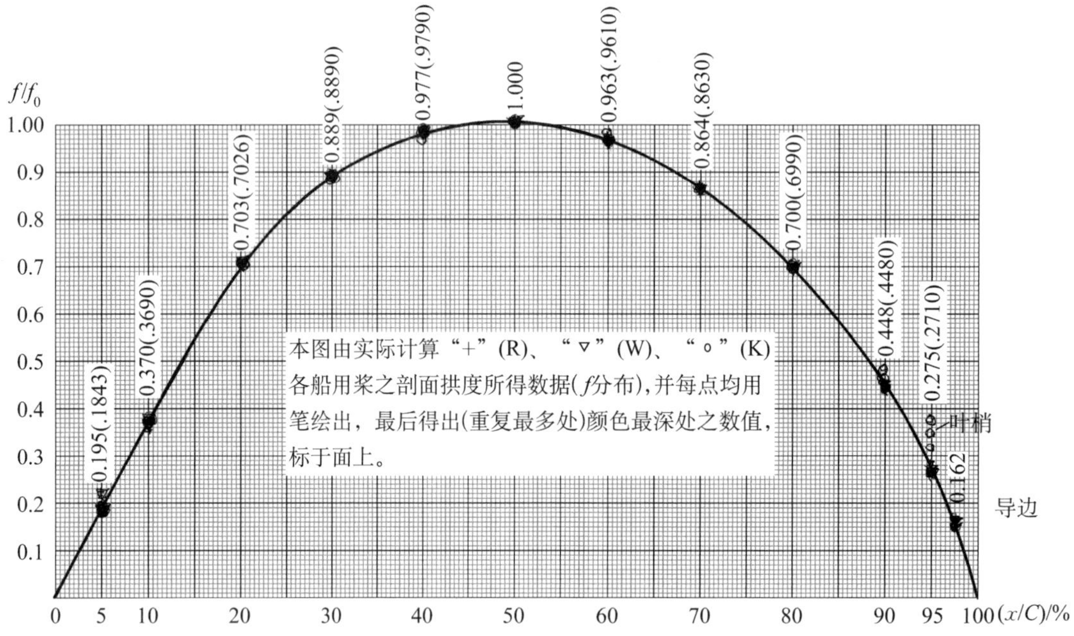

图1 KaMeWa剖面拱度分布线(图中黑点上为计算所得中心平均值，而括弧中为$a = 0.8$ mod. 数值)

关于桨叶剖面沿弦向的厚度分布，在用机翼型剖面取代圆背型剖面后，曾出现一些桨叶随边卷折和损坏的事故，多为压力分布有利于绕流稳定的层流翼型(如NACA－66、NACA－16等)。因而提出加强机翼型剖面的问题，根据损坏的物理分析，基于损坏大多出现在桨叶外半径处，该处剖面的厚宽度比(t/C)渐渐变小，剖面显得细长，理论机翼剖面随边部位(～20%弦长)的刚度不够。因此，提出的加厚量与剖面自身的厚宽比(t/C)有关。为此，参照苏联《船舶原理手册》上的办法，以不同厚宽比t/C值为横坐标，绘制不同弦向位置处剖面的当地厚度与最大厚度的比值t/t_0。图2为用于不同航速及载荷系数C_T的三种不同叶数的螺旋桨的桨叶剖面厚度分布图。逐点形成的t/t_0变化规律显示，当桨叶剖面弦长C与厚度t的比值小于15时($t/C > 0.065$)，剖面未加强；当剖面弦长C与厚度t的比值大于25时($t/C < 0.04$)，剖面随边需显著加强增厚。从这些统计数据看，变化是有规律的，与螺旋桨的叶数、载荷等均无关。对随边和导边区都无须加强的剖面厚宽比$t/C > 0.065$区，相对厚度t/t_0沿弦向的变化保持不变(见表2)。

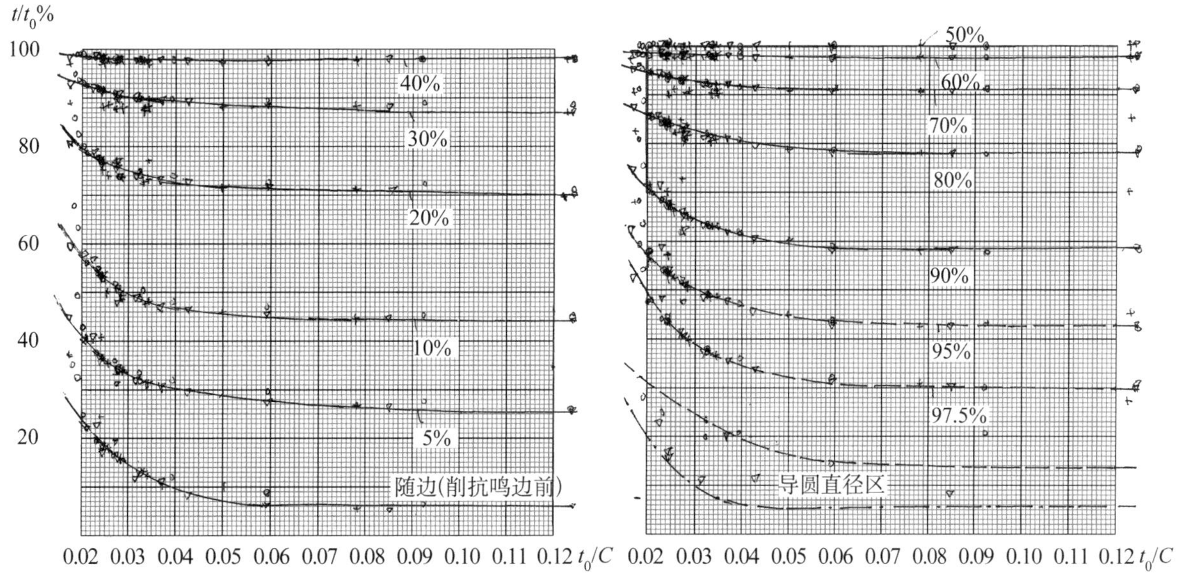

取自："+" ——— KaMeWa D=4.2 m 五叶桨

"▽" ——— Rolls-Royce D=3.65 m 四叶桨

"o" ——— KaMeWa桨，图中注明"No ICE" D=4.1 m 五叶桨

图 2 KaMeWa-Rolls Royce 桨剖面厚度分布线

表 2 KaMeWa 所用翼型的厚度分布

x/C% (随边起 0)	0	5	10	20	30	40	50	60	70	80	90	95	97.5	导边圆	备注
参考 (导边起 0)	100	95	90	80	70	60	50	40	30	20	10	5		R	1988 年
$\frac{1}{2}t/t_0$	0.03	0.128	0.220	0.355	0.435	0.490	0.500	0.488	0.454	0.390	0.297	0.214	0.149	(6～13)%t_0	

将所得表 2 与表 1 中比较，可以看出，它与表 1 所列椭圆(Karman-Trefze)剖面比较接近，也与 NACA－16 剖面相近，后者是美国为开发层流(绕流)减阻机翼提出的。笔者前些年看到的 KaMeWa 桨的数据，都与此吻合，甚至德国公司为泰国提供的护卫舰用五叶桨，其剖面厚度分布，也基本上是椭圆翼型。当然也可以用该公司所提供的其他设计方案，来检查和校正有关结论。

2. 苏联-俄罗斯螺旋桨叶剖面

1970 年前后苏联的船舶流体力学论述中，报道了关于改进翼型剖面上的压力分布，以适应空泡和船后伴流变化的研究，主要是针对拱度分布线的改进。早在二战结束后初期，发表 NACA $a=0.8$ 拱度线的同时，就有 $a=0.8$ mod. 方案，改进(modified)主要是在随边 20% C 内，由导边开始的等压区延伸到 80% C 后，由等梯度变化到零(压力面，吸力面压力相等)，改成为变梯度，以利于层流稳定。通常机翼型剖面导边附近出现压降峰值，不利于控制空泡，因而这种等压(降)区的剖面，有利于保持总压降(升力)不变的条件下，避免压降峰值——推迟空泡发生。因此，这类翼型开始被选用于船舶螺旋桨。所谓 $a=0.8$ 是指导沿到 80%弦长处的压降相等，这是指在特定攻角和总压差(升力)条件下的情况。船后伴流场的速度变化，不同程度地改变剖面瞬间攻角，有可能导致导沿出现压降峰(空泡)。因此，苏联文献[3]中出现了由导沿开始，令压力在弦长 5%～20%区内逐渐达到等压的所谓 UK 型剖面，在于适应伴流之需要。工程上，在桨叶剖面导边总有导圆，提出导圆心抬高及导圆直径，从而起到了所述适应伴流之目的。

图 3 为苏联 1985 版《船舶原理手册》所推荐的用于新图谱系列的螺旋桨叶剖面拱度分布线 ИК $a = 0.8$，$b = 0.05$，指明是 M4－65、M4－85 及 M4－75 系列桨的叶剖面拱度变化规律。发表的 6、7、8 叶桨只给出了最大拱度 f_0 与叶宽 C 之比值，未提及拱度分布。

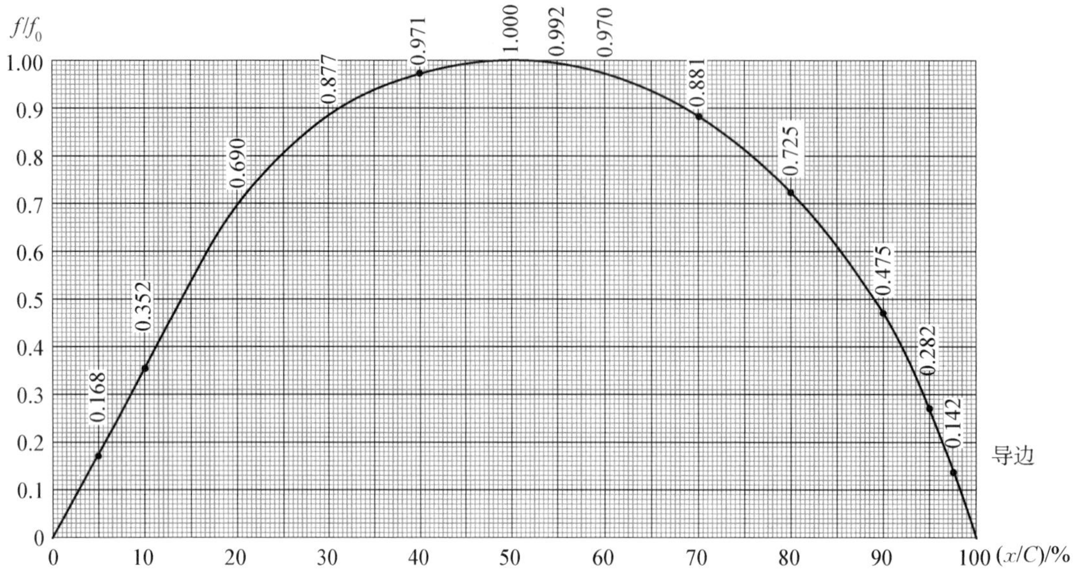

图 3 苏联 ИК－75、ИК－80、ИК－82 桨叶剖面拱度分布线 $a = 0.8$，$b = 0.05$

图 4 为新图谱桨叶剖面厚度沿弦向分布。该图的剖面随沿到中点部分系读(拓)自 $34 \times 35\ \mathrm{mm}^2$ 的小图；剖面中点到导沿部分读自 $53 \times 48\ \mathrm{mm}^2$ 的图。随边部分的叶厚是切削抗鸣边前的尺寸，抗鸣边沿水流方向延伸到随沿约 30 mm，导边是圆弧，圆直径约 $0.1t$(叶厚)。由图 4 看出，当剖面弦长 C 与厚度 t 的比值小于 16 时 ($t/C > 0.06$)，剖面无须加强，随着该比值 C/t 增大 ($t/C < 0.04$)，剖面随边～20%C 部分，均需加厚。

需要注意的是，图 4 中有用于冰区航行的船舶螺旋桨的叶剖面厚度分布线，包括国际通用并对应我国船检规范 CCS 的破冰船用桨要求 B1、B1*，及冰区航行船用桨 B2、B3 要求的叶厚局部加强值。

根据笔者接触到的由苏联和俄罗斯不同部门先后提供的两型七叶大侧斜螺旋桨的图纸和实测数据看，其叶剖面拱度分布及厚度分布，在工程精度范围内，与图 3、图 4 曲线数据完全吻合。前面所提到的两型桨叶剖面的数据，均取自按特级精度要求的(包括 ISO 484)螺旋桨图纸、实测资料及公开文献。

3. 美国螺旋桨叶剖面

关于美国采用何种螺旋桨叶片翼型剖面，二战前美国、德国都曾致力于机翼翼型开发，战争的胜利，导致美国 NACA 翼型取得了更大的名气和应用。但是，由于多种原因，美国舰船螺旋桨的实际叶剖面数据，所见甚少。1979 年以后，从美国政府报告(PB 报告)中，可以看到，20 世纪 70 年代为高速货船 78a Class Cargo Vessels 研发 6 叶大侧斜桨时，采用叶梢卸载桨(随着$\bar{r}$增大，螺距逐步减小)取代原叶梢增载桨(随着$\bar{r}$增大，螺距逐步增大)，叶梢卸载桨的剖面中线(Section Meanline)是 NACA $a = 0.8$，厚度分布是 NACA 66(Modified，……)未直接查到原始资料，只是间接看到。也与先前看到的苏联螺旋桨的剖面类同。

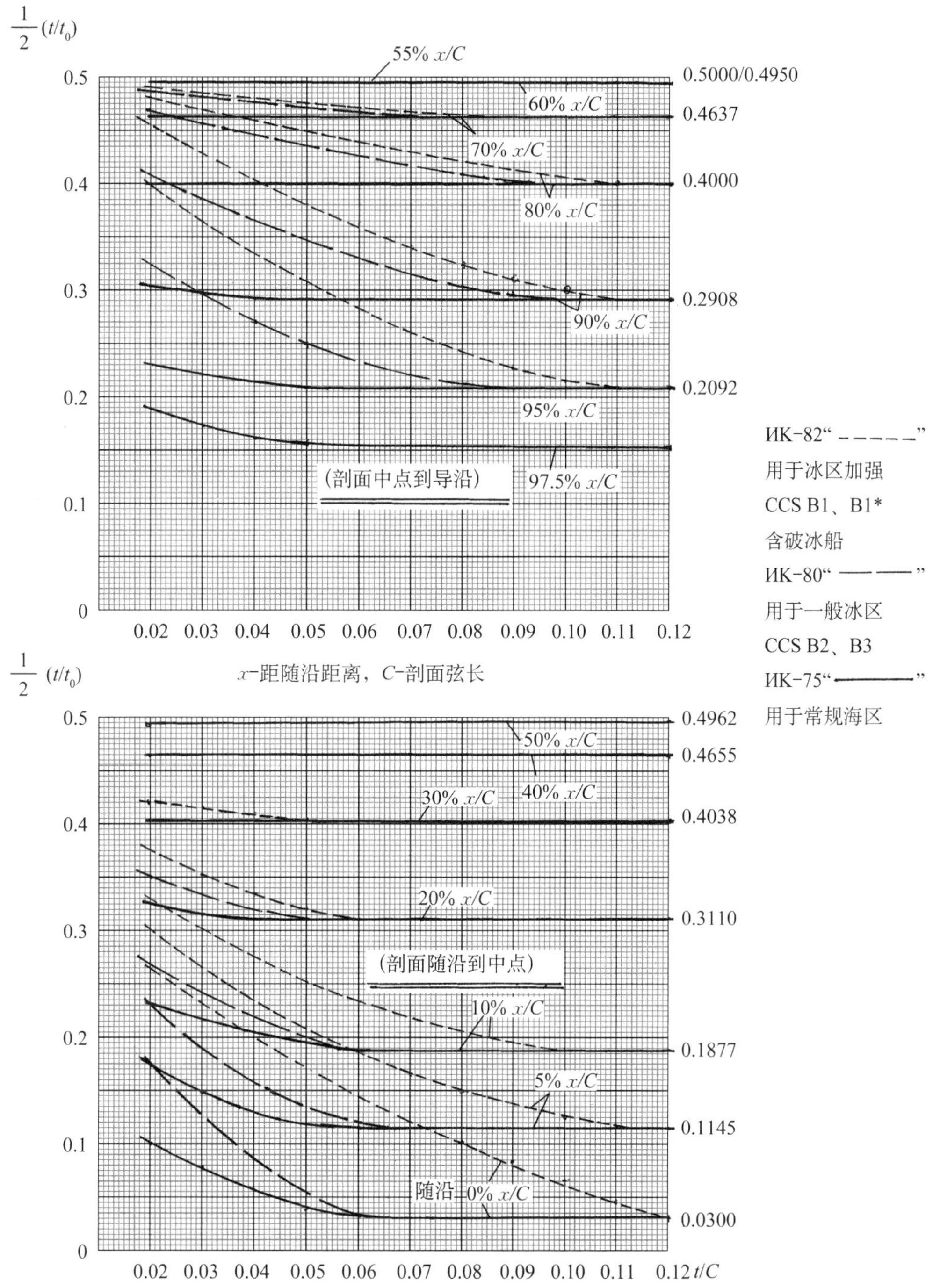

图 4　苏联螺旋桨翼型剖面厚度分布

4. 关于螺旋桨叶剖面的讨论

实际装备船舶的螺旋桨，除了快速性预报和强度校核计算书之外，通常不提供桨叶剖面型值，有时甚至不提供桨图纸，因此关于某些在国内经常看到的进口螺旋桨(例如，PAI、MAP 日本桨)，笔者不掌握可以肯定其规律性的资料。从现场测绘数据看，可以判断螺旋桨采用的剖面，其压力面是平直的，基本上是圆背型剖面。

从前两节的分析，可以认为：KaMeWa-Rolls Royce 桨和苏联-俄罗斯桨的高精度、高性能方案，其剖面拱度线是以 NACA $a=0.8$ 为基础的拱度分布；至于厚度分布，前者是基于二战前德国开发的翼型在随边适度加厚，而苏联到俄罗斯是基于美国 NACA 66 翼型在随边适度加厚的方案。现将图 2 及图 4 中未考虑冰区加强的剖面厚度分布线绘于图 5 上，可以看出总的随边部分加强趋势是同样的，实际上加强后的剖面和整个桨叶是光顺的。值得注意的是 KaMeWa-Rolls Royce 桨叶剖面，当厚宽比 $t/C < 0.06$ 时，导边部分也显著加强了。

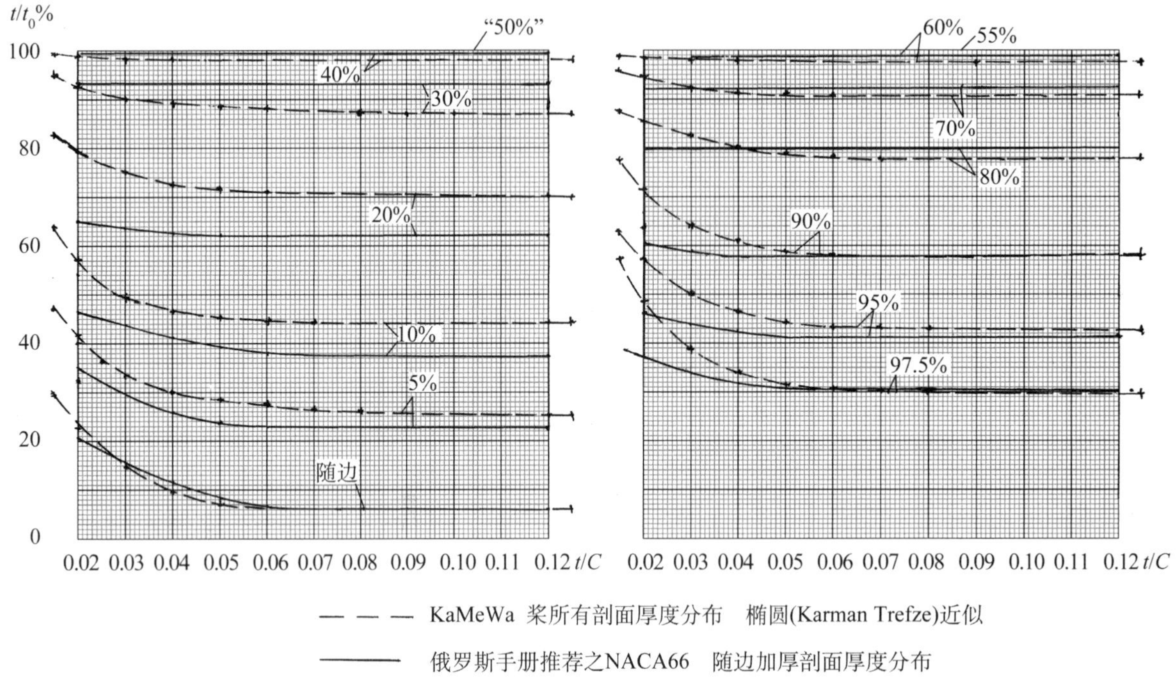

图 5　推荐采用的两型桨叶剖面厚度分布比较

剖面导沿设有圆弧外，在导边 2.5%弦长区内，剖面型值与相应机翼的理论值不完全相符，特别是导圆直径、圆心抬高及 97.5%弦长处的厚度相对变化显著。螺旋桨叶外半径 ($\bar{r} > 0.85$) 及剖面导边处，水流速更高，为适应伴流场变化及应对海水中漂浮物，对剖面的局部强度及加工精度要求更高，应该严加关注。但实际桨加工(甚至于数控铣床)时，桨叶梢部及导边形状更难控制。因此，将原来按图谱桨习惯，给定 $\bar{r} = 0.95$ 剖面几何参数，最外半径 ($\bar{r} > 0.95$) 的形状就不加检控，发展到严格给定 $\bar{r} = 0.99$ 附近的剖面几何数据。当给定 $\bar{r} = 0.95$ 处的剖面数据时，以直径 $D = 4$ m 的桨为例，这意味着半径由 1 900～2 000 mm 的区间是缺少检测数据的。在宽度约 100 mm，最大弦长约为 1 000 mm、最小厚度约 16 mm 的月牙状桨叶梢部，由制造人员随意加工。在船舶日常运行中，桨叶梢线速度约(25～45)m/s。上述未加监控的 $\bar{r} > 0.95$ 桨叶部分，对螺旋桨空泡、振动、噪声、剥蚀的影响，都是现实的工程问题。若给定 $\bar{r} = 0.99$ 处剖面的几何数据，则所述 $D = 4$ m 桨叶到半径 1 980 mm 处整个叶面较平坦部分都是可以严格监控的，而最外半径处，宽 20 mm×厚 16 mm 的条状可通过模板加以监测。实际上，在 ISO 484 国际标准中，就有"导边和随边应用样板或等效的设备进行检验"的条款。给出桨叶距梢部约 20 mm 处的剖面型值，并加以检测，不仅是针对军用船螺旋桨。2009 年挪威设计的 40 万吨民船，直径 $D = 10$ m 的四叶桨，就给出了 $\bar{r} = 0.995$ 剖面的型值，该剖面厚 38 mm，距叶梢 25 mm。

综合对国外螺旋桨叶剖面的观察，可以认为，近 20 年来，通过图纸对桨叶梢部及剖面边沿(特别是导边)进行严格监控。在距桨叶边沿约 20 mm 处，工程上可以和必须进行检测。对于直径 $D = 4 \sim 10$ m 的桨，叶梢部每 1°所对应的剖面弧长约为 35～90 mm，20 mm 相当于要控制 1°弧长以内的几何数据。在进行螺旋桨模型试验时，通常制作直径 $D \approx 250$ mm 的桨模，给定每隔 3°～5°站点的剖面型值，即距离(沿弧长)6～10 mm 有一测点，在距离叶梢及边沿～4 mm 内，不加控制，有可能导致模型桨叶在梢部及剖面边沿失真，影响对桨空泡、振动、噪声性能的正确评估。

对接触到的桨叶剖面数据，得到过一鳞半爪的资料，整理后得不出经过验证的结论。值得一提的是前述挪威设计的直径 $D=10\,\text{m}$ 桨的所有叶剖面的拱度分布，都是严格按 NACA $a=0.8$ 得出的；其厚度分布由随沿起到 50%弦长是接近 NACA 16 和 Karman-Trefze 剖面厚度的中间值，而由剖面中间（最大厚度处）到导边是严格按 NACA 16 厚度分布。当叶厚宽比 $t/C\approx 0.067$ 时，就开始随边部分加厚，其加厚程度与 KaMeWa-Rolls Royce 相比更甚。这种随边加厚，通常是根据实桨运行观察所得出。

关于日本中岛螺旋桨公司供应的 PAI 桨（有国内厂家说是“Pressure Accorded Improvement”的简称），在 1990 年代测定的 $D=5\ 200\,\text{mm}$、$D=7\ 300\,\text{mm}$ 两型用于低速（～15 kn）船的螺旋桨数据，经整理，得出的结论大致是：该型桨的拱度最大值位于剖面中点（距随沿 50%x/C）、与 NACA $a=0.8$ 一类拱度分布线相比，在 0～50%x/C 处拱度值相对更高，在 80～100%x/C 处，拱度也略高于 NACA $a=0.8$。桨叶剖面拱度分布如图 6 所示，在随边和导边约 5%x/C 范围内，数据离散度略高。关于 PAI 型桨剖面的厚度分布，据前述两桨的测量数据，绘于图 7。剖面的最大厚度位置在距随沿～57.5%x/C 处，即机翼型桨剖面的最大厚度位置往导边方向移动。为比较起见，图 7 上绘有另一近期挪威设计的 $D=10\,\text{m}$ 桨

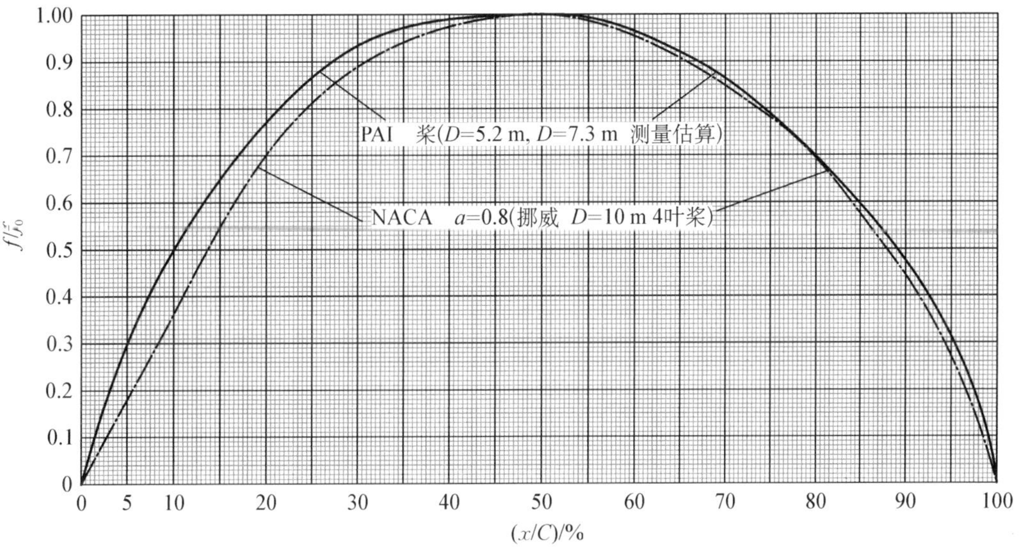

图 6 PAI 桨拱度值测量数据估算及与 NACA $a=0.8$ 比较

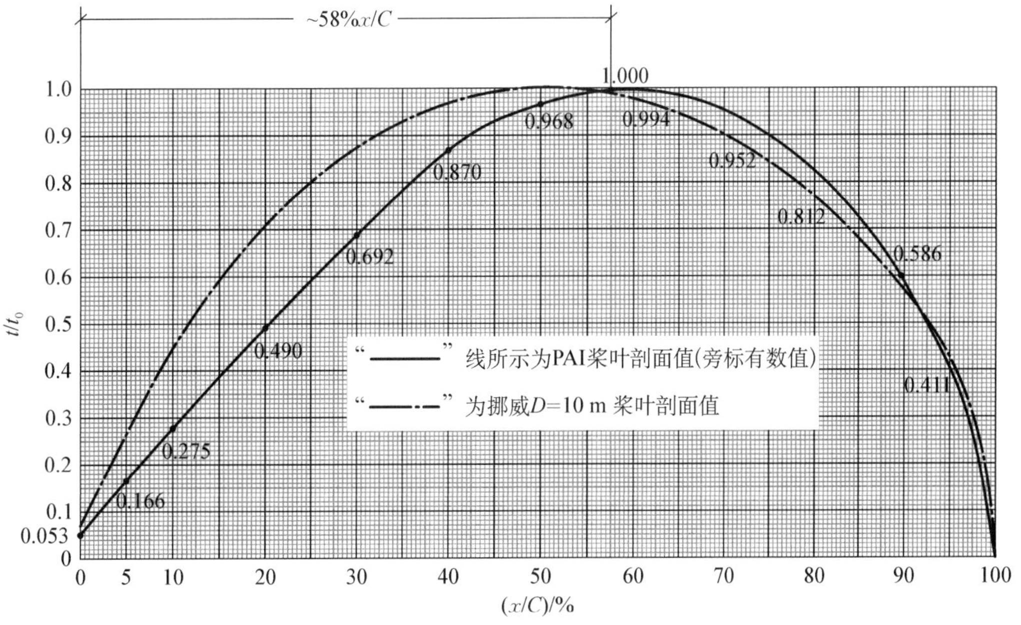

图 7 PAI 桨厚度分布测量数据估值及另一北欧桨值

的剖面厚度沿弦向分布情况。

以上数据出自相关产品某一时期内商品桨的测算，统计的时间跨度及对象数量均有限，不能作出肯定的推断。总的来讲，KaMeWa-Rolls Royce 桨和苏联-俄罗斯桨叶的剖面两端（导边和随边）显得更钝厚，而 PAI 桨剖面的两端相对尖薄。由图 2、图 4、图 7 的 t/t_0 数据，对于 t/C 厚宽比较大的，无需加强的叶根强度校核剖面，可以算出桨叶剖面的丰满系数 C_S，即剖面面积与桨叶宽×叶厚之比（$S/(C \times t_0)$）。具体数值如表 3 所示。由于 PAI 桨通常不提供型值表，现由实测数据推得 PAI 桨的叶根剖面丰满系数为 $C_S = 0.676$，而由日本 Nakashima（中岛）公司提供的船检送审报告中，$C_S = 0.678 \sim 0.679$。

表 3　若干桨叶剖面的丰满系数 C_S

剖面翼型	KaMeWa-Rolls Royce	苏联—俄罗斯	PAI
丰满系数 C_S	0.735	0.722	0.676

根据二战后美国 NACA 的工作人员 Abbott 和 Doenhoff 发表的研究报告“Theory of Wing Section”的说明，NACA 16 及 NACA 66 属于为维持机翼层流边界层实现减阻目的的“1”和“6”系列厚度分布，要求翼型绕流压力变化尽可能均匀，以推迟层流往湍流转变；第二位数字表示最低压力点距剖面导沿的位置，“6”表示最低压力点离导沿 60%弦长处。而拱度“a”系列，表示由拱度引起的压力下降值不变的区域延伸的长度，例如 $a = 0.8$ 意味着在设计工况等压区由导沿延伸至 80%弦长处。所述层流翼型压力分布设计理念，与为避免螺旋桨叶剖面出现压力突降，导致空泡发生的理念吻合，故被关注并在实践中得到了广泛应用。当然，不是为了保持螺旋桨叶片的绕流为层流的目的，实桨叶剖面的雷诺数在 $10^7 \sim 10^8$ 之间，保持层流边界层的可能性根本不存在，而是为了应对螺旋桨出现空泡的需要，通常航速高于 20 kn 的船用螺旋桨，营运中出现空泡及其所诱发的船体振动、桨叶剥蚀等情况还是累有发生，除采取叶梢卸载、径向变螺距等措施外，选用拱度 NACA $a = 0.8$ 为基础的翼型剖面，也被实践证实是推迟空泡发生、匀化桨叶压降分布的有效办法之一。从欧洲、俄国、美国的船用螺旋桨的剖面看，其桨叶均为所述的 NACA $a = 0.8$ 拱度分布的翼型剖面。

5. 桨叶剖面拱度值 f/C 的统计

桨叶剖面拱度值 f/C 与螺距比 P/D 一样，是决定螺旋桨性能的主要几何参数，不同的 P/D 和 f/C 组合，可调节桨推进性能变化，从而影响船—机—桨匹配的技术品质和桨叶剖面的实际 f/C 值，影响剖面的零升力角。对于剖面 NACA $a = 0.8$，其零升力角 α_0 与拱度的关系为 $\alpha_0 \approx 117 f/C$。

图 8 为典型船用螺旋桨的剖面 f/C 沿径向分布值。由图可见，主要提供推力的桨叶剖面，即 $\bar{r} = 0.50 \sim 0.90$ 区的剖面，f/C 值在该区域的数值，与螺旋桨载荷 C_T 及叶数关系不大，高速军舰和低速货船的螺旋桨，其 f/C 值在 $0.01 \sim 0.04$ 之间，叶梢部（$\bar{r} \approx 0.95$ 处）$f/C \approx 0.01$；而绝大多数剖面的 $f/C = 0.02 \sim 0.03$ 之间。

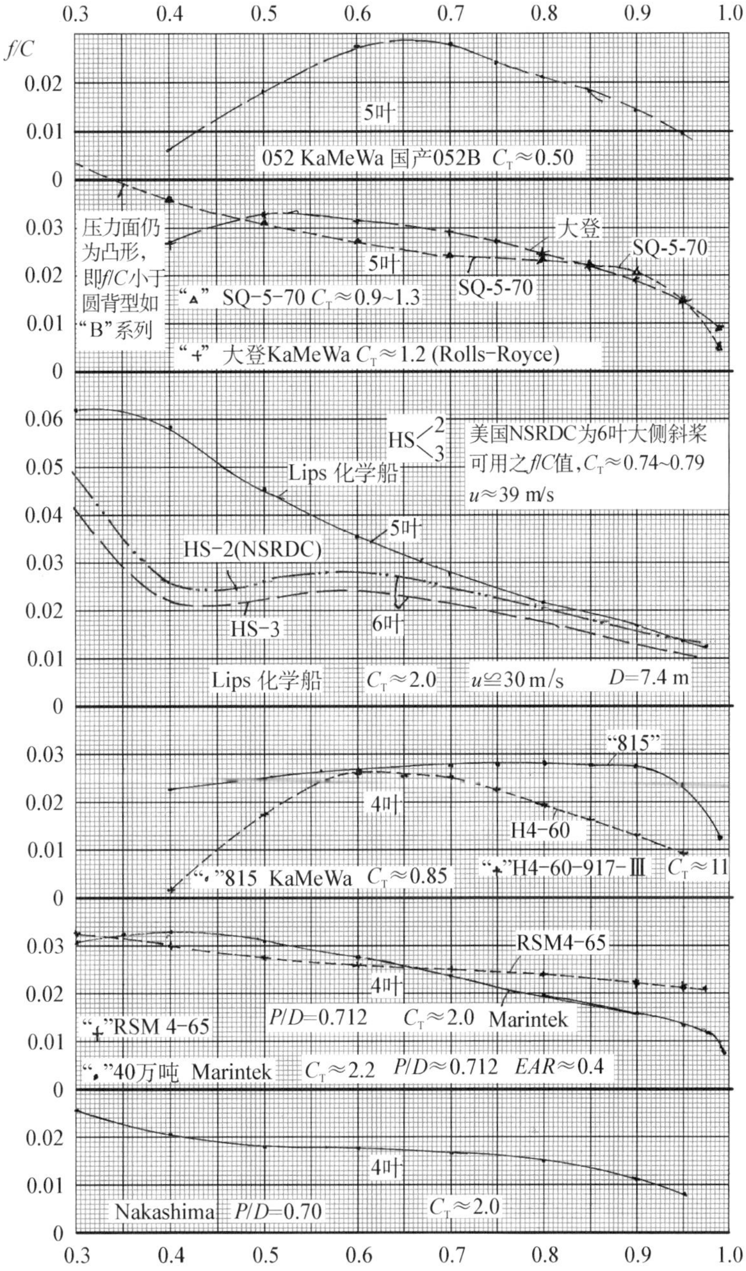

f/C
5叶
052 KaMeWa 国产052B C_T≈0.50
压力面仍为凸形，即f/C小于圆背型如"B"系列
大登
SQ-5-70
5叶
SQ-5-70
"▲" SQ-5-70 C_T≈0.9~1.3
"+" 大登KaMeWa C_T≈1.2 (Rolls-Royce)
HS 2 3
美国NSRDC为6叶大侧斜桨可用之f/C值，C_T≈0.74~0.79 u≈39 m/s
Lips 化学船
5叶
HS-2(NSRDC)
HS-3
6叶
Lips 化学船 C_T≈2.0 u≌30 m/s D=7.4 m
"815"
4叶
H4-60
"815 KaMeWa C_T≈0.85
"▲"H4-60-917-Ⅲ C_T≈11
RSM4-65
4叶
"+"RSM 4-65
P/D=0.712 C_T≈2.0 Marintek
"•"40万吨 Marintek C_T≈2.2 P/D≈0.712 EAR≈0.4
4叶
Nakashima P/D=0.70 C_T≈2.0
0.3 0.4 0.5 0.6 0.7 0.8 0.9 1.0

图 8　桨叶拱度 f/C 比较

螺旋桨叶惯性数据及变速运动时与加速度有关的作用力

报告主旨

除了保证船舶航行，实现船—机—桨匹配外，设计螺旋桨时，还要回答与主机、轴系设计和施工方面的技术咨询，要提供桨重量、动量矩和转动惯量等数据外，还要提供桨在某些特种运动模式时，相应的附连水惯量。

在舵桨、吊舱推进器、可调螺距螺旋桨机动和桨轴系振动过程中，桨叶的运动速度是变化的。在当代各类装置调节程序的时间间隔内，估算装置相应机动时的加速度及相应惯性量(包括附连水)，可得与加速度有关的力(矩)值，与定常状态的受力(矩)值相比，发现加速度的影响仅占总受力的百分之几。因此，研究有关变速运动问题时，常忽略加速度的影响。

1　桨叶剖面面积及对剖面基准线的面积矩、抗弯模数

已知桨叶剖面宽度 C/D，拱度 f_C/D 及厚度 t/D，并知剖面吸力面 y_S 及压力面 y_P 距剖面基准线的高度，如图1所示。

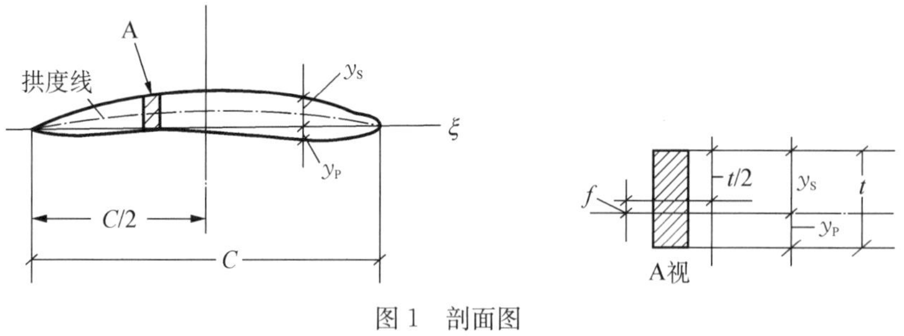

图1　剖面图

1.1　剖面面积 a_i

$$a_i = \int_{-C/2}^{C/2} t\mathrm{d}\xi = C_S \cdot t_0 \cdot C,\ C_S = a_i/(t_0 \cdot C) \tag{1.1}$$

式中，t_0—叶厚(最大值)，t—叶厚，C—叶剖面宽，C_S—剖面丰满系数；ξ—剖面基准线弦向坐标。

$$C_S = \sum \frac{t}{t_0} \cdot \Delta \bar{\xi} \tag{1.1$'$}$$

此处 $\Delta\bar{\xi}=\Delta\xi/C$。

1.2 剖面相对基准线的面积矩 m_i 及剖面"重心"

$$m_i=\int_{-C/2}^{C/2}tf\,\mathrm{d}\xi=t_0\cdot f_C\int_{-0.5}^{0.5}\frac{t}{t_0}\cdot\frac{f}{f_C}\mathrm{d}\bar{\xi} \tag{1.2}$$

$$m_i=a_i\cdot\zeta_{0i}=C_S t_0 C\zeta_{0i},\ \zeta_{0i}=\frac{f_C}{C_S}\sum\frac{t}{t_0}\cdot\frac{f}{f_C}\Delta\bar{\xi} \tag{1.3}$$

式中,ζ_{0i}—剖面重心到基准线距离,f—剖面拱度值,f_C—该剖面最大拱度。

剖面惯量主轴通过该重心,主轴通常接近剖面基准线(或鼻首线)。

1.3 剖面相对基准线的惯性矩

已知高 t 宽 $\Delta\xi$ 的方形条相对中心轴的惯性矩为$\frac{1}{12}t^3\cdot\Delta\xi$,中心轴距基准线 f,故相对基准线的惯性矩为:

$$\Delta I_i=\frac{1}{12}t^3\cdot\Delta\xi+f^2t\cdot\Delta\xi=\left(\frac{1}{12}t^3+f^2t\right)\Delta\xi \tag{1.4}$$

确定剖面抗弯模数(section modulus)的相对主轴的惯性矩 I_0,应为

$$I_0=I_i-a_i\zeta_{0i}^2 \tag{1.5}$$

其中 $$I_i=\int_{-C/2}^{C/2}\left(\frac{1}{12}t^3+f^2t\right)\mathrm{d}\xi=t_0^3\cdot C\left[\frac{1}{12}\sum\left(\frac{t}{t_0}\right)^3+\left(\frac{f_C}{t_0}\right)^2\sum\frac{t}{t_0}\left(\frac{f}{f_C}\right)^2\right]\Delta\bar{\xi} \tag{1.5$'$}$$

1.4 剖面的最小抗弯模数

翼型剖面承受因弯矩导致的最大应力,出现在距主轴最远点,如图 2 所示的 B 点处。评价桨叶强度,计算剖面承受的令桨叶折断的绕剖面最小惯性矩主轴的最大弯矩应力时,抗弯模数 W 约为:

$$W=\frac{I_0}{|\,y_P\,|+\zeta_{0i}} \tag{1.6}$$

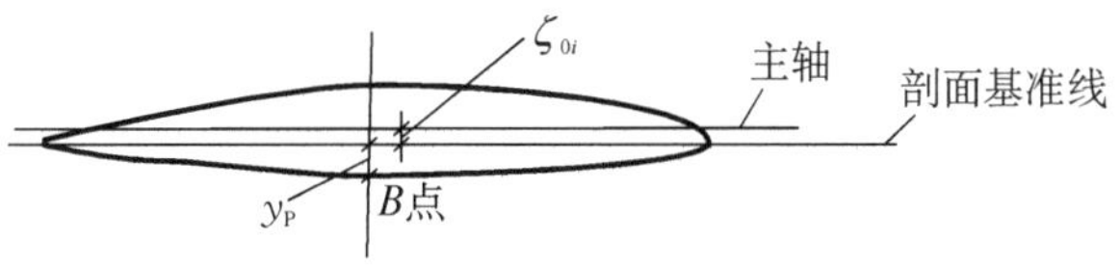

图 2 剖面最小抗弯模数"B"点

有时,表示 $W=t_0^2\cdot C\cdot C_n$ 则有 $C_n=\frac{I_0}{|\,y_P\,|+\zeta_{0i}}\frac{1}{t_0^2C}$,$C_n$ 称为抗弯模数分数。根据剖面的 C,t_0 及 C_n,及作用于剖面的弯矩,可以确定所受到的应力:

$$\sigma=M/(I/y),\ \sigma_B=M/W=M/(t_0^2\cdot C\cdot C_n)$$

1.5 算例

以目前广为采用的剖面翼型 NACA 66 厚度分布及 NACA $a=0.8$ 拱度分布为例，将计算列于表 1 中。

表 1 剖面几何特征数计算（将剖面弦向分为 10 等分 $\Delta\xi=\frac{C}{10}$）

序号	计算量	数据											积分 $\sum$
1	ξ/C	−0.5	−0.4	−0.3	−0.2	−0.1	0	0.1	0.2	0.3	0.4	0.5	
2	f/f_C	0	0.352	0.690	0.877	0.971	1.000	0.970	0.881	0.725	0.475	0	
3	t/t_0	0.060	0.375	0.622	0.807	0.931	0.995	0.990	0.927	0.800	0.584	0.200	~7.19
4	$(t/t_0)\times f/f_C$	0	0.132	0.429	0.708	0.904	0.995	0.960	0.817	0.580	0.277	0	~5.80
5	$(t/t_0)^3$	0	0.053	0.241	0.526	0.807	0.985	0.970	0.797	0.512	0.199	0.008	~5.09
6	$(f/f_C)^2$	0	0.124	0.476	0.769	0.943	1.000	0.941	0.776	0.526	0.226	0	
7	$(t/t_0)(f/f_C)^2$	0	0.047	0.296	0.621	0.878	0.995	0.932	0.719	0.421	0.132	0	~5.04

按式(1.1)，取表中数据，算得剖面丰满系数为

$$C_S=\sum\frac{t}{t_0}\cdot\Delta\bar{\xi}=7.19\times0.1=0.719$$

按式(1.3)，算得重心距基准线为

$$\zeta_{0i}=\frac{f_C}{C_S}\sum\frac{t}{t_0}\cdot\frac{f}{f_C}\Delta\bar{\xi}=\frac{f_C}{C_S}\times5.80\times0.1=f_C\times\frac{5.80}{0.719}\times0.1=0.807f_C$$

按式(1.4)，算得剖面相对基准线的惯性矩为

$$\begin{aligned}I_i&=t_0^3\cdot C\left[\frac{1}{12}\sum\left(\frac{t}{t_0}\right)^3+\left(\frac{f_C}{t_0}\right)^2\sum\frac{t}{t_0}\left(\frac{f}{f_C}\right)^2\right]\Delta\bar{\xi}\\&=t_0^3\cdot C\left[\frac{1}{12}\times5.09+\left(\frac{f_C}{t_0}\right)^2\times5.04\right]\times0.1=\left[0.0424+0.504\left(\frac{f_C}{t_0}\right)^2\right]t_0^3\cdot C\end{aligned}$$

按式(1.5)，算得剖面相对主轴（通过重心的）惯性矩为

$$I_0=I_i-a_i\zeta_{0i}^2=\left[0.0424+0.504\left(\frac{f_C}{t_0}\right)^2\right]t_0^3C-0.719t_0C(0.807f_C)^2$$

$$I_0=\left[0.0424+0.0358\left(\frac{f_C}{t_0}\right)^2\right]t_0^3C$$

图 2 所示为 B 点（距主轴最远的点，即应力最大点）距主轴 y 的距离：

$$y=\frac{1}{2}t-f+\zeta_{0i}=y_P+\zeta_{0i}$$

通常 B 点在剖面弦向中点，即 $t=t_0$ 处，$f=f_C$ 处，故有

$$y=\left[\frac{1}{2}t-f_C+0.807f_C\right]=\left[\frac{1}{2}-0.193\left(\frac{f_C}{t_0}\right)\right]t_0$$

按式(1.6)，剖面的抗弯模数 W 为

$$W=\frac{I_0}{y_P+\zeta_{0i}}=\frac{\left[0.0424+0.0358\left(\frac{f_C}{t_0}\right)^2\right]t_0^3C}{\left[\frac{1}{2}-0.193(f_C/t_0)\right]t_0}=C_n t_0^3 C$$

其中抗弯模数分数 $$C_n=\frac{0.0424+0.0358(f_C/t_0)^2}{0.5-0.193(f_C/t_0)} \tag{1.7}$$

对于采用 NACA 66 厚度分布及 $a=0.8$ 拱度分布的桨叶剖面，螺旋桨强度校核剖面 $\bar{r}=0.25$（调距桨校核剖面 $\bar{r}=0.35$），因剖面厚度比（t_0/C）值较高，无需按 NACA 66 mod. 进行随、导边局部加强，故 C_S、ζ_{0i}、I_0 值等的表达式（经过 t_0、f_C）具有普遍意义。而 C_n 值仅与拱度厚度比有关。有的船检规范，要求 C_n 值，并限定 $C_n\leqslant 0.1$（例如 ABS 规范）。

以剖面 $f_C/t_0=0.3$ 为例，按式(1.7)算得 $C_n=0.103$；$f_C/t_0=0$ 时，$C_n=0.085$。

2 桨叶质量及相对桨轴的转动惯量

螺旋桨的质量（重量）及其对主轴的转动惯量，是制造螺旋桨和研究推进系统运转所必需的数据。主机—轴系—螺旋桨系统可能因某些部件的周期性作用力而陷入振动，伴生加速度，后者引起的作用力（矩）与相应惯量有关。

2.1 桨叶的质量

已知桨叶各半径剖面的面积 a_i，可得到桨叶由桨毂到叶梢的体积。若桨直径为 D，计及式(1.1)，有关系式

$$\int_{r_h}^{D/2} a_i \mathrm{d}r=\int_{r_h}^{D/2} C_S t_0 C \mathrm{d}r=\frac{D^3}{2}\int_{\bar{r}_h}^{1.0} C_S\cdot\frac{t_0}{D}\cdot\frac{C}{D}\cdot \mathrm{d}\bar{r} \tag{2.1}$$

式中，$\bar{r}=2r/D$，r_h— 桨毂半径，$\mathrm{d}\bar{r}=2\mathrm{d}r/D$。计及桨材质密度 ρ_P，桨叶质量 m_b 为

$$m_b=\rho_P\int_{r_h}^{D/2} a_i \mathrm{d}r=\rho_P\frac{D^3}{2}\sum C_S\frac{t_0}{D}\cdot\frac{C}{D}\Delta\bar{r} \tag{2.1$'$}$$

整桨 Z 片桨叶的质量为 $m_P=Zm_b=Z\rho_P\dfrac{D^3}{2}\sum C_S\dfrac{t_0}{D}\cdot\dfrac{C}{D}\Delta\bar{r}$（下标“P”指螺旋桨，即 propeller）。

2.2 桨叶对桨轴的转动惯量

面积 a_i 的径向小段 $a_i\mathrm{d}r$ 相对桨轴的转动惯量 $\Delta I_b=\rho_P a_i r^2\mathrm{d}r$。整片桨叶的 I_b 为

$$I_b=\rho_P\int_{r_h}^{D/2} a_i r^2\mathrm{d}r=\rho_P\frac{D^5}{8}\int_{\bar{r}_h}^{1.0} C_S\frac{t_0}{D}\cdot\frac{C}{D}\bar{r}^2\mathrm{d}\bar{r} \tag{2.2}$$

$$I_b=\rho_P\frac{D^5}{8}\sum C_S\frac{t_0}{D}\cdot\frac{C}{D}\bar{r}^2\Delta\bar{r} \tag{2.2$'$}$$

Z 片桨叶对桨轴的转动惯量为

$$I_P=ZI_b=Z\rho_P\frac{D^5}{8}\sum C_S\frac{t_0}{D}\cdot\frac{C}{D}\bar{r}^2\Delta\bar{r} \tag{2.3}$$

2.3　算例

已知某桨直径 $D=3.42\ \mathrm{m}$，采用剖面翼型 NACA 66 厚度及 $a=0.8$ 拱度分布，其各剖面在相对半径$\bar{r}$处的叶宽 C/D、叶厚 t_0/D 及剖面丰满系数 C_S 如表 2 所示。按式(2.1)和式(2.2)计算相应量，桨叶数 $Z=5$，盘面比 $EAR=0.7$。

表 2　桨叶质量(重量)及转动惯量

序号	名称	数				值					$\sum$ 积分
1	$\bar{r}$	0.2	0.3	0.4	0.5	0.6	0.7	0.8	0.9	1.0	
2	C_S	.720	.720	.720	.720	.722	.724	.726	.730	.725	
3	C/D	.189	.233	.268	.296	.312	.315	.302	247	.130	
4	t_0/D	.035 6	.030 4	.025 9	.021 9	.018 2	.014 5	.010 8	.007 0	.004 6	
5	$\bar{r}^2$	.04	.09	.16	.25	.36	.49	.64	.81	1.06	
6	$C_S\cdot\frac{t_0}{D}\cdot\frac{C}{D}\times10^3$	4.844	5.100	4.998	4.667	4.100	3.307	2.368	1.262	0.434	28.44
7	$C_S\cdot\frac{t_0}{D}\cdot\frac{C}{D}\times\bar{r}^2\times10^4$	1.938	4.590	7.997	11.668	14.759	16.204	15.155	10.224	4.336	83.73

则按式(2.1)′，每一桨叶质量，由 $\bar{r}=0.2$ 到$\bar{r}=1.0$ 总值，计及 $\rho_P=7\,500\ \mathrm{kg/m^3}$ 得

$$m_b=\rho_P\frac{D^3}{2}\sum C_S\frac{t_0}{D}\cdot\frac{C}{D}\Delta\bar{r}=\rho_P\cdot\frac{3.42^3}{2}\times28.44\times10^{-3}\times0.1=426.6\ \mathrm{kg}$$

若不计桨叶根填料的净重。其对螺旋桨主轴的转动惯量为

$$I_b=\rho_P\frac{D^5}{8}\sum C_S\frac{t_0}{D}\cdot\frac{C}{D}\bar{r}^2\Delta\bar{r}=\rho_P\cdot\frac{3.42^5}{8}\times83.73\times10^{-4}\times0.1=367.3\ \mathrm{kg\cdot m^2}$$

算得一片桨叶的重量及转动惯量以后，加上桨毂的重量及转动惯量，可得出桨叶数为 Z 的整个桨的总重及总转动惯量。由于叶根填料情况不同，实际桨的重量不同等，需待桨加工验收完毕后，才能最终确定。通常桨毂占整个桨的重量值约为(40～50)%，随毂长和毂径相对尺度而变，由于桨毂质量集中在桨轴附近，其相对半径 $\bar{r}_h<0.25$，桨毂的转动惯量仅占整个桨转动惯量的百分之几。

以本算例为例，若桨毂为圆柱体，轴孔 $d_S=0.06D$，毂径 $d_h=0.2D$，毂长 $L_h=0.2D$ 则桨毂重为

$$m_h=\rho_P\left[\int_{d_S/2}^{d_h/2}2\pi r\mathrm{d}r\right]L_h=\rho_P\frac{\pi D^3}{2}\frac{L_h}{D}\int_{\bar{r}_S}^{\bar{r}_h}\bar{r}\mathrm{d}\bar{r}=\rho_P\frac{\pi D^3}{4}\frac{L_h}{D}(\bar{r}_h^2-\bar{r}_S^2)$$

得桨毂重：

$$m_h=7\,500\times\frac{\pi\times3.42^3}{4}\times0.2(0.2^2-0.06^2)=1\,715\ \mathrm{kg}$$

整个 $Z=5$ 叶的桨重为

$$m=Zm_b+m_h=5\times426.6+1\,715=3\,848\ \mathrm{kg}$$

桨毂重占整桨重比为　　$m_h/m=1\,715/3\,848\simeq0.42\approx42\%$

桨毂对桨轴的转动惯量：

$$I_h=\rho_P L_h\int_{d_S/2}^{d_h/2}2\pi r\times r^2\mathrm{d}r=\rho_P\frac{\pi D^5}{8}\frac{L_h}{D}\int_{\bar{r}_S}^{\bar{r}_h}\bar{r}^3\mathrm{d}\bar{r}$$

$$= \rho_P \frac{\pi D^5}{32} \frac{L_h}{D} (\bar{r}_h^4 - \bar{r}_S^4)$$

得桨毂对轴的转动惯量 I_h 为

$$I_h = 7\,500 \times \frac{\pi \times 3.42^5}{32} \times 0.2(0.2^4 - 0.06^4) = 109.3 \text{ kg} \cdot \text{m}^2$$

整个 $Z = 5$ 叶桨对桨转轴的转动惯量为

$$I = ZI_b + I_h = 5 \times 367.3 + 109.3 = 1\,946 \text{ kg} \cdot \text{m}^2$$

桨毂所占比值为 $$I_h / I = 109.3/1\,946 \approx 0.056 \approx 6\%$$

3 桨叶剖面(翼型)运动时的附连水惯量

介质中运动的物体，扰动介质发生相应的力学作用。作用力与运动速度有关，也与运动加速度有关。当定常运动(等速直线)时，物体会受到与速度有关的力，与介质流场环境(边界、重力、黏性)有关，在船舶快速性学科中，主要研究这种运动，认为运动物体(船舶、螺旋桨)是在作等速运动。当物体带有加速度时，会出现与加速度有关的力。就物理实质而言，作用力都是由介质质量和黏性引起的。黏性作用与介质中的速度梯度有关，质量(惯性)与运动加速度有关。研究认为，物体在理想流体(无黏性、不可压缩)中运动时，等速直线运动物体从介质方面受到的作用力合力为零，只可能产生力偶。物体作等速直线运动时，介质场发生变化，整个流体场具有相应的动能。运动体具有空间(三维)轴向线速度及绕轴的相应转动介质动能的表达式 T 可写成

$$T = \frac{1}{2} \sum_{ij=1}^{6} \lambda_{ij} u_i u_j \tag{3.1}$$

以单一 u_i 速度沿轴向运动，其“牵带”的介质在该方向具有的动能为

$$T = \frac{1}{2} \lambda_{ii} u_i^2$$

相应运动体的动能为 $T_B = \frac{1}{2} m u_i^2$，若与介质动能 $T = \frac{1}{2} \lambda_{ii} u_i^2$ 比，可看成运动体质量 m 外，还有附连介质 λ_{ii}(added mass)同时进入。差别在于，这时被“牵带”进入其他形式的运动(速度方向和转动)的介质，将有相应的惯性量。附连质量 λ_{ii} 的量纲为“kg”。

若物体绕轴作转动，则动能 $T = \frac{1}{2} \lambda_{jj} u_j^2 = \frac{1}{2} \lambda_{jj} \omega^2$，物体(质量 m)转动时，被“牵带”进入的附连惯性量 λ_{jj}，称为附连转动惯量(added moment of inertia)，其量纲为 kg · m^2，将其乘以 ω^2 就是动能。

运动体对介质的扰动是三维空间的，作线速运动的物体，会将介质“牵带”入转动，反之亦然。因此，在介质动能式(3.1)中，含有 $T = \frac{1}{2} \lambda_{ij} u_i u_j$ 的项。当 u_i、u_j 分别是线速度和转动角速度时，被“牵带”的介质附连惯量 λ_{ij}，被称为附连惯性矩(added moment of momentum)，其量纲为 kg · m。

相同形状和运动的物体，所“牵带”的介质附连惯量是相同的，与运动体本身的惯量(质量等)无关。运动物体的边界条件，影响其附连惯性量。介质附连惯性量的出现，影响物体在力作用下的运动参数(位移、加速度、周期等)。进行工程计算时，特别对在水中物体的运动计算时，必须考虑附连惯性量。

关于附连惯性量对在介质中运动物体的影响，可以用钟摆运动为例说明。质量“m”的摆锤，在空气中摆动时，其周期与摆锤形状无关，保持基本不变，但是若将摆锤置入水中，由于摆锤的水附连惯性量介入，被“牵连”入摆锤的附连质量，导致钟摆周期变长，形状不同的同样质量“m”的摆锤，甚至摆锤外形与摆动平面的相对位置，都会导致摆动周期变化。

带有翼形剖面的螺旋桨叶，运行在水中，可能进行各种复杂的运动，例如船舶机动和系统振动、摇摆等，需要了解螺旋桨在相应运动中的水附连惯性量。由于螺旋桨叶运动的复杂性和形状的特异性，工程实践中，只能通过建立与实际问题相符的运动模型，了解在运动模型中螺旋桨的附连惯性量。当前提供推进系统轴系扭转振动评估，是船舶登记部门的基本要求之一，就要求了解船舶轴系扭转振动中螺旋桨绕桨轴的附连转动惯量。又例如在船舶机动过程中，桨处于变速状态，速度和加速度都将影响螺旋桨的作用力，也要求了解相应的附连惯性量。为了解一些非定常状态时的螺旋桨作用力和运动，目前公认的办法是将实际运动中的主要形态提取出来，用模型试验或理论计算的办法，求取其相应的附连惯性量，再用实测运动参数的办法，来检查所得有关惯性量数值的可信度。

在第 2 节中讨论了桨叶自身的质量及相应的转动惯量等。桨叶与桨毂一道随桨轴旋转，采用往复式动力机械拖动的螺旋桨，每一转内的角速度是不均匀的，因而其线速度值也是变动的，出现加速度及相应的惯性量影响，特别是主机驱动轴系带着螺旋桨，整个推进系统发生扭转振动时，桨叶的转动惯量及其水附连转动惯量，是影响扭转振动的主要因素之一。同样，当桨推力在旋转过程中发生变化时，可能产生整个推进系统的轴向振动。也需要了解在所述运动过程中桨叶的质量及桨叶在相应运动中的水附连质量。

3.1 桨叶径向 dr 段剖面的附连惯性量

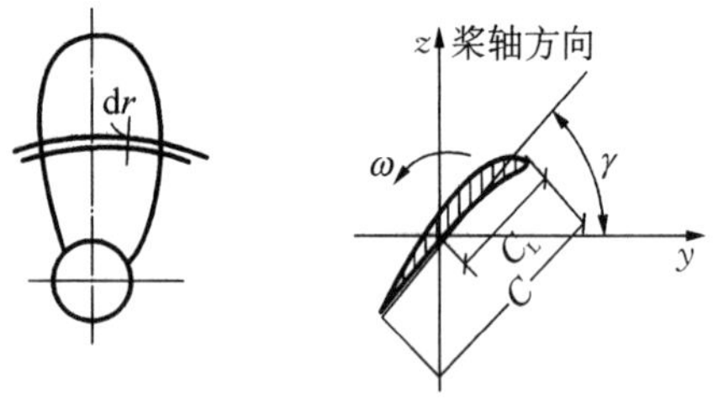

图 3 dr 小段剖面示意图

如图 3 所示，桨叶径向 dr 段，在 r 半径处绕桨轴在圆柱面内运动，随着桨轴跟船移动，这被看做是平面运动。前面已经提到，附连惯性量是考虑物体在介质中作非定常运动时，介质（水）给运动体加速度所带来的影响。在理论流体力学中，可以求出一些简单外形物体的速度场，从而得出式(3.1)中的相应附连惯性量。对于桨叶 dr 段剖面在圆柱面的运动，看成是在圆柱展开面内的平面运动。再将弯曲的实际翼型剖面看成理论翼型——平板，按已经求得理论解的平板附连惯性量，来估算桨叶剖面的附连惯性量，然后将由叶根到叶梢各段的附连惯性量线性叠加，求出桨叶的附连惯性量。

把图 3 中翼型剖面看做平板，由流体力学可得该宽 C 的平板，在螺距角为 γ 的条件下，沿桨轴方向(z)及垂直桨轴方向(y)的附连惯性量为

$$\left.\begin{aligned}
&\text{附连质量为 } \lambda_z = \rho_w \frac{\pi}{4}C^2\cos^2\gamma,\ \lambda_y = \rho_w \frac{\pi}{4}C^2\sin^2\gamma,\ \lambda_{xy} = -\rho_w\left(\frac{\pi}{8}\right)C^2\sin 2\gamma \\
&\text{附连惯性矩为 } \lambda_{zw} = \rho_w \frac{\pi}{4}C^3\left(\frac{1}{2}-\frac{C_L}{C}\right)\cos\gamma,\ \lambda_{yw} = -\rho_w \frac{\pi}{4}C^3\left(\frac{1}{2}-\frac{C_L}{C}\right)\sin\gamma \\
&\text{附连转动惯量为 } \lambda_w = \rho_w \frac{\pi}{4}C^4\left[\frac{9}{32}-\frac{C_L}{C}\left(1-\frac{C_L}{C}\right)\right]
\end{aligned}\right\} \tag{3.2}$$

式(3.2)中，C 为剖面宽度，C_L 为坐标原点到导边距离，ρ_w 为介质密度(kg/m^3)，γ 为螺距角，λ 为相应附连惯性量。下标指相应坐标运动方向。若 $C_L = \frac{1}{2}C$，即坐标原点在剖面中间，则有

$$\left.\begin{aligned}&\lambda_z=\rho_{\mathrm{w}}\frac{\pi}{4}C^2\cos^2\gamma,\ \lambda_y=\rho_{\mathrm{w}}\frac{\pi}{4}C^2\sin^2\gamma,\ \lambda_{xy}=-\rho_{\mathrm{w}}\left(\frac{\pi}{8}\right)C^2\sin 2\gamma\\&\lambda_{zw}=\lambda_{yw}=0,\ \lambda_w=\rho_{\mathrm{w}}\frac{\pi}{128}C^4\end{aligned}\right\}\tag{3.3}$$

知道了 r 处 dr 剖面的附连惯性量表达式，就可以求出整片桨叶的附连惯性量。在桨轴(推进)方向 z 的附连质量$\overline{m}_{\mathrm{add},z}$为

$$\overline{m}_{\mathrm{add},z}=\int_{r_{\mathrm{h}}}^{D/2}\lambda_z\mathrm{d}r=\rho_{\mathrm{w}}\frac{\pi}{4}\int_{r_{\mathrm{h}}}^{D/2}C^2\cos^2\gamma\mathrm{d}r=\rho_{\mathrm{w}}\frac{\pi}{8}\left[\int_{\bar{r}_{\mathrm{h}}}^{1.0}\left(\frac{C}{D}\right)^2\cos^2\gamma\mathrm{d}\,\bar{r}\right]D^3\tag{3.4}$$

式(3.4)中方括号中的值为桨叶几何相对数值，与桨叶的具体大小无关，实桨与其几何相似模型的积分值相同。桨叶周向的附连质量$\overline{m}_{\mathrm{add},y}$(在此将圆柱面展开的 y 方向替换成了周向)，其数值为

$$\overline{m}_{\mathrm{add},y}=\rho_{\mathrm{w}}\frac{\pi}{8}\left[\int_{\bar{r}_{\mathrm{h}}}^{1.0}\left(\frac{C}{D}\right)^2\sin^2\gamma\mathrm{d}\,\bar{r}\right]D^3\tag{3.5}$$

这个附连质量对桨轴的转动惯量为 $\lambda_y r^2\mathrm{d}r$，整片桨叶的惯连转动惯量为

$$\bar{I}_{\mathrm{add},z}=\int_{r_{\mathrm{h}}}^{D/2}\lambda_y r^2\mathrm{d}r=\rho_{\mathrm{w}}\frac{\pi}{4}\int C^2\sin^2\gamma\cdot r^2\mathrm{d}r=\rho_{\mathrm{w}}\frac{\pi}{32}\left[\int_{\bar{r}_{\mathrm{h}}}^{1.0}\left(\frac{C}{D}\right)^2\sin^2\gamma\cdot\bar{r}^2\mathrm{d}\,\bar{r}\right]D^5\tag{3.6}$$

对于已知几何参数：C/D、$P/D\left(\gamma=\tan^{-1}\dfrac{1}{\pi\bar{r}}\dfrac{P}{D}\right)$的螺旋桨，可按式(3.4)、式(3.5)、式(3.6)算出单一桨叶的附连质量$\overline{m}_{\mathrm{add},z}$、$\overline{m}_{\mathrm{add},y}$及附连转动惯量$\bar{I}_{\mathrm{add},z}$。桨叶进入非定常运动时，由于介质“牵带”所引起的附连惯性量，桨叶将受到作用力(附连)为 $m_{\mathrm{add}}\times$加速度，及受到作用力矩为 $I_{\mathrm{add}}\times$角加速度。因船体质量大大超过桨的质量(为 3 个到 4 个量级)，故螺旋桨附连质量(包括自身质量)对船体的变速运动影响力可以忽略不计。虽然，当船舶做匀速运动时，作用于螺旋桨的推力和全船阻力相当；作用于螺旋桨的力矩与主机输出扭矩相当。

对于船舶推进系统(主机—轴系—螺旋桨)而言，螺旋桨及其附连惯量是重要的力学数据。整个系统的运行状态与之密切相关。$I_{\mathrm{add},z}$严重影响推进系统的轴扭转振动；$m_{\mathrm{add},z}$有时严重影响轴向振动。都是技术抉择必须具备的数据。

3.2 螺旋桨参与扭振和轴向振动时的附连惯性量

关于欧洲造船业中曾广泛采用的荷兰 B 系列螺旋桨，西欧和苏联都有人算过扭振附连转动惯量及轴向振动附连质量。现将有关计算结果且用作相应工程计算的公式分述如下(标记符号均归一到本报告所用统一标记，指整个 Z 叶桨的数据)：

1. 确定附连质量 $m_{\mathrm{add},z}$

KaMeWa 用表达式(Swaneck 公式)：

$$m_{\mathrm{add},z}=\rho_{\mathrm{w}}D^3\cdot\frac{\pi}{Z}\cdot EAR^2\times 0.2812=0.883\rho_{\mathrm{w}}D^3\cdot EAR^2/Z\tag{3.7}$$

苏联文献(Пипис 算式)提出：

$$m_{\mathrm{add},z}=2.1\rho_{\mathrm{w}}D^3\cdot EAR^2/Z\times f_1(P/D),\ f_1(P/D)=0.61-0.19P/D\tag{3.8}$$

当 $P/D=1.0$ 时，$f_1=0.61-0.19\times 1=0.42$，$m_{\mathrm{add},z}=0.882\rho_{\mathrm{w}}D^3\cdot EAR^2/Z$

2. 确定绕桨轴扭振附连转动惯量 $I_{add,z}$

KaMeWa 用表达式：

$$I_{add,z}=\frac{\rho_w}{\pi}D^5(P/D)^2\cdot EAR^2/Z\times 0.0703=0.0224\rho_w D^5\frac{EAR^2}{Z}\times(P/D)^2 \tag{3.9}$$

苏联技术文献提出：

$$I_{add,z}=0.0531\rho_w D^5\frac{EAR^2}{Z}\times(P/D)^2\times f_1(P/D) \tag{3.10}$$

当 $P/D=1.0$ 时，$f_1=0.42$，$I_{add,z}=0.0223\rho_w D^5\dfrac{EAR^2}{Z}\times(P/D)^2$

由以上比较可见，计算结果基本重合。苏联文献明确指出，公式数据是根据式(3.4)、式(3.5)、式(3.6)类似表达式算得的。曾假定整片桨叶剖面中点在同一径向线上，取得的有关计算公式，用估算实船螺旋桨的附连惯性量，判断含有螺旋桨的工程系统的运动性能(如振动频率等)，可以间接检验经验公式的可信度，也可以利用模型振动的办法，来测定螺旋桨在指定运动模式中的附连惯性量。通常是强制模型在水中和空气中振动，测定振动频率、幅值和相位，根据运动方程中与位置、速度、加速度有关的“力”项，比较这些项在水中和空气中的差别，确定附连惯性量。对于船舶推进系统，往往只要避开某些船用机械的固有频率、远离共振的危险。因此，关于附连惯性量数据的精确度，若与螺旋桨推力、吸收功率等数据的要求精度比，相对地低很多。围绕桨毂分布在周向的桨叶，互相之间组成叶栅，苏联有研究认为，叶栅效应会导致附连质量比单一桨叶剖面的附连质量更大，提出相应附连惯量的计算式为

$$m_{add,z}=2.31\rho_w D^3\cdot EAR^2/Z\times A(P/D) \tag{3.11}$$

$$I_{add,z}=0.0585\rho_w D^5\frac{EAR^2}{Z}\times(P/D)^2\times A(P/D) \tag{3.12}$$

$$A(P/D)=0.575-0.042(P/D)+0.009(P/D)^2 \tag{*}$$

还有，认为盘面比 EAR 会影响，在分析试验数据的基础上，建议对式(3.8)引入 EAR 修正。推出

$$m_{add,z}=2.1\rho_w D^3\cdot EAR^2/Z\times f_1(P/D)\times a(EAR) \tag{3.13}$$

式中 $a(EAR)$ 为 $EAR\leqslant 0.55$，$a=1.0$

$$EAR>0.55,\ a(EAR)=1.925-2.2EAR+0.875EAR^2$$

得附连转动惯量

$$I_{add,z}=0.0531\rho_w D^5\frac{EAR^2}{Z}\times(P/D)^2\times f_1(P/D)\times a(EAR) \tag{3.14}$$

引入叶栅修正和盘面比修正的计算式，都称是基于实践和试验所得出的，与按式(3.7)、式(3.8)、式(3.9)和式(3.10)的计算结果比，差别有时达 40%左右，当然会影响系统的受力及其振动频率等数值，需要具体评估其工程后果。

推出式(3.8)和式(3.10)的报告中说，是计算 B 系列桨得出的。众所周知，B 系列桨基本上是径向等螺距螺旋桨，而实际装船的当代螺旋桨，大多是径向变螺距桨。进入各附连转动惯式中的 P/D 值，也将会影响 $I_{add,z}$值，所有的计算式中，$I_{add,z}$都是与 P/D 成平方关系，而同一桨叶不同半径处的螺距比 P/D 值相差可以达到 2 倍。从式(3.6)等可见，螺距比值 P/D 大(γ 角大)的剖面，对 $I_{add,z}$值的“贡献”更大；而接近叶梢的剖面的相对半径$\bar{r}$值大，对 $I_{add,z}$的影响也更大。

当代船用螺旋桨大多带有侧斜，由于侧斜是桨叶剖面在圆柱面内周向运动，由于周向附连质量 λ_y 的影响有限，可以认为桨叶侧斜对螺旋桨扭振和轴向振动的相应附连惯性量影响不大。

3.3 桨绕桨轴扭振时的附连转动惯量和沿轴向振动的附连质量算例

仍以 2.3 节中直径 $D=3.42\ \mathrm{m}$，$Z=5$ 桨为例，如表 3 所示。表中计算了式(3.4)、式(3.5)、式(3.6)中所含数据。按 3.1 节所述估算剖面附连惯性量的方法，计算径向变螺距螺旋桨的有关惯性量。按式(3.4)得单一桨叶的轴向附连质量：

$$\overline{m}_{\mathrm{add},\,z}=\rho_{\mathrm{w}}\frac{\pi}{8}\left[\int_{\bar{r}_{\mathrm{h}}}^{1.0}\left(\frac{C}{D}\right)^2\cos^2\gamma\mathrm{d}\,\bar{r}\right]D^3=\rho_{\mathrm{w}}\frac{\pi}{8}\sum\left(\frac{C}{D}\right)^2\cos^2\gamma\cdot\mathrm{d}\,\bar{r}\cdot D^3$$

$$\overline{m}_{\mathrm{add},\,z}=1\,025\times\frac{\pi}{8}\times 432.6\times 10^{-3}\times 0.1\times 3.42^3=697\ \mathrm{kg}$$

表 3 螺旋桨惯性量计算表(D=3.42 m, Z=5 EAR=0.7)

序号	标记	数 值									$\sum$ 值	备注
1	$\bar{r}$	0.2	0.3	0.4	0.5	0.6	0.7	0.8	0.9	1.0		
2	C_S	.720	.720	.720	.720	.722	.724	.726	.730	.725		
3	C/D	.189	.233	.268	.296	.312	.315	.302	.247	.130		
4	t_0/D	.035 6	.030 4	.025 9	.021 9	.018 2	.014 5	.010 8	.007 0	.004 6		
5	$C_S\frac{t_0}{D}\cdot\frac{C}{D}\times 10^3$	4.844	5.100	4.998	4.667	4.100	3.307	2.368	1.262	0.434	28.44	
6	⑤$\times\bar{r}^2\times 10$	1.938	4.590	7.997	11.668	14.759	16.204	15.155	10.224	4.336	83.73	
7	P/D	1.084	1.080	1.071	1.070	1.065	1.050	1.020	0.948	0.774		
8	γ°	59.90°	48.89°	40.44°	34.26°	29.47°	25.52°	22.09°	18.54°	13.84°		$\gamma^\circ=\tan^{-1}\frac{1}{\pi\bar{r}}P/D$
9	$\cos\gamma$	.501 5	.657 5	.761 0	.826 5	.870 6	.902 4	.926 6	.948 1	.971 0		
10	$\sin\gamma$	.865 2	.753 4	.648 8	.563 0	.491 9	.432 9	.376 1	.317 9	.239 3		
11	$\left(\frac{C}{D}\right)^2\cdot\cos^2\gamma\times 10^3$	8.98	23.47	39.19	59.85	73.78	80.80	78.30	54.84	15.93	432.6	供式(3.4)用
12	$\left(\frac{C}{D}\right)^2\cdot\sin^2\gamma\times 10^3$	26.74	30.82	29.34	27.77	23.55	18.42	12.90	6.17	0.97	163.5	供式(3.5)用
13	⑫$\times\bar{r}^2$	1.07	2.77	4.69	6.94	8.48	9.03	8.26	5.00	0.97	46.3	供式(3.6)用
14	$\frac{C}{D}\bar{r}\times 10^2$	3.78	6.99	10.56	14.80	18.72	22.05	24.16	22.23	13.00	128.4	
15	⑭$\times P/D$	4.10	7.55	11.31	15.84	19.94	23.15	24.64	21.07	10.06	131.5	

整个 $Z=5$ 叶桨的桨叶附连质量：$m_{\mathrm{add},\,z}=5\times 697=3\,483\ \mathrm{kg}$。

按式(3.5)得单一桨叶的周向附连质量：

$$\overline{m}_{\mathrm{add},\,y}=\rho_{\mathrm{w}}\frac{\pi}{8}\left[\int_{\bar{r}_{\mathrm{h}}}^{1.0}\left(\frac{C}{D}\right)^2\sin^2\gamma\mathrm{d}\,\bar{r}\right]D^3$$

$$\overline{m}_{\mathrm{add},\,y}=1\,025\times\frac{\pi}{8}\times 163.5\times 10^{-3}\times 0.1\times 3.42^3=263\ \mathrm{kg}$$

按式(3.6)得单一桨叶绕桨转轴的附连转动惯量：

$$\bar{I}_{add,z}=\rho_w\frac{\pi}{32}\left[\int_{\bar{r}_h}^{1.0}\left(\frac{C}{D}\right)^2\sin^2\gamma\cdot\bar{r}^2\,d\bar{r}\right]D^5=\rho_w\frac{\pi}{32}\sum\left(\frac{C}{D}\right)^2\sin^2\gamma\cdot\bar{r}^2\cdot d\bar{r}\cdot D^5$$

$$\bar{I}_{add,z}=1\,025\times\frac{\pi}{32}\times 46.3\times10^{-3}\times0.1\times3.42^5=218\ \text{kg}\cdot\text{m}^2$$

整个 $Z=5$ 叶桨的附连转动惯量：$I_{add,z}=1\,090\ \text{kg}\cdot\text{m}^2$

为比较用各公式计算螺旋桨附连惯性量所得数据的差异，利用式(3.7)～式(3.13)进行估算，以上各式中均含有桨叶螺距比 P/D，对于当代径向变螺距桨，需确定计算 P/D 值。从几何平均或力学等价等概念，来确定桨的计算螺距比，均论据不足，当前德国 G. L. 规范中，有关于桨平均螺距比的定义：$\bar{P}/D=\sum\frac{C}{D}\cdot\frac{P}{D}\Delta\bar{r}/\sum\frac{C}{D}\Delta\bar{r}$。下面试用该定义，由表 3 的第 14、15 项，算得：$\bar{P}/D=131.5/128.4=1.024$。并用作桨的已知值 P/D。

按 KaMeWa 推荐的式(3.7)和式(3.9)得

$$m_{add,z}=0.883\rho_w D^3\cdot EAR^2/Z=0.883\times1\,025\times3.42^3\times\frac{0.7^2}{5}=3\,548\ \text{kg}$$

$$I_{add,z}=0.022\,4\rho_w D^5\frac{EAR^2}{Z}(P/D)^2=0.022\,4\times1\,025\times3.42^5\times\frac{0.7^2}{5}\times(1.024)^2=1\,104\ \text{kg}\cdot\text{m}^2$$

按苏联文献推荐公式(3.8)和式(3.10)，得

$$m_{add,z}=2.1\rho_w D^3 EAR^2/z\cdot f_1(P/D)$$

$$f_1(P/D)=0.61-0.19P/D=0.61-0.19\times1.024=0.416$$

$$m_{add,z}=2.1\times1\,025\times3.42^3\times\frac{0.7^2}{5}\times0.416=3\,510\ \text{kg}$$

$$I_{add,z}=0.053\,1\rho_w D^5\frac{EAR^2}{z}\times\left(\frac{P}{D}\right)^2\times f_1(P/D)$$

$$=0.053\,1\times1\,025\times3.42^5\times1.024^2\times\frac{0.7^2}{5}\times0.416=1\,089\ \text{kg}\cdot\text{m}^2$$

按经叶栅修正后的苏联推荐公式(3.11)和式(3.12)，得

$$m_{add,z}=2.31\rho_w D^3\frac{EAR^2}{Z}\cdot A(P/D)$$

$$A(P/D)=0.575-0.042(P/D)+0.009(P/D)^2=0.542$$

$$m_{add,z}=2.31\times1\,025\times3.42^3\times\frac{0.7^2}{5}\times0.542=5\,031\ \text{kg}$$

$$I_{add,z}=0.058\,5\rho_w D^5\frac{EAR^2}{Z}\cdot\left(\frac{P}{D}\right)^2\cdot A(P/D)$$

$$=0.058\,5\times1\,025\times3.42^5\times\frac{0.7^2}{5}\times1.024^2\times0.542=1\,563\ \text{kg}\cdot\text{m}^2$$

按引入盘面比修正后的苏联推荐公式(3.13)和式(3.14)，得

$$m_{add,z}=2.1\rho_w D^3\frac{EAR^2}{Z}f_1(P/D)\cdot a(EAR)$$

$EAR>0.55$ 时，$a(EAR)=1.925-2.2EAR+0.875EAR^2$

$$m_{add,z} = 2.1 \times 1\,025 \times 3.42^3 \times \frac{0.7^2}{5} \times 0.416 \times 0.814 = 2\,857\ \text{kg}$$

$$I_{add,z} = 0.053\,1\rho_w D^5 \frac{EAR^2}{Z}(P/D)^2 \cdot f_1(P/D) \cdot a(EAR)$$

$$= 0.053\,1 \times 1\,025 \times 3.42^5 \times \frac{0.7^2}{5} \times 1.024^2 \times 0.416 \times 0.814$$

$$= 886\ \text{kg} \cdot \text{m}^2$$

将本算例中按各种方法算得的结果列于表 4 作比较。可以看出按各种经验公式算得的螺旋桨的轴向振动附连水质量是相同量级的数值，且扭转振动的桨附连转动惯量也是如此。按桨平均螺距比定义计算所得值，与按桨叶剖面近似理论结果式(3.2)、式(3.3)算得的数值的差异，在工程计算允许误差之内。扭转振动时，螺旋桨的附连转动惯量，与螺旋桨自身材质绕桨转轴的转动惯量相比，前者是后者的惯量的 50%左右。当推进系统出现轴向振动时，桨叶的水附连质量与自身质量相当。若螺旋桨是推进系统振动方程中的主要惯性量时，计及水附连惯性量，整个系统的自振频率将降低到台架试验(桨在空气中)时的 $1/\sqrt{1.5} \sim 1/\sqrt{2.0}$。本算例适用于中高速船用桨，由于盘面比、螺距比值的原因，附连惯性量的影响较显著，导致系统自振频率值下降约 20%～30%；低速船配置的螺旋桨的盘面比及螺距比值较低，其相应水附连惯性量值较低，通常为桨叶自身惯性量的 10%～20%，整个推进系统的自振频率将下降百分之几。在工程技术抉择时，为避免推进系统与相关结构、设备发生共振，常采取将各系统自振频率错开的避振办法，如令桨转数“高”于或“低”于推进系统自振频率的办法。计及水附连惯性量后，桨—轴系统实际自振频率下降的事实，将会影响对系统“高”避振或“低”避振的评估，故应予注意。

表 4　$D = 3.42$ m　$\bar{P}/D = 1.024$ 桨的惯性量及附连水惯性量

名称 / 数据	镍铝青铜桨自身(Cu4)	各种计算公式算得之附连水惯性量					备注
		理论近似	“KaMeWa”	苏联文献	带叶栅修正	引入盘面比修正	桨自身扣除桨毂
m/kg	3 848	3 483	3 548	3 510	5 031	2 857	2 133
I/(kg · m²)	1 946	1 090	1 104	1 089	1 563	886	1 837

4　螺旋桨横向运动时的附连惯性量

当船体运动或振动导致桨转轴与水流形成夹角时，出现桨轴横向速度分量，旋转桨叶遇到的来流是周期性变化的，虽然在与螺旋桨相连的坐标系中，桨叶自身的运动速度是不变的，水流的速度变化，将会出现与水流变速相关的附连惯性量影响。

在船舶摇摆、利用推力装置作机动和遇到斜流时，螺旋桨都会出现垂直桨轴的横向运动，桨叶剖面遇到变速流场，都会有相应的附连惯性量影响。横向运动加速度与质量(包括水附连质量)的乘积，是作用于桨的惯性力。在研究螺旋桨斜流问题时，这个与加速度有关，以桨叶频(桨转数×桨叶数)变化的桨产生的附加惯性力，通常忽略不计。模型试验测得的力学数据，也证实以叶频变化的脉动量，与桨的流体动力平均值相比，是低级量。至于船舶摇摆时和轴系弯曲振动中，作为悬挂在轴系末端的螺旋桨，可看作是连续杆系上的集中质量，遇到带有横向加速度的情况，桨的质量和附连水质量的影响，都会反映到运动力学方程中。

为了解实船螺旋桨在运行中可能遇到的横向速度和加速度的量级，以船舶在海上遇浪纵摇为例，若船长 $L \approx 100\,\mathrm{m}$，纵摇幅角 $\psi = \pm 5°$，周期 $T = 3\,\mathrm{s}$ 的情况，得幅角变化 $\psi = \frac{\psi_0}{360} \times 2\pi \sin 2\pi \frac{t}{T} = \frac{\pi}{36} \sin \frac{2\pi}{3} t$，角速度 $\dot{\psi} = \frac{\pi}{36} \times \frac{2\pi}{3} \cos \frac{2\pi}{3} t = \frac{\pi^2}{54} \cos \frac{2\pi}{3} t$，及角加速度 $\ddot{\psi} = -\frac{\pi}{36} \times \left(\frac{2\pi}{3}\right)^2 \sin \frac{2\pi}{3} t = -\frac{1}{81} (\pi)^3 \sin \frac{2\pi}{3} t$。可估算出处于船尾的螺旋桨在纵摇过程中可能达到的垂直升降 $|\psi| \frac{L}{2}$ 约为 $\frac{\pi}{36} \times 50 \approx 4.4\,\mathrm{m}$，最大横向线速度值：$|\dot{\psi}| \frac{L}{2} \approx \frac{\pi^2}{54} \times 50 = 9.14\,\mathrm{m/s}$，最大横向加速度 $|\ddot{\psi}| \frac{L}{2} \approx \frac{\pi^3}{81} \times 50 = 19.1\,\mathrm{m/s^2}$。可见，横向加速度在 $\pm 2g$ 范围内变动。

还有，在舵桨、吊舱推进器等的操纵机动过程中，作为推力器的螺旋桨，其桨轴将做横向运动，也涉及加速度及有关惯性力(矩)的问题，存在评价加速度对螺旋桨影响有多大的问题。

4.1 转动的螺旋桨的横向运动附连质量

运转的螺旋桨的各片桨叶处在不同的方位，当出现横向运动时，桨叶周向位置与横向运动(振动，摇摆)位置的偶合是随机的，无规律可言，因此，像研究螺旋桨叶参与扭振和轴向振动那样，用近似理论方法，估算桨横向运动附连质量的可行性缺失。在公开技术文献上，有将螺旋桨模型挂在连续梁悬臂端，进行强迫弯曲振荡，测定桨模在水中和空气中连续梁-杆系的振动频率，从而确定桨的横向运动附连质量。

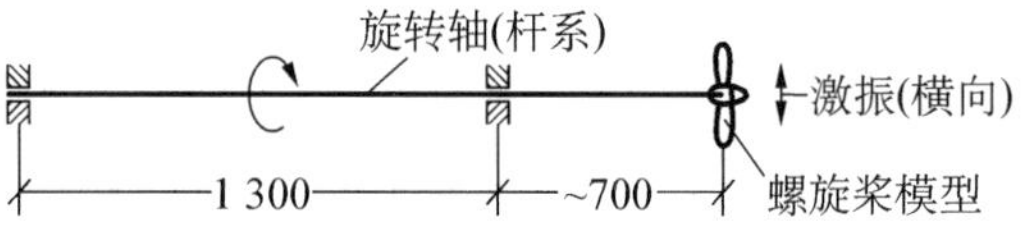

图 4 螺旋桨模型横向振动装置

试验装置如图 4 所示，旋转轴(杆系)末端安装螺旋桨模型，强迫带着桨模的系统进入横向振动，测定装置的振动频率，比较桨模在水中和空气中的频率值，得到桨模的附连质量。试验桨模的直径均为 $D = 200\,\mathrm{mm}$，桨叶数为 2、3、5，具有不同盘面比 EAR 和螺距比 P/D。总共 41 只桨模。并以三叶桨试验数据为基础，整理得计算附连质量 m_T 的经验公式：

$$m_{T,\,add} = \rho_w [k(1 + 1.66P/D) + 0.602P/D] \frac{7.85 - Z}{4.85} \cdot \frac{m_P}{\rho_P} \tag{4.1}$$

其中，
$$k = 0.1761 + 1.682EAR - 2.465EAR^2 + 1.595EAR^3$$

运行中的螺旋桨在横向运动时是受到轴向推力的，在图 4 所示模型试验台进行试验时，桨模受到的推力和扭矩，与实际情况不同。为此，在同样测试条件下，驱动旋转轴(杆系)以不同转数旋转，测定桨模横向运动的附连水质量。结果显示，螺旋桨转动与否，不影响其横向运动(杆系弯曲振动)所对应的附连水质量。为判断桨模大小对 $m_{T,\,add}$ 的影响，曾制作 $D = 250\,\mathrm{mm}$ 及 $D = 300\,\mathrm{mm}$ 的桨模，试验得出的 $m_{T,\,add}$ 与 41 只直径 $D = 200\,\mathrm{mm}$ 桨模试验数据整理所得式(4.1)的计算结果一致。因此，认为无论桨的形式和大小如何，均可用式(4.1)确定螺旋桨的横向运动附连质量。

以 2.3 节中曾计算过的直径 $D = 3.42\,\mathrm{m}$，$Z = 5$，$\overline{P}/D = 1.024$，$EAR = 0.70$ 的螺旋桨为例，已知该镍铝青铜桨自身质量 $m_P = 3\,848\,\mathrm{kg}$，$\rho_P = 7\,500\,\mathrm{kg/m^3}$。可得

$$k = 0.1761 + 1.682 \times 0.7 - 2.465 \times 0.7^2 + 1.595 \times 0.7^3 = 0.693$$

$$m_{T,\,add} = 1\,025 \times [0.693(1 + 1.66 \times 1.024) + 0.602 \times 1.024] \times \frac{2.85}{4.85} \times \frac{3\,848}{7\,500} = 769\,\mathrm{kg}$$

即该桨在水中横向运动时，附连水质量，导致桨的运动质量增大约 $\frac{769}{3\,848}100\% \approx 20\%$，即桨承受的与加速度有关的惯性力（重力或横向力），增大约 20%。

在船舶运行过程中，桨轴横向运动的情况是常有的。试验证明：螺旋桨轴横向运动水附连质量约占铜质桨质量的 20%，当出现横向加速度时，导致相应的惯性力（矩）增值。在船舶摇摆时，螺旋桨质量与船体质量比，相差 3～4 个量级，故在研究船舶摇摆时，常忽略横向运动加速度与桨质量引起的惯性力（矩），包括桨的水附连质量所带来的影响。对于吊舱推进器、舵桨一类带螺旋桨的船用装置，也会遇到变化的横向操纵速度。通常据瞬间横向速度及桨（船）速方向速度，确定桨运动速度三角形，将其看做定常运动状态。通过试验或计算估计相应状态时螺旋桨的流体动力。理论上讲，由于速度和加速度变化间的相位（时间差），导致螺旋桨流体动力和速度间出现相位差。在知道螺旋桨横向运动的附连质量后，比较横向运动速度及桨轴方位条件下的流体作用力，和由加速度所导致的惯性力，可以评估横向运动加速度影响的程度。

以吊舱推进器为例，计算螺旋桨在横向运动时受到的作用力（矩），评估加速度对操纵吊推所需力（矩）的影响。的确，如图 5 所示，当吊舱受到驱动力矩 σM，整个吊推开始绕吊舱转动轴转，在初始 $t = 0$ 瞬间，$\psi = 0$，转动角速 $\dot{\psi} = \frac{\mathrm{d}\psi}{\mathrm{d}t} = 0$；吊舱转动惯量为 I，有关系式：

$$\sigma M = I\frac{\mathrm{d}^2\psi}{\mathrm{d}t^2} = I\ddot{\psi} \tag{4.2}$$

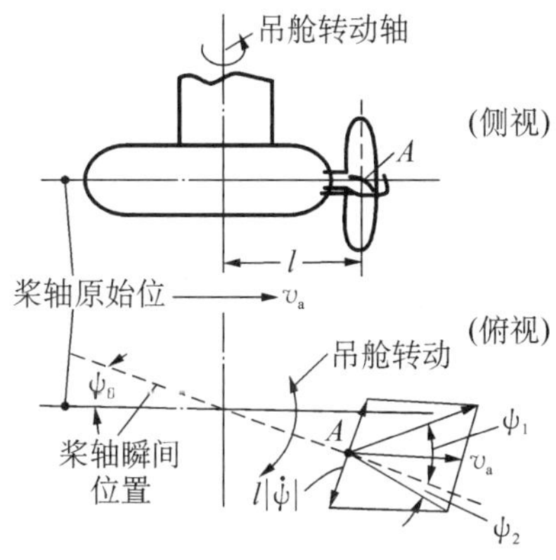

图 5 吊推机动示意图

当吊推的桨轴转到图中所示瞬间位置 ψ 时，除船（吊舱）原有前进速度 v_a 外，桨轴上 A 点具有横向线速度 $l \times \dot{\psi}$，即桨轴具有角速度 $\dot{\psi}$ 及角加速度 $\ddot{\psi}$。若吊舱绕转动轴往返以相同角速度值（$\pm\dot{\psi}$）运动时，由图 5（俯视）可见，到“A”点位置时，桨轴与水流的夹角为 ψ_1 及 ψ_2。不计吊舱的转动，则桨轴与水流的夹角为 ψ_S。可以通过试验测定吊推的螺旋桨在 ψ_1、ψ_2、ψ_S 位置（斜流）的定常状态推力和横向力，一般情况下横向力将阻止吊舱转动，而与加速度有关的力照例是要保持当前瞬间的运动状态。后者在准定常试验中是被忽略的。下面将通过具体试验数据及实际吊推操控情况，分析忽略加速度所带来的工程影响到底有多大？

仍以 2.3 节中的五叶 $D = 3.42$ m 桨为例进行讨论。

4.2 螺旋桨横向运动加速度对吊推操控的影响

当吊推绕吊舱转动轴旋转（或舵桨绕舵柱旋转）时，其螺旋桨出现横向运动，具有相应的速度和加速度，两者之间的峰值有时间差。在作某些调控时，往往是逐步到位的。例如，左→右→左……地“打”舵。为评价机动过程中螺旋桨作用力中，包括与速度有关的力和与加速度有关的惯性力的量级，假定吊舱方位角按正弦函数变化，$\psi = \psi_0 \sin\frac{2\pi}{T}t$，$T$ 为操控周期，ψ_0 为幅角。在操控过程中，ψ 由初始位置到 $\pm\psi_0$，后反向到 $\mp\psi_0$，再返回原始位置。通常 $\psi_0 \approx 30° = \frac{\pi}{6}$，市场上供应的舵桨由 $\psi = 0°$ 到 $\psi = \psi_0$ 的调控时间在 15～18 s 之间，即周期 T 大致在数十秒。随方位角 ψ 的变化，绕吊舱轴旋转的角速度和角加速度为

$$\dot{\psi} = \frac{\mathrm{d}\psi}{\mathrm{d}t} = \psi_0\frac{2\pi}{T}\cos\frac{2\pi}{T}t,\ \ddot{\psi} = \frac{\mathrm{d}^2\psi}{\mathrm{d}t^2} = -\psi_0\left(\frac{2\pi}{T}\right)^2\sin\frac{2\pi}{T}t \tag{4.3}$$

期间出现的角速度幅值为 $\left|\psi_0 \frac{2\pi}{T}\right|$，角加速度幅值为 $\left|\psi_0 \left(\frac{2\pi}{T}\right)^2\right|$。对应的桨横向线速度为 $\psi_0 \frac{2\pi}{T}l$ 及线加速度 $\psi_0 \left(\frac{2\pi}{T}\right)^2 l$，$l$ 为吊舱转动轴到桨盘面的距离。由于方位角正反切换中速度和加速度峰值出现的时间(相位)差，实际水流与桨轴的夹角也是变化的。如图 5 所示，若船速不变，吊舱往返经同一位置时，夹角值是不一样的，即螺旋桨的斜流角与吊舱方位角不一样。本节关心的是桨横向运动时受到的与加速度有关的惯性力的数值，并与横向速度有关的作用力作一比较。

鉴于手头有 2.3 节中提取的 $D=3.42$ m 桨在拖式吊舱推进器情况下 0°～360°方位角的流体动力试验结果，故以该桨装配吊推为例，计算吊推操控时，作用于螺旋桨的力。若吊舱推进器推船以 $v_S=16$ kn $=8.23$ m/s 航行，快速性计算显示桨吸收功率为 $P_D=1\ 950$ kW，桨转数为 156 r/min，桨推力 $T_T=169\times10^3$ N。据 2.3 节估算，已知桨的质量 $m=3\ 848$ kg；按 4.1 节估算，桨横向运动附连水质量 $m_{T.add}=769$ kg，占桨自身质量的 20%左右。横向运动时，桨计及附连水质量后的总质量为 $m+m_{T.add}=4\ 617$ kg，桨盘距吊舱转动轴的距离 $l=4.1$ m。

接到操控指令：$\psi_0=30°=\frac{\pi}{6}$，假定若干操控周期为 T，问桨的受力情况。操控期间可能遇到的最高角速值为 $\psi_0 \frac{2\pi}{T}$，及最高角加速值为 $\psi_0 \left(\frac{2\pi}{T}\right)^2$。相应线速 $|\dot{\psi}|\,l$ 及线加速 $|\ddot{\psi}|\,l$ 的峰值为 $\psi_0 \frac{2\pi}{T}l$ 及 $\psi_0 \left(\frac{2\pi}{T}\right)^2 l$。速度和加速度的峰值出现，按式(4.3)相位差为 $T/4$。由试验得斜流角 $\psi_0\approx15°$ 时，横向力(斜流力) $F_v\approx0.1T_T$；$\psi\approx30°$ 时，$F_v\approx0.18T_T$。操控过程中，因绕吊舱轴转动的运动参数及螺旋桨受力的计算，列于表 5 中。作为比较，取方位角 $\psi=15°$ 时的螺旋桨定常横向斜流力 $F_v=0.1T_T$ 值为 16 900 N。计算得出算例桨在以周期 $T=(60\sim20)$s 操控，距吊舱转轴 $l=4.1$ m 时，螺旋桨横向线速(0.23～0.68)m/s，与船速 $v_S=8.23$ m/s 相比，约为船进速的 2%～8%，由之引起的瞬间斜流角极限值 $\Delta\psi$ 在 1.5°～4.6°间，与方位角 ψ_0 相比，不算太大，从该桨的准定常 0°～360°方位角试验结果看，可以不计所述 $\Delta\psi$ 变化影响。

表 5 吊舱推进器操控过程中横向受力评估

名 称	数 据					备 注
操控周期 T/s	60	50	40	30	20	
可能横向最高线速/(m/s)	0.225	0.270	0.337	0.450	0.674	$\psi_0 \frac{2\pi}{T}l=1\ 349/T$
可能最高线加速度/(m/s²)	0.023 5	0.033 9	0.053 0	0.094 2	0.211 9	$\psi_0 \left(\frac{2\pi}{T}\right)^2 l=84.75/T^2$
横向加速时的惯性力 F_a/N	108	156	245	435	978	$F_a=(m+m_{T.add})\psi_0 \left(\frac{2\pi}{T}\right)^2 l$
横向速度所导致的斜流角 $\Delta\psi$	1.57°	1.88°	2.34°	3.13°	4.68°	$\Delta\psi=\tan^{-1}\left(\psi_0 \frac{2\pi}{T}l\right)/v_S$
方位角 ψ 时的斜流力 F_v/N			$\lesssim$16 900			试验得值
惯性力与斜流力之比 F_a/F_v	0.6%	0.9%	1.4%	2.6%	5.8%	
惯性力 F_a 对吊舱转轴力矩/N·m	443	640	1 005	1 784	4 010	$F_a\times l$

在操控过程中，由加速度所带来的桨轴横向惯性力 F_a 约为 400～4 000 N，与按准定常条件测得的横向力平均值相比($F_v\approx16\,900$ N)，$F_a/F_v\approx1\%\sim6\%$，故可以忽略横向惯性力的影响，即加速度的影

响。作用于桨盘面内的横向力对吊舱转轴的力矩为 $F\times l$，距离 l 越大，吊推绕吊轮转轴的操控越“费力”，但由于转动快慢（T 周期短长）所引起的惯性力矩，与斜流（方位角）导致的力矩相比，也在 1%～6%。

综上所述，可见在吊舱推进器操控过程中，加速度（变速过程）对螺旋桨流体动力的影响，在现有实际操控速度（周期）情况下，可以忽略不计。所述结论也适用于舵桨。这可解释为何在吊推、舵桨等推进操纵装置的研究、论述中，以当前的从零位到最大方位角费时 15～18 s 的操控速度情况，不考虑变速时加速度影响的原因。

本讨论是在有文献提到吊舱、舵桨、调距桨一类有特殊操控要求的装置，在螺旋桨旋转条件下，改变桨与来流的方位角、螺距角时，涉及加速度影响的流体动力分量，有“影响不大，可忽略不计”的结论，却未见其论证依据而做出的尝试。

4.3 关于舵桨绕舵柱转动运动的备忘录

在讨论吊推、舵桨类装置的螺旋桨流体动力时，认为除了沿船行方向的运动之外，旋转的桨有了桨轴横向的运动速度和加速度，主要通过模型试验，测得了正在旋转的桨的横向运动附连水质量。曾经得出整个桨绕吊舱转动轴转时的随方位角而变的斜流横向力和与加速有关的横向惯性力。当转动轴移到桨盘面内时，除了随船航行的速度之外，整个桨相当于绕转动轴（舵柱）就地旋转。正在绕桨轴旋转的各桨叶的剖面相对舵柱有附加（与舵柱处于零位相比）速度，若认为叶剖面的运动可线性叠加，则可按 3.1 节中式(3.2)计算某一瞬间桨叶剖面相对舵柱的附连水惯性量。绕舵柱操控转动时，桨叶剖面随桨绕桨轴在旋转，其与舵柱的相对位置和速度也在变。计算变得非常繁杂，而且工程实用价值可疑。的确，当某一桨叶绕桨主轴转到与舵柱垂直位置，这时因操控绕舵柱的速度分量是沿桨轴方向的。当桨叶转到与舵柱平行（重合）位置时，绕舵柱的速度分量方向仍是沿桨轴方向的，但桨叶到舵柱的距离，比桨叶在与舵柱垂直位置时的距离值小很多，而桨叶绕舵柱的转动惯量与所述距离平方成正比，所以 KaMeWa 公司认为螺旋桨绕桨径向轴（舵柱）的转动惯量 $I_{D.P.}$ 为

$$I_{D.P.}=I_{D.h}+Z\frac{I_b}{2} \tag{4.4}$$ ★①

式中，$I_{D.h}$ 为桨毂绕舵柱的转动惯量；Z 为桨叶数；I_b 为单一桨叶绕桨主轴的转动惯量。注脚“D”是指径向，舵柱是桨的一根径向线（见图 6）。

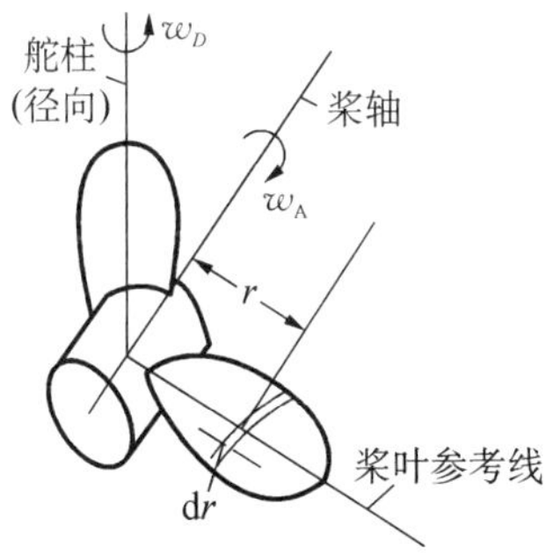

图 6　桨叶旋转到与舵柱垂直位置

正在以 ω_A 转速绕桨轴旋转的螺旋桨，某一桨叶转至与舵柱垂直位置时，该桨叶 r 处剖面 Δr 段质量 $\Delta m=\rho_P\cdot a_i\cdot\Delta r$，到舵柱的距离恰好约为 r，对应绕舵柱的转动惯量近似为

$$\Delta I_D\approx\Delta m\cdot r^2=\rho_P\cdot a_i\cdot\Delta r\cdot r^2$$

整片桨叶绕舵柱的转动惯量为：

$$I_D=\rho_P\int_{r_h}^{D/2}a_ir^2\,\mathrm{d}r \tag{4.5}$$

式(4.5)所指是某一桨叶转到与舵柱垂直位置时的转动惯量。与式(2.2)所示桨叶对桨轴的转动惯量 I_b 相比完全一样。当桨叶转到与舵柱平行（重叠）位置时，该桨叶对舵柱的瞬间转动惯量接近于零，所以 KaMeWa 推荐式(4.4)时，认为各桨叶对舵柱（径向轴）的转动惯量是“所有桨叶轴向转动惯量之和的一半”，即 $ZI_b/2$。

① 注：“★”关于式(4.4)中桨叶绕舵柱转动惯量为 $Z\times I_b/2$ 的近似推演。

关于螺旋桨绕舵柱转动的附连水转动惯量 $I_{add,D}$，KaMeWa 认为可按式(4.6)确定：

$$I_{add,D} = 0.038\,6\rho_w D^5 EAR/2 \tag{4.6}$$

仅就桨叶而言，整只桨各叶对舵柱的转动惯量 $ZI_b/2$，仅为桨各叶绕桨轴(扭振)的转动惯量 I_P 的一半[见式(2.3)]。而整只桨绕图 6 中舵柱的附连水转动惯量，与其绕桨主轴的附连水转动惯量之比，式(4.6)与式(3.9)相较，有

$$\begin{aligned}\frac{I_{add,D}}{I_{add,z}} &= 0.038\,6\rho_w \times D^5 \times (EAR/Z)/0.022\,4\rho_w \cdot D^5 \frac{EAR^2}{Z}\left(\frac{P}{D}\right)^2 \\ &= 1.72/EAR \times (P/D)^2\end{aligned}$$

在常见的盘面比 EAR 值和螺距比 P/D 值情况下，同一螺旋桨绕舵柱转动的附连水转动惯量 $I_{add,D}$，比绕桨主轴的附连水转动惯量 $I_{add,z}$ 值高出约 2～4 倍。因此，计及附连水的惯性量，要舵桨绕舵柱变速转动需要更大的力矩，即为操控舵桨，需要更大的驱动功率。

在讨论吊舱推进器的操控时，螺旋桨绕吊舱转动轴在水平面内运动，含有方位角 ψ 和加速度的影响，在 4.2 节中，通过算例讨论了忽略加速度影响的依据。从物理概念看，桨盘距吊舱转动轴距离越远(l 越大)，方位角导致的斜流力矩和加速度所带来的惯性力矩也越大。当 l 减小到舵桨情况，$l \to 0$，所述力矩最小，但操控舵桨的力矩不会是零，因为不同方位角时，正在绕桨轴运行的螺旋桨水流，有自动迫使桨轴“顺”到最小舵柱力矩的趋势。在舵桨方位角 $\psi = 0° \sim 360°$ 的准定常试验中，曾测得为保持方位角所可能遇到的舵柱力矩值。最大舵柱力矩 M_D 与桨的螺距比有关，其数值大致在 $M_D \approx 0.1\rho n^2 D^5$，式中 n 为桨绕桨轴转数，D 为桨直径。可见为保持舵桨在设定 ψ 方位，所需提供的力矩 M_D 与维持舵桨转动的扭矩 $Q = K_Q \rho n^2 D^5$ 量级相当，虽然作用力矩很大，幸好操控无需持续进行，操控舵桨转动的角速度在(0.06～0.15)rad/s，即每秒转 3°～8°，而舵桨中的螺旋桨通常以每分钟数百转的速度运行，即每秒转数千度(Deg)以上。因此舵桨操控所消耗功率，与维持舵桨运行功率相比，是个微小量。而舵桨绕通过桨盘的舵柱“就地旋转”的转动惯量值，可以按式(4.4)、式(4.6)估算，与 4.2 节中关于吊推的情况相当，即操控过程中出现的加速度所导致的惯性力矩，与舵桨在准定常状态下的流体动力力矩相比，可以忽略不计。

4.4 导管螺旋桨的附连质量

目前实际应用的舵桨装置，常常配置导管螺旋桨，对于长径比为 0.5 的导管，模型试验得出导管螺旋桨的附连质量相应地为

$$m_{add,z} = 0.74\rho_w D^3 \frac{EAR^2}{Z} f_D(P/D, EAR) \tag{4.7}$$

式中，$$f_D(P/D, EAR) = (1 + 0.25P/D)[1 - (EAR - 0.4)^2]$$

绕桨轴扭振转动惯量为

$$I_{add,z} = 0.018\,7\rho_w D^5 \frac{EAR^2}{Z}(P/D)^2 f_D(P/D, EAR) \tag{4.8}$$

与无导管的敞开情况相比，螺旋桨在导管中运行时，附连水惯量值高出约 5%～30%。其他运动状态的附连水惯量，两者相差也在同一范围，即数量级相同。基于上述情况，可以认为，在目前桨的运行和操控条件下，操控过程中的加速度影响可以忽略不计。即根据准定常试验所得数据，评估和设计有关螺旋桨的动力性能是安全可靠的。

在 2～4 节中的讨论，主要是想解答加速度对螺旋桨及其有关装置的动力影响大小，并理解目前工程实践中普遍采用的技术对策。

若认为桨叶 r 处剖面质量 m 集中在一点，在 t 瞬间，该 m 质量到舵柱的距离为 $r\cos\frac{2\pi}{T}t$，相对舵柱的转动惯量为 $\Delta I_t = m\left(r\cos\frac{2\pi}{T}t\right)^2$，在一周期 T 内，ΔI_t 的总量为(见图 7)：

$$\begin{aligned}&\int_{t_0}^{t_0+T} mr^2\left(\cos^2\frac{2\pi}{T}t\right)\mathrm{d}t = mr^2\int_{t_0}^{t_0+T}\cos^2\frac{2\pi}{T}t\,\mathrm{d}t\\&= mr^2\int_{t_0}^{t_0+T}\frac{1}{2}\left(1+\cos^2\frac{2\pi}{T}t\right)\mathrm{d}t = \frac{1}{2}mr^2\left[t+\frac{T}{4\pi}\sin\frac{4\pi}{T}t\right]\Big|_{t_0}^{t_0+T}\\&= \frac{1}{2}mr^2\left\{T+\frac{T}{4\pi}\left[\sin\frac{4\pi}{T}(t_0+T)-\sin\frac{4\pi}{T}t_0\right]\right\} = \frac{T}{2}mr^2\end{aligned}$$

在 T 周期内平均 $I_t = \frac{1}{T}\int_{t_0}^{t_0+T}\Delta I_t\mathrm{d}t = \frac{1}{T}\frac{T}{2}mr^2 = mr^2/2$。

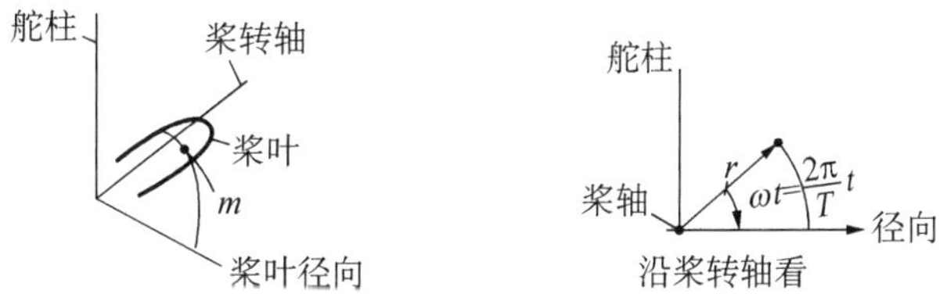

(a)　(b)

图 7　桨叶绕舵柱转动惯量

可调螺距螺旋桨流体动力设计的一些问题

报告主旨

与常规螺旋桨一样,按船舶推进要求,选定调距桨的参数(直径、螺距、翼型剖面等)。但为适应实船航行中船体有效功率和主机输出功率—转速等的变化,推出了可调螺距螺旋桨,即令桨叶绕转叶轴旋转,改变桨叶与水流相对角度——“调节螺距”,以改善航行条件变化后的船—机—桨匹配。为此,要调节桨叶柄在桨毂座内的相对位置,出现了新的问题,在桨吸收主机功率和发出船航行所需推力条件下,如何固定和调节桨叶柄在毂座内的位置。为此,要了解桨叶受到的流体动力,包括桨叶调节时的情况。

1 桨叶绕转叶轴的力和力矩

在定距桨强度校核时,需要知道桨叶 r_S 处剖面的力和力矩,算出桨叶剖面的应力和评估其强度;调距桨叶也要进行同样的强度评估,但所述力和力矩要经桨叶柄和桨毂传到桨轴及船体上,要保证桨叶在毂座内的位置固定和可调节。照理,计算桨叶面上的流体压力和阻力分布,积分求出整片桨叶所承受的合力及相对转叶轴的力矩,也可通过模型试验测定所述力和力矩。随着螺距的变化(桨叶绕转叶轴调节),桨叶的绕流及流体动力情况非常复杂,模拟、测试及计算有问题。工程上,首先要对转叶力矩的量级有一个评估,从而确定转叶机构固定和调节时受到的力,设计恰当的转叶装置,保证其机械动作和强度。

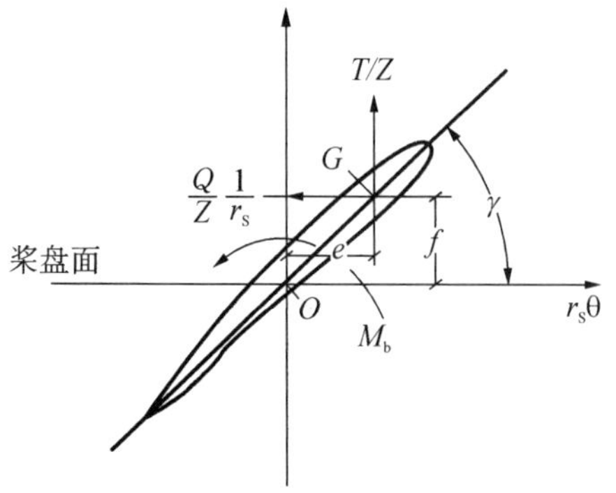

图 1 桨叶受力及转叶力矩示意

为此,假定已知螺旋桨的推力 T 和扭矩 Q,桨的推力和扭矩平均分配到每片桨叶上,每片桨叶分摊到 $1/Z$ 的推力和扭矩(Z 为桨叶数)。若桨叶所承受的流体表面力的合力处在 r_S 半径处的 G 点上。图 1 为 r_S 半径圆柱面上剖面的展开,为评估调距桨运行过程桨叶绕转叶轴的力矩的量级,近似认为在圆柱面内绕转叶轴的作用力矩,就是在垂直转叶轴的平面内的力矩值。作用于桨叶的推力 T/Z 及分摊到桨叶的扭矩 Q/Z 作用于 r_S 半径处的同向力为 $\frac{Q}{Z}\cdot\frac{1}{r_S}$。转叶轴通过“$O$”点,垂直图面,合力作用点为“$G$”点,距桨转叶轴—桨轴平面的距离为“$e$”,距桨盘面为“$f$”,则转叶力矩为 M_b

$$M_{\mathrm{b}}=\frac{T}{Z}\times e+\frac{Q}{Z}\frac{1}{r_{\mathrm{S}}}\times f \tag{1.1}$$

计及桨叶剖面螺距角 γ 及 G 点距转叶轴"O"的距离 OG，有：

$$e=OG\cdot\cos\gamma,\ f=OG\cdot\sin\gamma$$

图 1 所示 OG 为正值，即合力作用点由转叶轴往桨叶导边偏移，在图示力的作用下，其转叶力矩 M_{b} 若导致桨叶往螺距角增大方向转动，则为正转叶力矩。反之，为负转叶力矩。桨叶合力作用点 G 与转叶轴的相对位置确定桨转叶力矩的方向，为保证桨叶在设定位置运行，转叶机构必须提供力矩，以平衡所述流体动力转叶力矩 M_{b}。

通常由快速性计算已知船舶运行时整个螺旋桨的推力 T 及扭矩 Q。若表示桨叶合力作用点 G 到转叶轴的距离 $OG=h$，该合力作用点所在剖面的螺距角为 γ，计及表达式 $T=K_{\mathrm{T}}\rho n^{2}D^{4}$、$Q=K_{\mathrm{Q}}\rho n^{2}D^{5}$，可将式(1.1)写成：

$$M_{\mathrm{b}}=\frac{1}{Z}K_{\mathrm{T}}\rho n^{2}Q^{4}h\cos\gamma+\frac{1}{Z}K_{\mathrm{Q}}\rho n^{2}D^{5}\frac{1}{r_{\mathrm{S}}}h\sin\gamma=\frac{1}{Z}K_{\mathrm{Q}}\rho n^{2}D^{5}\left[\frac{K_{\mathrm{T}}}{K_{\mathrm{Q}}}\frac{h}{D}\cos\gamma+\frac{h}{r_{\mathrm{S}}}\sin\gamma\right]$$

常见桨的合力作用半径 $r_{\mathrm{S}}\approx 0.65\,\frac{D}{2}$，计及 $\frac{K_{\mathrm{T}}}{K_{\mathrm{Q}}}=\frac{2\pi}{J_{\mathrm{P}}}\eta_{\mathrm{P}}$，代入上式，得：

$$M_{\mathrm{b}}=\frac{1}{Z}\left[\eta_{\mathrm{P}}\frac{2\pi}{J_{\mathrm{P}}}\frac{h}{D}\cos\gamma+\frac{4}{1.3}\frac{h}{D}\sin\gamma\right]K_{\mathrm{Q}}\rho n^{2}D^{5}=\frac{1}{Z}\left[\eta_{\mathrm{P}}\frac{2\pi}{J_{\mathrm{P}}}\frac{h}{D}\cos\gamma+\frac{4}{1.3}\frac{h}{D}\sin\gamma\right]Q$$

$$M_{\mathrm{b}}/Q=\frac{1}{Z}\left[\eta_{\mathrm{P}}\frac{2\pi}{J_{\mathrm{P}}}\cos\gamma+\frac{4}{1.3}\sin\gamma\right]\frac{h}{D} \tag{1.2}$$

表示转叶力矩系数 $C_{M}=M_{\mathrm{b}}/\rho n^{2}D^{5}$，则有 $M_{\mathrm{b}}/Q=C_{M}/K_{\mathrm{Q}}$。

$$C_{M}=\frac{1}{Z}\left[\eta_{\mathrm{P}}\frac{2\pi}{J_{\mathrm{P}}}\cos\gamma+\frac{4}{1.3}\sin\gamma\right]\frac{h}{D}K_{\mathrm{Q}} \tag{1.3}$$

现若以常见中高速船用调距桨为例，$J_{\mathrm{P}}\approx 1.0$，$\eta_{\mathrm{P}}\approx 0.68$，$\gamma\approx 31.5^{\circ}(P/D\approx 1.25)$，则可得近似关系式 $C_{M}=\frac{5.25}{Z}\frac{h}{D}K_{\mathrm{Q}}$。由此可见，要减小桨叶的转叶力矩，便于调距桨的控制，应减小 h 值，即转叶轴接近桨叶合力中心。可惜，同一桨叶在不同螺距角位置合力作用中心点是"漂"动的。因此，实际运行时桨叶可能受到不同大小和方向的转叶力矩，需要桨转叶机构应对。

早在采用可调螺距空气螺旋桨时，由于其桨叶宽 C 与桨径 D 之比 $C/D\approx 0.05$，叶宽沿径向变化也不大，h/D 数值较稳定，h/D 值可取得较小，从而控制了转叶力矩 M_{b}，轻便地实现了调距任务。船用螺旋桨叶宽 C 与桨径 D 之比 $C/D\approx 0.35\sim 0.45$，而且叶宽沿径向变化显著，桨叶绕转叶轴转动，可能导致 h 值在弦长 C 的 20% 长度范围内变动，出现 $h/C=0.2$。即桨叶合力作用中心到转叶轴的 $h/D\approx 0.07\sim 0.10$ 之间，实际船用调距桨的转叶力矩系数 $C_{M}=\frac{5.25}{Z}\frac{h}{D}K_{\mathrm{Q}}\approx(0.37\sim 0.51)K_{\mathrm{Q}}/Z$。计及大多数实用桨的高效率 η_{P} 区的 $K_{\mathrm{Q}}\approx 0.035\sim 0.045$，则对于 $Z=4$ 和 $Z=5$ 的螺旋桨，有 $C_{M}\approx 0.0026\sim 0.0057$。从 1968 年苏联出版《可调螺距螺旋桨流体动力学》的英译本及 20 世纪 90 年代获得的俄罗斯试验资料看，工程实践中遇到的转叶力矩系数 C_{M} 的数值在 ± 0.005 之间。

由于单一桨叶的转叶力矩 M_{b} 与整桨的运行扭矩 Q 的比数 $M_{\mathrm{b}}/Q=C_{M}/K_{\mathrm{Q}}$ 值在 1/7 到 1/9 左右，为调控单一桨叶在指定状态运行，需要转叶机构提供相应锁住桨叶柄的力矩，与转叶力矩大小相等、方向相反。为此，考察一下转叶力矩的实际数值。

取直径 $D=4.2\ \text{m}$ 桨为例，以 230 r/min 航行时，桨吸收功率为 $P_D=18\,000\ \text{kW}$，扭矩 $Q=P_D/2\pi n=747\ \text{kN}\cdot\text{m}$；以 175 r/min 航行时，$P_D=7\,600\ \text{kW}$，扭矩 $Q=414\ \text{kN}\cdot\text{m}$。又如 $D=1.85\ \text{m}$ 桨，以 342 r/min航行时，$P_D=2\,100\ \text{kW}$，扭矩 $Q=58.6\ \text{kN}\cdot\text{m}$；以 255 r/min 航行时，$P_D=680\ \text{kW}$，扭矩 $Q=25.5\ \text{kN}\cdot\text{m}$。若两桨的转叶力矩与桨扭矩之比 $M_b/Q=1/8$。则有 $D=4.2\ \text{m}$ 桨以全速航行时，转叶力矩 $M_b=93.4\ \text{kN}\cdot\text{m}$，以中速航行时，$M_b=51.8\ \text{kN}\cdot\text{m}$。而 $D=1.85\ \text{m}$ 桨以全速航行时 $M_b=7.3\ \text{kN}\cdot\text{m}$；以中速航行时，$M_b=3.2\ \text{kN}\cdot\text{m}$。可见调距桨运行时，都要用可观的力矩锁住桨叶，才能保持桨叶在设定螺距状态运行。实际 $D=4.2\ \text{m}$ 桨的叶柄盘直径 $d=600\ \text{mm}$，采用曲柄式转叶机构，曲柄销(crank pin)中心距转叶轴中心距离 $l\approx 200\ \text{mm}$，为平衡转叶力矩、制动桨叶，曲柄销需承受横向剪力 $F=M_b/l$，数值在(470～260)kN 之间，可见转叶机构处在非常紧绷的状态运转。

2　调距桨叶转叶轴选择

桨叶转叶力矩的大小，影响转叶机构的张弛，为保证机构的灵巧，希望转叶力矩值能小点，即桨叶流体动力合力作用中心能处在转叶轴上，轻轻推拉曲柄销，即能实现桨叶调距。由于桨叶调距后合力作用点的“漂”动，以及转叶力矩与桨所运行的吸收功率(扭矩)同步增大，通常设计工况桨的吸收功率最大，故转叶轴的选定，主要考虑桨在设计工况时的需要。

在选择转叶轴位置时，有两种思路。如图 1 所示，若合力作用点 G 在转叶轴 O 点到桨叶导边之间，则转叶力矩为正，在该力矩作用下，桨叶自动往螺距增大方向转，则桨的扭矩及推力都增大，照理要到极限位置或主机无法提供需要的拖动力矩为止。相反，若 G 点在转叶轴 O 点到桨叶随边之间，则转叶力矩为负，在该力矩作用下，桨叶将往螺距减小方向转，桨的扭矩及推力将减小，桨吸收功率减小，从动力机器运行角度看，趋向安全。为保证桨叶螺距调控，只需将曲柄销“顶”在预设位置。由于 $OG=h$ 的绝对值较大，转叶力矩较大，整个转叶机构可能比较笨重，这是一种思路。还有，就是让转叶轴尽量接近合力作用中心，令 $OG=h\rightarrow 0$，则转叶力矩很小，易于进行调控，由于船用螺旋桨所处流场(船后伴流场)的不均匀性，每片桨叶在不同周向位置的合力作用点出现“漂”动现象，转叶力矩忽正忽负，转叶机构必须既“顶”住，又“拉”住曲柄销。整个转叶机构运行相对复杂，但承受的转叶力矩相对小，转叶机构可能比较灵巧，这是第二种思路。在 20 世纪 60 年代前后，开发船用调距桨的先行国家，利用上述两种思路的都有。当时采用的桨叶大多是导边—随边宽度对称的分布。

从 20 世纪 80 年代起，为减震、降噪等目的，出现侧斜螺旋桨，桨叶各半径剖面沿周向移动，从而导致桨叶合力作用点的位置变动幅度加大；由于侧斜还导致桨叶绕转叶轴调控后，空间位置变化幅度也更大。因此，要确定调距桨叶在各螺距位置的流体动力合力值和作用中心(包括转叶力矩)，无论是用模型试验测定，还是理论计算方法，都有困难。问题在于各种调距角位置时桨叶流体动力模拟及数学模型建立，在此只是对问题做点物理说明。工程实践的需要，还是促成了船用侧斜调距桨工业产品开发取得了目前的进展。

与定螺距螺旋桨相似，通常调距桨的侧斜度在 45°以内，桨叶剖面螺距、侧斜角的径向分布规律相似，即由桨毂起内半径剖面先向前(导边)侧斜 $\theta_{sk}>0$，逐步转到外半径向后侧斜 $\theta_{sk}<0$。按各国船检规范关于侧斜角的定义规定，为剖面中点到桨轴心连线与桨叶参考线的桨盘面上投影夹角。只是在调距桨情况下，通常转叶轴线就是桨叶参考线。最大侧斜角与最小侧斜角之差为桨叶侧斜度，选择的侧斜角 θ_{sk}沿径向的变化，导致的桨外形轮廓是光顺的。关于桨叶剖面的拱度，当代各国(包括美、欧、俄)多采用 NACA $a=0.8$ 为基础的形式。要求剖面叶背(吸力面)压降值，由导边到 80%弦长处的压降相等；在随后的 20%弦长内，压降系数降到随边为零。这导致剖面的流体合力作用中心有向导边移动的趋势，通常

在距剖面弦向中点往导边 0.10～0.25 弦长处。由于桨叶侧斜后，外半径 ($\bar{r}>0.6$) 相对更加给力的剖面整体向随边移动，可以预期剖面合力作用中心也有相应移动。

调距桨转叶轴位置的选择，既要考虑设计工况船舶航行的需要，又要考虑船舶机动调距后的情况。下面提供一些经过实船运行考验的调距桨转叶轴相对位置数据，表 1 中的桨都经过装船后长期运行于不同螺距位置的情况，列出的是设计工况所对应的值。绕转叶轴转动(调距)后，有关数据将发生变化，包括桨的侧斜度。

表 1　若干调距桨转叶轴位置相关数据

桨径 D/m	4.2	4.1	3.65	3.9	1.85	备　注
桨叶数 Z	5	5	4	5	4	
桨载荷系数 C_T	0.48	1.2	0.9	0.49	1.05	
桨侧斜度 $\theta_{sk\ TOT}$	～40°	～40°	～40°	～40°	～25°	
侧斜角拐点位置$\bar{r}_{guai}$(侧斜角值开始增大)	～0.52	～0.53	～0.52	～0.52	～0.54	即桨叶剖面中点往导边侧斜最小(最向前)角度处$\bar{r}_{guai}$
剖面中点侧斜线与转叶轴线投影相交处$\bar{r}_T$	0.784	0.780	0.776	0.781	0.783	
桨叶导边部分面积与桨叶总面积比	0.502	0.508	0.511	0.507	0.503	桨叶参考线(转叶轴)到导边之面积为导边部分面积
向导边侧斜角 ($\theta_{sk}>0$) 与桨侧斜度 $\theta_{sk\ TOT}$ 比	～27%	～29%	～31%	～32%	～27%	$\lvert\theta_{sk\,\bar{r}_{guai}}\rvert/\theta_{sk\ TOT}$ 比值
产品公司国别	瑞典	瑞典	欧	德	中	

对若干调距桨的侧斜角 θ_{sk}～$\bar{r}$数据进行分析比较，列出具有代表性的五型调距桨的侧斜分布特点于表 1。虽然图纸所注侧斜度(projected skew angle)不完全相同，但侧斜角 θ_{sk}沿桨径向分布规律极其接近，即在 $\bar{r}_T\approx 0.78$ 处，侧斜角 θ_{sk}回到零，在桨毂处 $\bar{r}=\bar{r}_{hub}$，$\theta_{sk}=0$ 起，慢慢向导边侧斜，在接近叶梢 $\bar{r}>0.78$ 处，剖面迅速向随边侧斜。其关系可用抛物线表示，即用式(2.1)表示。只要给定桨叶侧斜度 θ_{skTOT}，即

$$\theta_{sk}=A(\bar{r}-\bar{r}_{hub})(\bar{r}-0.78) \tag{2.1}$$

就可以确定具体桨的式(2.1)中的 A 值。的确，在 $d\theta_{sk}/d\bar{r}=0$ 处，侧斜角达到极值，即往导边侧斜最甚位置，侧斜角 θ_{sk}出现拐点。由式(2.1)知：

$$d\theta_{sk}/d\bar{r}=[2\bar{r}-(\bar{r}_{hub}+0.78)]A,\ d^2\theta_{sk}/d\bar{r}^2=2A$$

由 $d\theta_{sk}/d\bar{r}=0$，$[2\bar{r}-(\bar{r}_{hub}+0.78)]A=0$，$\bar{r}=(\bar{r}_{hub}+0.78)/2=\bar{r}_{guai}$，该处的侧斜角为：

$$\theta_{sk\ guai}=A\left(\frac{0.78-\bar{r}_{hub}}{2}\right)\times\left(\frac{\bar{r}_{hub}-0.78}{2}\right)=-\left(\frac{0.78-\bar{r}_{hub}}{2}\right)^2A$$

桨叶梢 $\bar{r}=1.0$ 处，侧斜角为：

$$\theta_{sk\ Tip}=A(1-\bar{r}_{hub})(1-0.78)=0.22(1-\bar{r}_{hub})A$$

桨叶的侧斜度为：

$$\theta_{sk\ TOT}=\theta_{sk\ Tip}-\theta_{sk\ guai}=\left[0.22(1-\bar{r}_{hub})+\left(\frac{0.78-\bar{r}_{hub}}{2}\right)^2\right]A \tag{2.2}$$

从式(2.2)中，已知$\bar{r}_{hub}$及 $\theta_{sk\ TOT}$值，可得出 A 值，随后得出该桨的侧斜 θ_{sk}分布解析表达式，即

$$A=\theta_{sk\ TOT}/0.22(1-\bar{r}_{hub})+\left(\frac{0.78-\bar{r}_{hub}}{2}\right)^2 \tag{2.3}$$

按上述解析关系算得之 $\theta_{sk} \sim \bar{r}$ 与工程图纸给定的数据绘算所得之 $\theta_{sk} \sim \bar{r}$ 的差异，逐点比较，均在 $\pm 0.2°$ 之间。在选定表 1 中直径 $D = 1.85$ m、侧斜度 25°的四叶调距桨时，采用该表中 $D = 4.2$ m 桨的侧斜分布 $\theta_{sk} \sim \bar{r}$，将侧斜角值按 25°/40°比例缩小，与按式(2.1)算得的侧斜分布，相对角度差小于 $\pm 0.2°$。必须指出，虽然该两型桨的螺距比及叶数等均不同，实桨调试和运行中，并未出现与转叶力矩有关的问题。两型桨在调节到名义螺距比($\bar{r} = 0.7$ 剖面转动后的相应值)约 $P/D \gtrsim 1.5$ 时，转叶机构仪表显示，桨转叶力矩由原来的负值转到了正值，即需要“拉”住曲柄销，以免桨叶自动转到更大螺距角位置。表 1 中所有桨的转叶轴(桨叶参考线)都是将桨叶面积基本平分，桨叶导边部分面积略大于随边部分的面积，占总面积的 50%强。

有技术资料显示，俄罗斯(苏联)曾进行不同侧斜方式(常规轻微侧斜、大侧斜、径向呈 S 形中侧斜、先向导边后在外半径向随边侧斜—常规侧斜)桨叶的转叶力矩模型测试。与表 1 中所列各桨转叶轴的相对位置相比，桨叶导边部分面积只占总面积的 40%左右，资料中的 C_M 为负值，即转叶力矩有令桨叶往减小螺距角方向转动的趋势，C_M 的绝对值在 0.005 左右。数据还显示，大侧斜导致 C_M 绝对值增大，即转叶力矩值波动更大。资料中未见桨螺距比数据，也未查到采用该类转叶轴位置的调距桨样机。

综上所述，为保证调距桨的顺利运行，正确选定转叶轴的位置，即照顾到以各种螺距运行时，桨叶合力作用中心与转叶轴的相对方位，并控制转叶力矩，非常重要。尤其是当代叶梢卸载侧斜螺旋桨，要确定桨叶合力作用中心，无论通过理论计算，还是模型试验，都非易事。特别是当桨叶绕转叶轴转动后，部分剖面进入分离绕流，部分剖面压力面和吸入面位置互换后，计算的物理模型基础和试验的模拟参数都有待商榷。因此，根据先前的工程实践经验，探索前行，至关重要。根据本节讨论，希望达到以下共识：高速航行时，应设法降低桨的扭矩 Q 及与之呼应的转叶力矩 M_b，即降低转数(航速)后，再启动调距操作程序，在船舶应急状态(如紧急倒车、回转)也应同步降低桨转数，顾及桨的流体动力状态，再进行调距操作。

关于如何具体为新设计桨选定转叶轴位置问题，建议以有成功实用经验的调距桨为母型，来选定转叶轴位置。参照 $D = 4.2$ m、$\theta_{sk} = 40°$、$C_T \approx 0.48$ 五叶调距桨的经验数据，曾选定 $D = 1.85$ m，$\theta_{sk} = 25°$，$C_T \approx 1.05$ 四叶调距桨的转叶轴位置，顺利地满足了技术任务书要求，达到了预期工程效果。应该可以在此基础上继续践行。

3 绕转叶轴旋转时桨叶的转动惯量及附连水转动惯量

调距桨叶有绕转叶轴转动调节螺距的技术使命，由桨叶与桨毂相对静止到转动，必须改变原来的平衡，施加相应的力(矩)及相应的加速度，为此需要了解桨叶在所述运动时的转动惯量及附连水转动惯量，才能确定与相应加速运动有关的转叶力矩。

国际市场上有调距桨毂(包括转叶机构)的系列专利产品，却不包括桨的流体动力性能保证，这是因为，要根据特定的具体船—机—桨匹配需要，专门进行涉及螺旋桨推进、空泡、振动、噪声性能的流体动力设计。对于调距桨，还要加上改变螺距状态后的桨叶转叶力矩、绕流空泡化等问题的权衡。目前在研讨桨叶转叶力矩时，都默认了准定常假定，即认为转叶过程中，每一瞬间的作用力仅与该瞬间的速度有关，而与加速度无关。在专门的可调螺距螺旋桨论著中，有“与加速度有关的转叶力矩，其数值可忽略不计”的说法。由于没有找到提出这一观点的技术文献及论证依据，在下面将针对实际运行的调距桨案例来检查，证实关于“船用调距桨的调距过程中的加速度对转叶力矩的影响，可忽略不计”的论断。

3.1 桨叶绕转叶轴的转动惯量

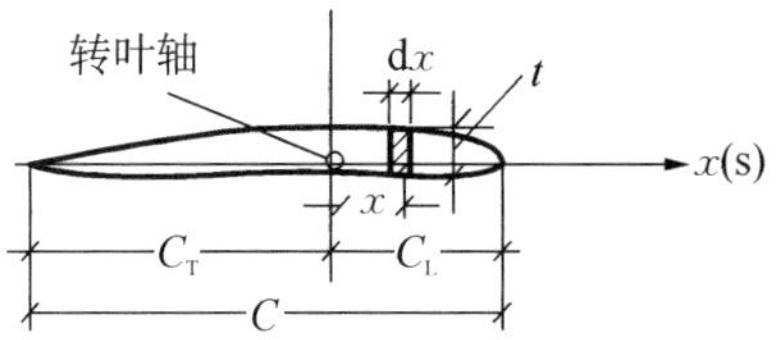

图 2 沿转叶轴向剖面视图

图 2 所示为叶剖面沿转叶轴方向所见图形，铺在圆柱面上的厚度 t 的小段 $t\mathrm{d}x$ 到转叶轴的直线距离，小于该 $t\mathrm{d}x$ 段在圆柱面上到转叶轴的距离。因此，小段 $t\mathrm{d}x$ 绕转叶轴的转动惯量值 $t\cdot \mathrm{d}x\times$(距离)^2 小于 $t\cdot \mathrm{d}x\cdot x^2$，认为剖面绕转叶轴的转动惯量为

$$i_m=\rho_m\int_{C_T}^{C_L}x^2t\mathrm{d}x \tag{3.1}$$

是高估剖面绕转叶轴的转动惯量，亦即高估与加速度有关的转叶力矩。按图 2 所注标记，C 为剖面长(叶宽)，由转叶轴到导边为 C_L，到随边为 C_T；t_0 为剖面厚，t 为剖面当地局部厚，可将式(3.1)写成

$$i_m=\rho_m C^3\cdot t_0\left[\int_{C_T/C}^{C_L/C}\left(\frac{x}{C}\right)^2\frac{t}{t_0}\mathrm{d}\left(\frac{x}{C}\right)\right] \tag{3.2}$$

由此可见，除与材料密度成正比外，剖面绕转叶轴的转动惯量与叶宽 C 成立方关系，与厚度成正比。式(3.2)中的积分值与剖面沿弦向的厚度分布有关，对于船舶螺旋桨常用的翼型剖面，相对厚度 t/t_0 沿弦向相对位置的分布规律不变。故对于特定翼型剖面的积分值有

$$\int_{C_T/C}^{C_L/C}\left(\frac{x}{C}\right)^2\left(\frac{t}{t_0}\right)\mathrm{d}\left(\frac{x}{C}\right)\approx \mathrm{const}$$

倘若以选作算例的表 1 中 $D=1.85$ m 桨为例，采用的是 NACA 66 厚度分布，计算其相对剖面中点的转动惯量值，即转叶轴与剖面中点重合的情况，有

$$i_{m0}=\rho_m C^3t_0\left[\int_{-0.5}^{0.5}\left(\frac{x}{C}\right)^2\frac{t}{t_0}\mathrm{d}\left(\frac{x}{C}\right)\right]=\rho_m C^3t_0\left[\sum\left(\frac{x}{C}\right)^2\left(\frac{t}{t_0}\right)\right]\Delta\frac{x}{C}$$

表 2 NACA 66 剖面转动惯量计算表

距随沿弦长%	0	10	20	30	40	50	60	70	80	90	100	$\sum$
相对厚度 t/t_0	0.060	0.375	0.622	0.807	0.931	1.000	0.990	0.927	0.800	0.584	0.200	7.17
到剖面中点相对 x/C	−0.5	−0.4	−0.3	−0.2	−0.1	0	0.1	0.2	0.3	0.4	0.5	
$\left(\frac{x}{C}\right)^2\times\left(\frac{t}{t_0}\right)\times 10^3$	15.0	60.0	56.0	32.3	9.3	0	9.9	37.1	72.0	93.4	50.0	402.5

并由表 2 得

$$i_{m0}=\rho_m C^3t_0\times 402.5\times 10^{-3}\times 0.1=0.04\rho_m C^3t_0 \tag{3.3}$$

若转叶轴偏离剖面中点，将导致转动惯量增大，其数值为剖面质量乘以偏移距离"l"的平方。通常转叶轴不会移出剖面宽度范围，即 $l<\dfrac{C}{2}$。则剖面转动惯量增加 Δi_m 值，计及剖面面积，有

$$S=\int_{C_T}^{C_L}t\mathrm{d}x=Ct_0\sum\frac{t}{t_0}\cdot\Delta\left(\frac{x}{C}\right)\text{后，有 }\Delta i_m=\rho_m Sl^2\leqslant\rho_m Ct_0\sum\frac{t}{t_0}\left(\frac{C}{2}\right)^2\Delta\left(\frac{x}{C}\right),\ S=C_SCt_0$$

$$\Delta i_m\leqslant\rho_m C^3t_0\times\frac{1}{4}\sum\frac{t}{t_0}\times\Delta\left(\frac{x}{C}\right)\approx\rho_m C^3t_0\times\frac{1}{4}\times 7.18\times 0.1\approx 0.18\rho_m C^3t_0 \tag{3.4}$$

$C_S=S/Ct_0=\sum\dfrac{t}{t_0}\Delta\left(\dfrac{x}{C}\right)$，表 2 中算得 $C_S=0.718$，桨叶导沿、随沿加厚后 $C_S\geqslant 0.720$。通过以上估

算，可以估定侧斜桨叶剖面对转叶轴的惯量值在以下范围：

$$i_m = i_{m0} + \Delta i_m$$

$$i_m \approx k\rho_m C^3 t_0,\ 0.04 < k < (0.04 + 0.18) = 0.22 \quad (3.5)$$

整片桨叶相对转叶轴的转动惯量 $I_m = \int_{r_h}^{D/2} i_m \mathrm{d}r$ 为由桨毂径 r_h 到叶梢 $D/2$ 的 i_m 积分。计及 $\bar{r} = \dfrac{2r}{D}$，可得 I_m 表达式：

$$I_m = \int_{r_h}^{D/2} i_m \mathrm{d}r = \rho_m \int_{\bar{r}_h}^{1.0} k \cdot \left(\frac{C}{D}\right)^3 \cdot D^3 \cdot \frac{t_0}{D} \cdot D \cdot \frac{D}{2} \mathrm{d}\bar{r} = \frac{\rho_m}{2} D^5 \int_{\bar{r}_h}^{1.0} k\left(\frac{C}{D}\right)^3 \left(\frac{t_0}{D}\right) \mathrm{d}\bar{r} \quad (3.6)$$

$$I_m = \frac{\rho_m}{2} D^5 \left[\sum k\left(\frac{C}{D}\right)^3 \cdot \left(\frac{t_0}{D}\right)\right] \Delta\bar{r}$$

已知 C/D、t_0/D 后，取 $k = 0.04$，由式(3.6)所得为桨叶绕转叶轴的最低转动惯量；取 $k = 0.22$，为桨叶可能高的转动惯量。仍以表 1 中 $D = 1.85$ m 桨叶为例，计算列于表 3。表中还包括有计算桨叶质量的项，即 $W_m = \rho_m \int_{r_h}^{D/2} C_S \cdot t_0 \cdot C \mathrm{d}r = \rho_m \dfrac{D^3}{2} \int_{\bar{r}_h}^{1.0} C_S \dfrac{t_0}{D} \dfrac{C}{D} \mathrm{d}\left(\dfrac{2r}{D}\right) = \dfrac{\rho_m D^3}{2} \left[\sum C_S \dfrac{t_0}{D} \dfrac{C}{D}\right] \Delta\bar{r}$

从而得到计算桨叶的质量：$W_m = \rho_m \dfrac{D^3}{2} \left[\sum C_S \dfrac{t_0}{D} \dfrac{C}{D}\right] \Delta\bar{r} = 7\,500 \dfrac{1.85^3}{2} \times 39.33 \times 10^{-3} \times 0.1 = 93.4$ kg

及其绕转叶轴的转动惯量范围。

表 3　$D = 1.85$ m 桨叶惯性量计算

桨叶相对半径 $\bar{r}$	0.3	0.4	0.5	0.6	0.7	0.8	0.9	1.0	Σ
C/D	0.204	0.287	0.359	0.418	0.468	0.451	0.355	0.130	
t_0/D	0.048 1	0.040 4	0.028 4	0.023 0	0.018 6	0.013 7	0.008 7	0.004 4	
$(C/D)^3 \cdot (t_0/D) \times 10^4$	4.08	9.55	13.14	16.80	19.07	12.57	3.89	0.10	77.11
$(C/D)^4 \times 10^3$	1.73	6.78	16.61	30.53	47.97	41.37	15.88	0.29	160.2
C_S	0.718	0.718	0.718	0.720	0.723	0.725	0.730	0.740	
$C_S \times \dfrac{t_0}{D} \times \dfrac{C}{D} \times 10^3$	7.05	8.33	7.32	6.92	6.29	4.48	2.25	0.42	39.33

$$I_m \geqslant \rho_m \frac{D^5}{2} k_0 \left[\sum \left(\frac{C}{D}\right)^3 \frac{t_0}{D}\right] \Delta\bar{r} = 0.04 \times 7\,500 \times \frac{1.85^5}{2} \times 77.11 \times 10^{-4} \times 0.1 = 2.5\ \mathrm{kg \cdot m^2}$$

$$I_m < \rho_m \frac{D^5}{2} \cdot k_1 \left[\sum \left(\frac{C}{D}\right)^3 \frac{t_0}{D}\right] \Delta\bar{r} = 0.22 \times 7\,500 \times \frac{1.85^5}{2} \times 77.11 \times 10^{-4} \times 0.1 = 13.8\ \mathrm{kg \cdot m^2}$$

即实桨叶的转动惯量：$13.8\ \mathrm{kg \cdot m^2} > I_m > 2.5\ \mathrm{kg \cdot m^2}$。

3.2　桨叶绕转叶轴的附连水转动惯量

桨叶剖面通常是细长体形。按惯例，在研究、计算其绕图 2 中转叶轴转动时，将剖面看成平板，宽度为 C，该剖面绕转叶轴的附连转动惯量为

$$\lambda_w = \rho_w \frac{\pi}{4} C^4 \left[\frac{9}{32} - \frac{C_L}{C}\left(1 - \frac{C_L}{C}\right)\right]$$

式中，ρ_w——水密度，C_L——转叶轴到导边的距离。当转叶轴取在剖面宽中点，即 $C_L/C = \dfrac{1}{2}$，λ_w 有最小

值为 $\lambda_w=\rho_w\frac{\pi}{4}C^4\left(\frac{9}{32}-\frac{1}{4}\right)=\rho_w\frac{\pi}{128}C^4$；当转叶轴取在导沿（或随沿）$C_L/C=0$（或 $C_L/C=1$），λ_w 有最高值为 $\lambda_w=\rho_w\frac{9\pi}{128}C^4$。即由于转叶轴相对桨叶剖面弦向位置不同，其附连水转动惯量 λ_w 的变化范围为

$$\lambda_w=\rho_w k_w\frac{\pi}{128}C^4\quad 1<k_w<9 \tag{3.7}$$

桨叶由桨毂 r_h 到桨叶梢（$D/2$）整片桨叶的附连水转动惯量为

$$I_m=\int_{r_h}^{D/2}\lambda_w\mathrm{d}r=\rho_w\frac{\pi}{128}\int_{r_h}^{1.0}k_w\left(\frac{C}{D}\right)^4D^4\frac{D}{2}\mathrm{d}\bar{r}=\rho_w\frac{\pi}{256}D^5\left[\sum k_w\left(\frac{C}{D}\right)^4\right]\Delta\bar{r} \tag{3.8}$$

倘若所有剖面均取 $k_w=1$，得 I_m 值最小；取 $k_w=9$，得 I_m 值最大。综上所述，桨叶的附连水转动惯量值的变化范围如下：

$$\rho_w\frac{\pi}{256}D^5\left[\sum\left(\frac{C}{D}\right)^4\right]\Delta\bar{r}<I_m<\rho_w\frac{9\pi}{256}D^5\left[\sum\left(\frac{C}{D}\right)^4\right]\Delta\bar{r}$$

对于材质密度 ρ_m 的桨叶绕转叶轴转动惯量 I_m 及其附连水转动惯量的数值，可按式(3.6)、式(3.8)进行比较。对于侧斜桨叶，各半径处剖面的 k 及 k_w 值为相对半径$\bar{r}$的函数，加上 C/D 及 t_0/D 均随$\bar{r}$变化，故只能针对具体的桨叶进行估算，对一些具体工程用桨的计算显示，桨叶在空气中的转动惯量（I_m）与在水中的转动惯量（I_m+I_w）之比，大致在 1∶3 到 1∶4 之间。

关于 $D=1.85$ m 算例桨，表 3 中列有其 $(C/D)^4$ 项及 $\sum\left(\frac{C}{D}\right)^4$ 的数值。若设定所有剖面的转动惯量 λ 中的系数 $k_w=1.0$，得桨叶的附连水转动惯量下限值：

$$I_w=\rho_w\frac{\pi}{256}D^5\left[\sum\left(\frac{C}{D}\right)^4\right]\Delta\bar{r}=1\,025\times\frac{\pi}{256}\times1.85^5\times160.2\times10^{-3}\times0.1=4.37\ \mathrm{kg\cdot m^2}$$

假定 $k_w=9.0$，得到桨叶附连水转动惯量的可能上限值：

$$I_w=\rho_w\frac{9\pi}{256}D^5\left[\sum\left(\frac{C}{D}\right)^4\right]\Delta\bar{r}=1\,025\times\frac{9\pi}{256}\times1.85^5\times160.2\times10^{-3}\times0.1=39.33\ \mathrm{kg\cdot m^2}$$

3.3 调距桨转叶过程中的角加速度

非定常运动物体的受力（矩），与运动体的惯性有关外，还与加速度值有关。当代调距桨的桨叶转动幅角，即由最大正螺距角到极限负螺距角的调节值，大致在 60°左右，即 π/3。转叶机构从全速前进螺距调至全倒退螺距，费时是 15～30 s（民船），军船用桨的时间接近 15 s。假如是周期性调节，即由原运行螺距回调到最低螺距，再往高调到最高螺距后，恢复到原运行螺距，费时为一个周期 T，则有 T 为 10～60 s。

接到转叶指令后，转叶力矩的平衡被破坏，即在 t 瞬间，转叶加速度为$\dot{\omega}$，转动角速度 $\omega=0$。螺距角 γ 按下列关系变化：$\gamma=A\cos 2\pi t/T+B$，在 $t=0$ 时，$\gamma=\gamma_0$；$t=T/2$ 时，$\gamma=\gamma_1$，则可得关系式：

$$\gamma=(\gamma_0-\gamma_1)/2\cos\frac{2\pi t}{T}+(\gamma_0+\gamma_1)/2$$

$$\frac{\mathrm{d}\gamma}{\mathrm{d}t}=\omega=-\left(\frac{\gamma_0-\gamma_1}{2}\right)\left(\frac{2\pi}{T}\right)\sin\frac{2\pi t}{T},\ \frac{\mathrm{d}^2\gamma}{\mathrm{d}t^2}=\frac{\mathrm{d}\omega}{\mathrm{d}t}=\dot{\omega}=-\left(\frac{\gamma_0-\gamma_1}{2}\right)\left(\frac{2\pi}{T}\right)^2\cos\frac{2\pi t}{T}$$

在螺距调控期间可能出现的角速度和角加速度幅值为

$$
\left.\begin{aligned}
|\omega| &= \frac{(\gamma_0-\gamma_1)}{2}\left(\frac{2\pi}{T}\right)=(\gamma_0-\gamma_1)\pi/T \\
|\dot{\omega}| &= \frac{(\gamma_0-\gamma_1)}{2}\cdot\left(\frac{2\pi}{T}\right)^2=(\gamma_0-\gamma_1)2\pi^2/T^2
\end{aligned}\right\} \tag{3.9}
$$

式(3.9)中 $\gamma_0-\gamma_1$ 为最大正螺距角与极限负螺距角之差，约为 $\gamma_0-\gamma_1=\frac{\pi}{3}=60^\circ$。为估计实际桨叶调距转动时的角速及加速值，表 4 中计算不同调控周期 T 所对应的数值，并以实桨 $D=1.85$ m 为例，计及桨叶转动惯量 I_m，附连水转动惯量 I_w 及桨叶宽 C 等数值，可得出与加速有关的转叶力矩等的数据。表中列出的最高角速是反复调节螺距时可能达到的数值，高于平均角速度，除定性反映转叶曲柄机构运动的非线性特点外，可充分估计转叶机构调距时，桨叶剖面因之出现的线速度大小及其对桨叶绕流的影响。以 $D=1.85$ m 算例桨为例，该桨 $\bar{r}=0.7$ 处实际叶宽 $C=\frac{C}{D}\times D=0.468\times1.85\approx0.87$ m，若转叶轴通过剖面端点，则因调距导致的另一端的线速度为 0.05～0.30 m/s(见表 4)之间。对于正绕桨轴以线速度 $u=30\sim50$ m/s 旋转的桨叶剖面，由于调距引起的局部线速度与桨正常运行线速度相比较为(0.05～0.30)与(30～50)m/s 之比，即由调距引起桨叶剖面局部绕流速度的变化，为千分之几，显然低于船后伴流场引起的剖面绕流速变化。这就是调距时只考虑螺距方位角变化，而不考虑绕流速度变化的理由。

表 4　桨叶调距时可能的运动和受力估算

名　称	数　据						备　注
转叶调节周期 T/s	60	50	40	30	20	10	由式(3.9)：$\lvert\omega\rvert=\frac{\pi}{3}\times\frac{\pi}{T}$
最高角速$\lvert\omega\rvert$/(rad/s)	0.054 8	0.065 8	0.082 2	0.109 7	0.164 5	0.329 0	
$\lvert\omega\rvert$以(°)/s 计	3.14°	3.77°	4.71°	6.29°	9.42°	18.85°	
数学平均角速/[(°)/s]	2°	2.4°	3.0°	4.0°	6°	12°	$\gamma_0-\gamma_1=60°$，$60°/2T$
最大角加速$\lvert\dot{\omega}\rvert$/(rad/s^2)	0.005 7	0.008 3	0.012 9	0.023 0	0.051 7	0.207 0	由式(3.9)：$\lvert\dot{\omega}\rvert=\frac{\pi}{3}\times\frac{2\pi^2}{T}$
转叶导致的线速 $\lvert\omega\rvert\times c$/(m/s)	0.047 5	0.057 0	0.071 2	0.095 0	0.142 5	0.285 0	c— 剖面边沿距转叶轴
加速所致 ΔM_b 峰值/(N·m)	0.30	0.44	0.68	1.22	2.75	10.98	$\Delta M_b=(I_m+I_w)\lvert\dot{\omega}\rvert$

在 3.1、3.2 节中，曾算得 $D=1.85$ m 桨桨叶的转动惯量在 2.5～13.8 kg·m^2 之间，而其在水中的附连转动惯量在 4.37～39.33 kg·m^2 之间。因此，桨叶的水中转动惯量最大可能值为 $I_{TOT}=13.8+39.3\approx53.1$ kg·m^2。当最高可能角加速度$|\dot{\omega}|$时(见表 4)，可出现瞬间转叶力矩峰值 $\Delta M_{b\max}=I_{TOT}\times|\dot{\omega}|^2\leqslant53.1\times|\dot{\omega}|^2_{\max}=53.1\times0.207^2\approx2.3$ N·m。与“1”节中估算得到：342 r/min 时，$M_b\approx7.3$ kN·m $=7\,300$ N·m；255 r/min 时，$M_b\approx3\,200$ N·m 相比，由加速度引起的转叶力矩 ΔM_b 比定常状态的转叶力矩 M_b 小 3 个量级。

前面“2”节中曾提到，苏、俄曾进行不同侧斜方式桨叶的转叶力矩模型试验，测得转叶力矩系数 $|C_M|\approx0.005\sim0.010$ 区间。按其估算 $D=1.85$ m、$P/D=1.400$、$Z=4$ 叶调距桨每叶的定常转叶力矩：桨转数 342 r/min 时，$M_b=C_M\rho n^2D^5\approx(3\,610\sim7\,220)$N·m；桨转数 255 r/min 时，$M_b\approx(2\,010\sim4\,010)$N·m 之间，与“1”节中估算的最大转叶力矩值相当。

4 结论

调距桨的转叶力矩，是调距桨设计必须考虑的一个流体动力问题。与桨运转时的轴扭矩相比，转叶力矩数值可观，且随桨运行转数增高而变化，转叶力矩的方向会变化，数值会增大。因此，调控螺距时，必须适当限制转叶机构的启用条件，即规定在一定转数和航速条件下，才能进行调距。

对于侧斜式调距桨，转叶力矩的变化更为复杂，要考虑桨叶侧斜、纵倾的分布与桨叶力矩的关系，恰当选择转叶轴的相对位置，可以根据实桨的统计数据选择。

转叶机构操控时，会出现加速度，计及桨叶调节螺距角实际情况，所产生的转叶力矩变化，数值有限，工程上可以忽略不计。

关于“低振螺旋桨”直径及螺距比选择

报告主旨

按技术任务书要求，国内设计的螺旋桨，常比委托国外设计的螺旋桨直径约大 5%D。按 20 世纪中叶以来的传统看法，螺旋桨直径大一点，通常可得设计航速略高（差约<0.2 kn）；加上按当时避免空泡的要求，希望螺旋桨的“盘面”大点，直径更大的桨有利于满足所述要求。近年来开发“低振螺旋桨”的实践，有别于国内现用教科书中关于优选螺旋桨设计方案的传统做法。为此，做出本报告的论述。

1. 传到船体底板的螺旋桨脉动压力

总体设计给定螺旋桨轴线到船体底板间隙为 H_S，其间需容纳螺旋桨半径 $D/2$ 及桨叶梢到船体底板距离 kD（k 通常为 0.15～0.25），选定 D 后，实际轴线到船体底板的间隙也已定，由关系式(1)，若变动螺旋桨直径（变间隙），就有式(2)：

$$H_S = D/2 + kD = 常数 \tag{1}$$

$\Delta H_S = \Delta D/2 + k(\Delta D) + D(\Delta k) = 0$，前式除以 kD 得：

$$(\Delta D)/D + (\Delta k)/k = -\frac{1}{2k}(\Delta D/D) \tag{2}$$

又：螺旋桨脉动压力主要系空泡溃灭所致，若空泡溃灭中心点处压力相同，压力波向空间作球面扩散，在同一空泡溃灭爆炸力作用下（I 为常值），测点脉动压力值与它到空泡溃灭点（球中心）半径平方成反比，即与船体底板距空泡溃灭点距离平方成反比，通常以螺旋桨梢部空泡变化为烈，空泡溃灭点距船体底板的距离为 kD，则脉动压力 p 可表达为

$$p = I/(kD)^2 \tag{3}$$

$\Delta p/p = -2[k\Delta D + D\Delta k]/(kD) = -2[\Delta D/D + \Delta k/k]$；计及式(2)，可得

$$\Delta p/p = 1/k \times \Delta D/D \tag{4}$$

式(4)表示，脉动压力变化 $\Delta p/p$ 与螺旋桨直径变化 $\Delta D/D$ 成正比，由于 k 值小于 1，脉动压力相对变化值大于螺旋桨直径相对变化值。假定原本设计间隙 $kD = 0.15D$，将螺旋桨直径减小 5%D，$\Delta D/D = -0.05$，则 $\Delta p/p = 1/0.15 \times (-0.05) = -1/3$。船体底板受到螺旋桨脉动压力幅值下降约 1/3，可见减小螺旋桨直径，有利于减小螺旋桨诱发的舰船振动。

2. 螺旋桨运行空泡状态

通常，按全速工况设计的螺旋桨，运行于特定的进速系数和空泡数为 $J_p - \sigma$ 的条件下，即处于空泡斗图(见图 1)$\sigma - J_p$ 特定点，可能处于无空泡、背空泡或面空泡状态。由于面空泡剥蚀力强，通常都不希望螺旋桨运行点落到面空泡区。

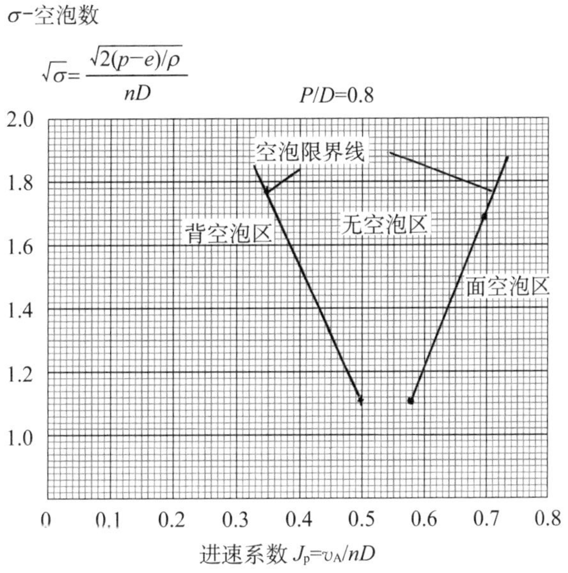

图 1 空泡斗图 $\sigma - J_p$

螺旋桨设计时，按给定有效功率 P_E 及推进相关因子，选定满足技术任务书要求的螺旋桨的几何参数(直径 D，螺距比 P/D 等)，这时对应的 $v_p = (1-w)v_A$，$J_p = \dfrac{v_p}{nD}$ 值均已选定，船舰将在该进速系数 J_P 及空泡数 σ 条件下试航交货。设计文件中关于空泡校核也按上述条件进行。图 2 所示为美国货船用六叶大侧斜螺旋桨空泡校核图[6]。图 2(a)为 A 方案，图 2(b)为 B 方案空泡校核图。

由该图可查到，不同航速时是否出现空泡及若出现空泡时空泡的形态、部位。但是，图中各航速空泡状态是指按计算伴流分数 w 值不变的情况。螺旋桨旋转过程中，船后实际伴流分数 w 值将变化，即剖面遇到的进速 v_p 一直在变动，即 $J_{p,f}$ 也一直在变，当由高伴区(w 值最大)转到低伴流区(w 值接近 0)时，特定航速 v_A 下的运行瞬间 $J_{p,f}$ 也在变，工况点沿图 1 横坐标左右移动，“刺”穿空泡斗，不同部位出现空泡；在 $w \approx 0$ 部位对应 $J_{p,f}$ 最大，可能出现面空泡。由图 2(a)可见，要避免运行计算进速系数 $J_p = 0.79 \sim 0.82$($V_S = 23$ kn) 的螺旋桨，当 $J_{p,f} \sim 1.05$[$w \sim 0$，$J_p = v_A(1-w)/nD = J_{p,f}$]，将出现面空泡。图所示方案是不满足要求的。图 2(b)方案却有可能避免面空泡。笔者认为，正是因为该桨计算 $1-w=0.77$，桨叶通过低伴流区要避免面空泡，才选定具有图 2(b)方案所示的空泡斗特性螺旋桨。减小螺旋桨直径，增大螺距比 P/D，可将空泡斗沿(J_p)横向轴向右移；减小螺旋桨的螺距比 P/D，可将空泡斗沿(J_p)横向轴向左移。正是因为考虑在低伴流区的面空泡危险，才接受 $V_A \approx 20$ kn 出现背空泡的方案。要避免面空泡，须将螺距比增大，为保证船—机—桨匹配，就势必相应地减小螺旋桨直径，这也是选用较小直径螺旋桨的原因之一。想顺便提出，对于伴流分数 w 相对小情况 ($w < 0.1$)，可以将螺旋桨的运行线 $v_A(V_S)$- $J_p - \sigma$ 点移到空泡斗底部，也有可能避免面空泡，如图 2(b)中所示。该螺旋桨计算伴流分数值 $w = 0.05$，运行 $J_p \approx 1.01 \sim 1.04$；在伴流分数$w \approx 0$ 部位，对应最大 $J_{p,f} \approx 1.1$，不致出现面空泡，可以避免面空泡剥蚀。

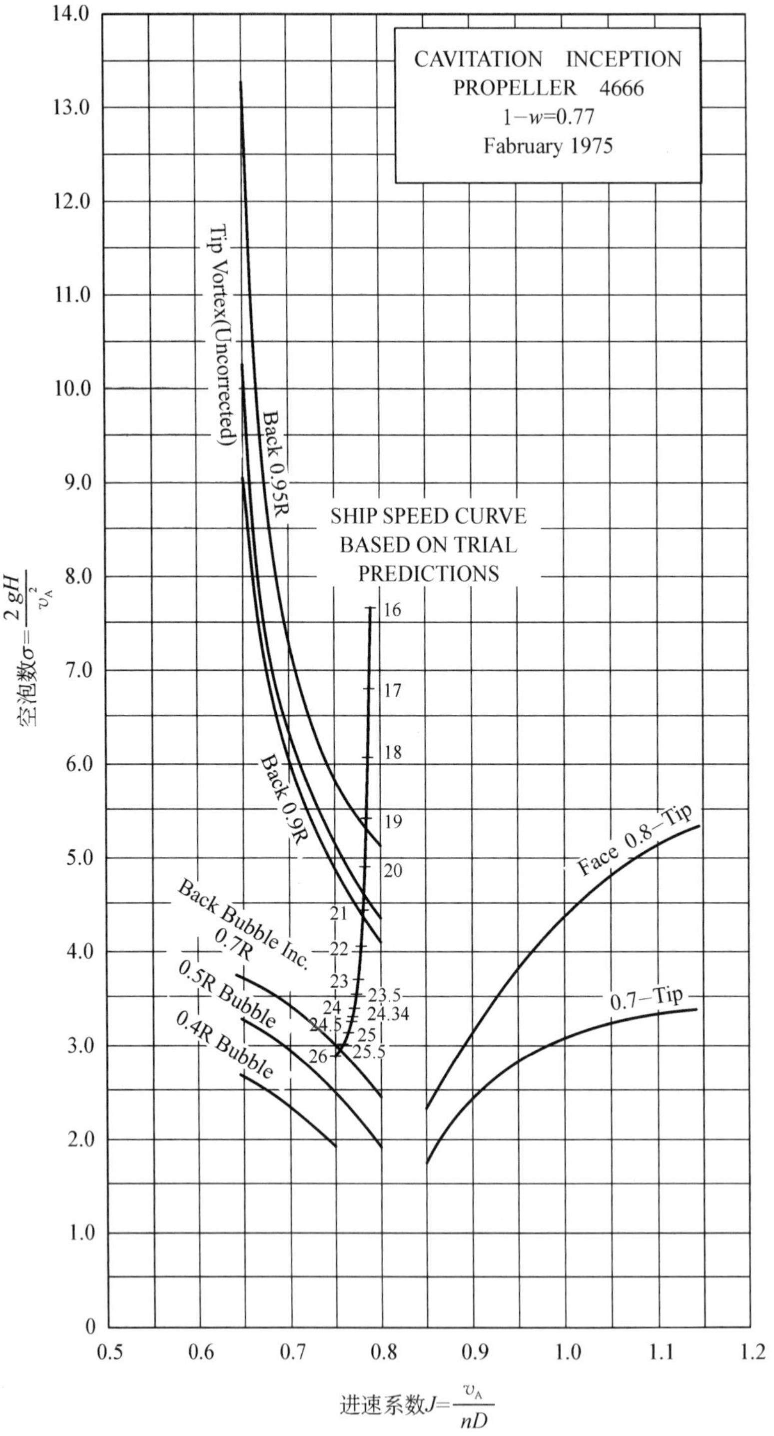

图 2(a) 民用六叶大侧斜螺旋桨空泡校核图

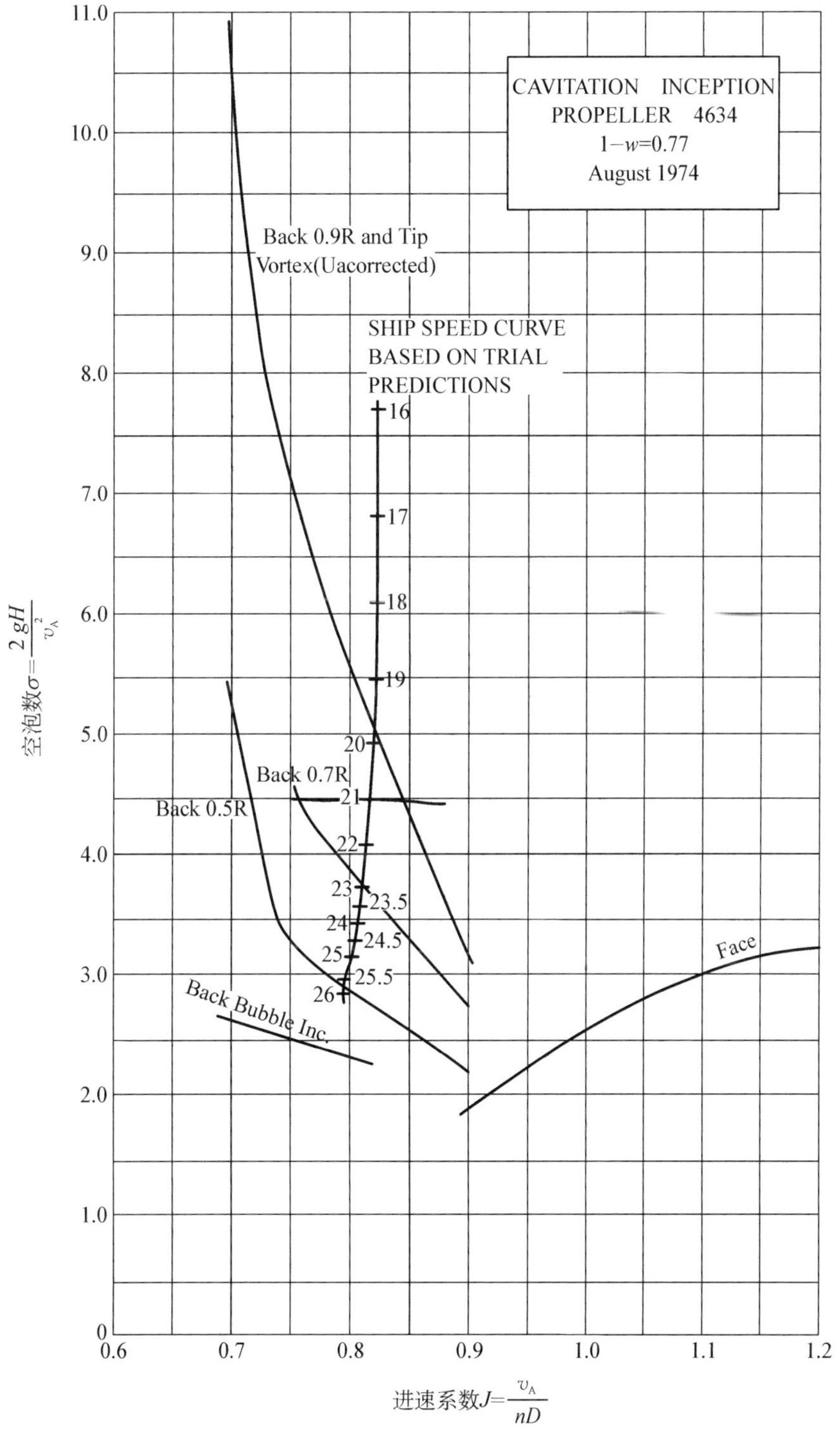

图 2(b) 民用六叶大侧斜螺旋桨空泡校核图

某些舰船有时要在（与设计状态比较）载荷更轻条件下运行，如货船空舱航程等，主机转速相同，舰船航速却高于设计状态，类似压载试航，这意味着螺旋桨运行于更高的 J_p 条件下，即装载量更低时，同一螺旋桨的运行线将向右移，图 3 为一艘船的螺旋桨运行空泡斗曲线，图 4 为另一高速船用螺旋桨空泡斗曲线及其在设计载荷和轻载时螺旋桨运行线，该螺旋桨设计工况运行的 $J_p \approx 1.00$，取在空泡斗中部，与背空泡限界线和面空泡限界线距离基本相当。由图 4 可见，该桨在设计状态 $V_A = 30$ kn 时无面空泡危险；而试航（船未满载）情况轻载运行时的进速系数，$J_p \approx 1.05$，若 $w \approx 0.05$，在伴流场 $w \approx 0$ 部位，对应最大 $J_{p,f} \approx 1.1$，螺旋桨将出现面空泡，时间稍长，可能面临剥蚀危险。

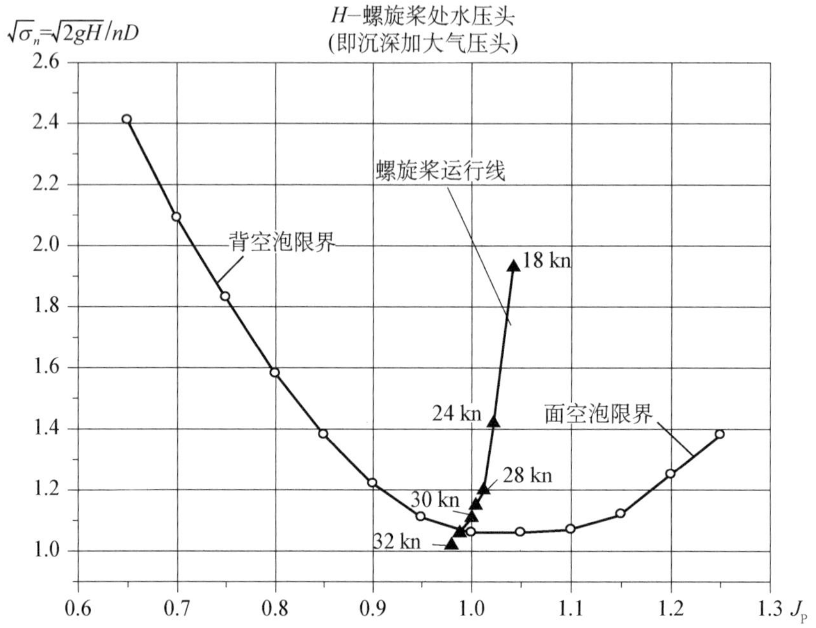

图 3 螺旋桨运行空泡状态图

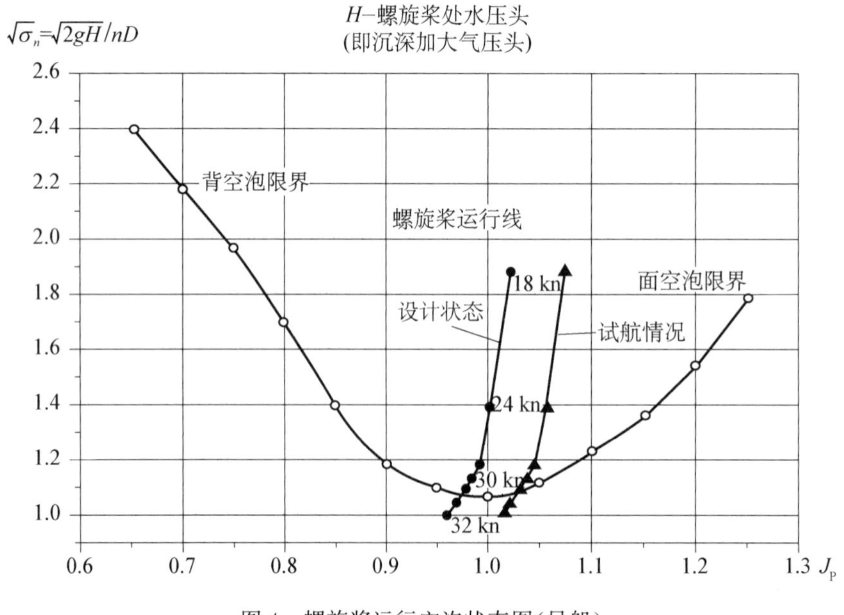

图 4 螺旋桨运行空泡状态图（另船）

综合以上讨论可见，为选取直径 D 和螺距比 P/D，关于螺旋桨是否出现空泡，及允许出现何种空泡，设计时就须权衡定夺。一般而论，适当减小螺旋桨直径和相应加大螺距比，是合理的技术抉择，这可能也是国外采用直径较小(小于按 20 世纪 50～60 年代国外技术资料所推荐值)螺旋桨的原因。

还有,关于螺旋桨模型和实船螺旋桨性能数据(K_T-J_p 及 K_Q-J_p)之间，船模自航和实船航行伴流分数 w 值之间,存在尺度效应。这也会影响螺旋桨直径 D 和螺距比 P/D 选择。随着雷诺数 Re 增大,同一进速系数 J_p 对应 K_T 值将变大。这是因为螺旋桨叶绕流边界层是湍流状态,还是层流状态,会得到不同 K_T 及 K_Q值。螺旋桨模型“敞水试验”时来流未经扰动(激流),而该模型在船后作“自航试验”时,却处在已被船模扰动(激流)尾流中,K_T 及 K_Q值发生了变化。在处理模型自航试验数据,求算伴流分数 w 值时,人们认定“自航试验”中螺旋桨模型的 K_T 及 K_Q数据就是“敞水试验”时模型的 K_T 及 K_Q数据,按等 K_T(或 K_Q值)求取伴流分数 w 值。而这时 K_T 所对应的是更大 J_p 值,读得(按模型自航试验数据处理方法)$J_{p,m}$更小(注脚“m”指模试数据),由 $w=1-J_{p,m}/J_p$ 所得 w_m值比实际值偏高,为使模型试验结果更接近实船,需加大模型尺度,这是近年来国外试验的船舶模型和螺旋桨模型尺度越来越大原因之一。由于这种缘故,美国和德国专家联合研制美国 APL 航运公司 C－10 集装箱船用螺旋桨(实桨直径 $D=8\ 500$ mm、模型直径 $D_m=256.5$ mm)时[8],将模型试验所得 $w=0.250$ 值降到 $w=0.185$,用作设计螺旋桨的已知条件。在研究总结中说:据实船航行数据,按等 K_Q方法处理,得到实际伴流分数 $w=0.150$[8]。也就是说,实船试航表明,在设计螺旋桨之初,若以 $w=0.150$ 为依据,所得螺旋桨螺距比 P/D 将会更大,结果会更好。

必须指出,在设计螺旋桨时,采用更高 w 值,所得螺旋桨螺距偏低,一般而言,这将有利于“落实”功率储备,但可能导致运行过程中出现面空泡,甚至剥蚀。在空载交船调试时,可能遇到螺旋桨面空泡剥蚀,看来需加注意。

低振螺旋桨直径及螺距比选择实例分析

报告主旨

关于SQ-5系列低振螺旋桨，在2005年前后装船实用后，其脉动压力表现尚好，与公开文献所报告的桨激脉动压力相比较，在交船试航与营运中，船东均无异议。部分船(CV)运行后，发现桨叶面导边出现径向延伸约600 mm，周向宽约400 mm，深约2～8 mm的剥蚀麻点。由于该桨选自SQ-5系列，笔者就该桨的直径、螺距比选择进行分析，以期阐明有关情况的物理现象及技术原因。

1 现用螺旋桨情况——案例

某集装箱船经设计、试航后，得到的涉及螺旋桨的有关参数如下：

桨直径：	$D = 7.75$ m
桨　型：	SQ-5
螺距比：	变
0.7$\bar{r}$处螺距比：	$(P/D)_{0.7} = 0.915$
盘面比：	$EAR = 0.68$
侧　斜：	$\theta_{sk} \approx 25°$

根据满载状态设计，得实测数据：

满载时，桨转数 $N = 104.47$ r/min，航速 $V_S = 23.26$ kn，桨轴收到功率为 $P_D = 28\,153$ kW。委托进行空泡激振试验时的桨推力系数 $K_T = 0.184$。

压载状态时，MCR 时桨转数 $N = 105.2$ r/min，航速 $V_S = 24.49$ kn，桨轴收到功率 $P_D = 28\,153$ kW，桨推力系数 $K_T = 0.178\,2$。

2 快速性数据分析

取得实船设计(MCR 等)工况的航速 V_S、桨转数 N 及实测桨吸收功率 P_D 后，通常会对设计时选定的伴流分数 w、推力减额 t 及相对旋转效率 η_r 等参数进行复校，这时除了拥有船舶阻力和螺旋桨性能的模试数据之外，并不了解实船的真正阻力及螺旋桨的推力。因此还是无法严格确定 w、t、η_r 等的数值。

实践显示，无论流场均匀度如何，给定进速 v_A 及转数 n 后，螺旋桨的进速系数(运动攻角) $J_P = v_P/nD$ 的对应推力系数 K_T 和扭矩系数 K_Q 是唯一的，即每一 J_P 值只有一个 K_T(及 K_Q)与之对应。例如，案例桨的 $J_P - K_T - K_Q$ 是严格成组出现的，其中任意一个值（J_P、K_T、K_Q）只对应特定的另外两个值。但由于受到尺度效应影响，几何相似的模型和实桨的 $J_P - K_T - K_Q$ 并不完全相同。在实船用直径 D 的桨在转数 n 情况测定的收到（吸收）功率 P_D，按关系 $P_D = 2\pi\rho n^3 D^5 K'_Q$ 可得出实桨的扭矩系数 K'_Q，由于船后不均匀流场的影响，并不知道这时 K'_Q 所对应的进速系数 J_P 值。通常是将 K'_Q 与模型试验的 $K_{QO} \sim J_{PO}$ 敞水结果比较，认为 $K'_Q = K_{QO}$ 时，进速系数 J_P 也相同，即 $J_P = J_{PO}$。由实船测得的 v_A 及 n，可算出 $J_P = v_A(1-w)/nD = J_{PO}$，得出伴流分数 w。由螺旋桨模型试验所得 $K_{QO} - J_{PO} - K_{TO}$ 关系，再假定实桨的 $K'_T = K_{TO}$，可以得出螺旋桨这时发出的推力 $T = K'_{TO}\rho n^2 D^4 = K_{TO}\rho n^2 D^4$。将其与船模试验所得计及各种附加值后的船舶阻力 R（有效功率 $P_E = R \cdot v_A$）比较，可得出 $1-t = R/T = P_E/(T \cdot v_A)$。对每艘具体船的航行数据进行分析，可以审视快速性计算和螺旋桨设计中的方方面面。

工程实践中，为螺旋桨设计，除提供船体有关尺度、主机输出特性外，通常提供船模试验所得船舶阻力（有效功率）曲线 $R \sim v_S$，$P_E \sim v_S$，有时包括船模自航试验所得推进因子 w、t、η_r 等供参考数据。要求新设计桨满足船舶对航速、振动方面的要求。根据船舶匀速航行力的平衡条件，应有：$R = T(1-t)$，$P_E = R \cdot v_A = T \cdot v_A(1-t)$，计及 $v_P = v_A(1-w)$，$T = K_T\rho n^2 D^4$，$J_P = \dfrac{v_P}{nD}$，得：$P_E = (K_T/J_P^2)\rho v_A^3(1-t)(1-w)^2 \cdot D^2$。若写成

$$\frac{K_T}{J_P^2} = \frac{P_E}{\rho v_A^3(1-t)(1-w)^2 D^2}, \quad 或 \quad \frac{K_T}{J_P^2}D^2 = \frac{P_E}{\rho v_A^3(1-t)(1-w)^2}$$

上式左边是与螺旋桨有关的数据，右边是主要由船舶确定的参数。在设计螺旋桨时，右边的参数已给定。选定桨直径 D 及桨的螺距比 P/D 等各个几何参数后，可以确定 $K_T - J_P$ 值及其对应的 K_Q，随之算出选定方案的吸收功率 P_D，看看是否与主机提供的功率匹配。

下面依据以上讨论，进行案例分析，并提供可能改进方案。

例 2-1 航行实测得：$V_S = 23.26$ kn，主桨 $N = 104.47$ r/min，桨收到功率 $P_D = 28\,153$ kW。据以估算桨的运行情况及选择不同直径 D 螺旋桨的匹配结果。

$$P_D = 2\pi\rho n^3 D^5 K'_Q, \ \rho = 1\,045 \text{ kg/m}^3 \text{— 海水密度}$$

$$K'_Q = 28\,153 \times 10^3 / 2\pi \times 1\,045 \times \left(\frac{104.47}{60}\right)^3 \times 7.75^5 = 0.029\,1, \ v_A = 0.514\,4V_S$$

由 SQ-5 系列桨图谱得 $EAR = 0.68$ 时，$P/D = 0.915$ 的 $K_Q - J_P$ 曲线，$K_Q = 0.029\,1$ 时对应 $J_P = 0.736$，及 $K_T = 0.160$、$\eta_P = 0.645$。实测得：$v_A/nD = 0.514\,4V_S/nD = 0.886\,7$。

由 $J_P = v_A(1-w)/nD = 0.886\,7(1-w) = 0.736$，有 $1-w = 0.830$，$w = 0.170$。实桨运行在 $J_P = 0.736$，$K_T = 0.160$ 时，发出推力 $T = K_T\rho n^2 D^4 = 0.160 \times 1\,045 \times \left(\dfrac{104.47}{60}\right)^2 \times 7.75^4 = 1\,829$ kN。

当该船以 $V_S = 23.26$ kn（$v_A = 11.96$ m/s）航行，可以认为其阻力（有效功率）P_E，伴流分数 w 及推力减额均不变，则

$$\frac{K_T}{J_P^2}D^2 = \frac{P_E}{\rho v_A^3(1-t)(1-w)^2}$$

的右边不变，而直径 $D = 7.75$ m 的 SQ-5 $EAR = 0.68$，$P/D = 0.915$ 桨的运行参数

$K_T = 0.160$，$J_P = 0.736$，$K_T/J_P^2 = 0.295\,4$。算得 $(K_T/J_P^2)D^2 = 17.74$。

无论换装其他何种桨，均应有：

$$J_P = v_A(1-w)/nD = 11.96 \times 0.83/nD = 9.927/nD$$

$$(K_T/J_P^2)D^2 = 17.74,\ K_T/J_P^2 = 17.74/D^2$$

现要求用 SQ－5－70 系列桨中不同直径 D 的桨，以 $N = 104$ r/min 运行，达到 $V_S = 23.26$ kn($v_A = 11.96$ m/s)，来代替案例中的桨，试算于表 1 中。

表 1　给定不同直径 D 的 SQ－5－70 桨推进计算

项　目	数　值					备　注
桨径 D/m	7.90	7.75	7.60	7.45	7.3	给定
K_T/J_P^2	0.284 2	0.295 4	0.307 1	0.319 6	0.332 9	$K_T/J_P^2 = 17.74/D^2$
J_P	0.725	0.739	0.754	0.769	0.785	$J_P = 9.927\Big/\left(\frac{104}{60}\times D\right)$
K_T	0.149 4	0.161 3	0.174 6	0.189 0	0.205 1	$(K_T/J_P^2)\times J_P^2$
$(P/D)_{0.7}$	0.892	0.921	0.958	0.995	1.033	据 K_T－J_P 由 SQ－5－70 图谱查得
η_P	0.635	0.646	0.645	0.645	0.642	同上
$10K_Q$	0.271 0	0.293 9	0.324 8	0.358 6	0.398 8	同上
P_D/kW	28 513	28 096	28 153	28 140	28 268	$P_D = 2\pi\rho n^3D^5K_Q = 34.193\cdot D^5K_Q$
T/kN	1 827	1 827	1 829	1 828	1 829	$T = \rho n^2D^4K_T$
$P_{0.7}+D$	14.94	14.89	14.88	14.86	14.84	习惯参考值

由表 1 计算可见，以实船航行数据实测值为准，计及原 SQ－5、$EAR = 0.68$ 桨的模试(图谱)值，选择新桨的结果显示，$D = 7.75$ m 桨有较高的效率 η_P。给定直径不同的桨，在 $N = 104$ r/min 条件下，均能发出与 SQ－5、$EAR = 0.68$、$(P/D)_{0.7} = 0.915$ 原桨相同的推力 $T \approx 1\,829$ kN，达到航速 $V_S = 23.26$ kn，航速相差不大于 0.1 kn。

问题在于桨的空泡、振动性能，有待进一步讨论。先看看选定 P_E、w、t、η_r 组合值后，是如何满足 K_T－$J_P(K_T/J_P^2)$推进要求的。

例 2－2　进行空泡激振试验时，为案例桨设计工况(满载)指定的推力系数 $K_T = 0.184$，直径 $D = 7.75$ m 桨于 $N = 104.47$ r/min 时达到 $V_S = 23.26$ kn。据以估算桨的运行情况及选用不同直径 D 的 SQ－5－70系列桨的匹配结果。

实桨 SQ－5、$EAR = 0.68$、$P/D = 0.915$ 的性能曲线 K_T－K_Q－J_P，在指定的 $K_T = 0.184$ 所对应的 $J_P = 0.690$。从而可以得到 $10K_Q = 0.318$，$\eta_P = 0.635$ 及

$$\frac{K_T}{J_P^2} = \frac{0.184}{0.690^2} = \frac{P_E}{\rho v_A^3(1-t)(1-w)^2\times D^2} \qquad \frac{K_T}{J_P^2}D^2 = \frac{P_E}{\rho v_A^3(1-t)(1-w)^2}$$

$D = 7.75$ m 则应有：$\dfrac{P_E}{\rho v_A^3(1-t)(1-w)^2} = \dfrac{0.184}{0.690^2}\times 7.75^2 = 23.21\ \text{m}^2$

上式中 P_E、t、w 的具体数值在进行本计算分析时，未予查对，在实船航速 $V_S = 23.26$ kn 时，其所对应的综合值是 23.21 m²。由

$$J_P = v_A(1-w)/nD = 0.514\,4\times 23.26(1-w)\Big/\left(\frac{104.47}{60}\times 7.75\right) = 0.690$$

可得出 $1-w = 0.778$，$w = 0.222$。该桨运行时按图谱的敞水性能应吸收功率 $P_{DO} = 2\pi\rho n^3D^5K_{QO} = 2\pi\rho\left(\dfrac{104.47}{60}\right)^3\times 7.75^5\times 0.031\,8 = 30\,814$ kW，推力 $T = \rho n^2D^4K_{TO} = \rho\left(\dfrac{104.47}{60}\right)^2\times 7.75^4\times 0.184 = 2\,103$ kN。

按设计时选定 $D = 7.75$ m 桨在 $v_A = 0.514\,4\times 23.26 = 11.96$ m/s 的推力系数 $K_T = 0.184$ 的条

件,要求以 104 r/min 转数的 SQ - 5 - 70 桨取代案例桨, $J_P = \dfrac{11.96 \times 0.778}{(104/60)D} = 5.368/D$。试算例于表 2 中。

表 2　以不同直径 D 的 SQ - 5 - 70 桨设计桨

项　目	数　值					备　注
桨径 D/m	7.90	7.75	7.60	7.45	7.30	给定
K_T/J_P^2	0.371 9	0.386 0	0.401 9	0.418 2	0.435 6	$K_T/J_P^2 = 23.21/D^2$
J_P	0.680	0.693	0.707	0.721	0.736	$J_P = 5.368/D$
K_T	0.171 7	0.185 3	0.200 2	0.217 3	0.235 7	$(K_T/J_P^2) \times J_P^2$
$(P/D)_{0.7}$	0.891	0.921	0.958	1.000	1.042	据 J_P - K_T 查 SQ - 5 - 70 图谱
η_P	0.630	0.635	0.635	0.635	0.633	同上
$10K_{QO}$	0.295	0.322	0.355	0.393	0.436	同上
P_{DO}/kW	31 038	30 782	30 778	30 840	30 906	$P_{DO} = 2\pi\rho n^3 D^5 K_{QO}$
σ_n	1.824	1.895	1.970	2.051	2.136	$\sigma_n = 2(p-e)/\rho n^2 D^2$
$\sqrt{\sigma_n}$	1.351	1.377	1.404	1.432	1.461	
$J_{P\min}$	0.585	0.613	0.645	0.682	0.718	背空泡临界
$J_{P\max}$	0.706	0.735	0.780	0.823	0.872	面空泡临界

以上计算实质上是选用了与案例桨同样 P_E、t、w、η_r 与航速 V_S 关系组合后,按新桨设计要求进行直径、螺距比选择。与按试航实测 P_D 进行例 2 - 1 中选择所得结果,P/D 非常接近。计算是以试航证实船—机—桨匹配恰当的 SQ - 5、$EAR = 0.68$、$P/D = 0.915$ 为标杆进行的,以与参照标杆桨(案例桨)同一系列模试数据 K_T - K_Q - J_P 进行桨径和螺距比选择,目的在于研究所述选择对桨叶振动、空泡的影响。

有必要说明的是,两例计算中所得伴流分数 w、桨的推力和吸收功率相差很大,分别为 $w = 0.170$ 和 $w = 0.222$,螺旋桨推力值为 $T = 1\,827$ kN 和 $T = 2\,103$ kN,吸收功率为 $P_D = 28\,153$ kW 和 $P_{DO} = 31\,050$ kW。照理该船在 $V_S = 23.26$ kn 时,只有一个桨的推力 T 和吸收功率值。这种差异源于 w、t、η_r 的选用及船舶阻力 R 的确定(引入了粗糙附加等一系列修正及随在码头停泊时间长短而变)。这类情况并不罕见,例如美国 APL C -10 4340 TEU 集装箱船以桨叶直径 $D = 8.5$ m 设计,伴流分数由模试的 $w = 0.250$ 到设计选用 $w = 0.185$,据航行测试 P_D 测算得 $w = 0.150$[8]。而在早期开发 6 叶大侧斜桨时 η_r 取了 1.02～1.05 等[6]。为了保证试航环境与设计条件相符,苏联曾规定[9]:"在南部海域及远东地区,船舶下水(出坞)10～15 天内必须试航,以保证快速性试验的准确性。"

3　空泡、振动和剥蚀与螺旋桨直径、螺距比选择

按 20 世纪 60 年代的传统做法,在选定螺旋桨几何参数后,要进行空泡校核,其实质是据已有的等螺距螺旋桨的实用经验,调节桨的盘面积,以影响桨叶表面的压降情况,避免过烈的空泡剥蚀。当代采取径向变螺距、周向侧斜、轴向非线性纵倾的翼型剖面,导致桨的空泡、振动、剥蚀状况变化,综合性能有了显著的改善。现在进行模型空泡试验时,就观察了螺旋桨出现各种形态的条件和部位,绘制了相应的空泡图[6],用来更精准地评估桨的性能,规避运行中出现不良的物理现象和结果(振动、剥蚀等)。

本节中拟利用 SQ - 5 - 70 系列螺旋桨含空泡斗数据的图谱,讨论案例桨的直径和螺距比值选择。

比较各种方案的空泡形态和部位,可能带来的剥蚀和振动后果。

3.1 设计工况

在按表2算得满足船—机—桨匹配要求的各直径 D 的 SQ-5-70 系列桨之后,照惯例以效率 η_P 最佳方案为首选。一般选用直径 D 大点的,即 $D \approx 7.75\ \mathrm{m}$ 的螺距比 $(P/D)_{0.7}=0.921$ 方案。表2中按直径 D 及桨轴线潜深 $H_S=7.7\ \mathrm{m}$ 算得各方案的转数空泡数 σ_n。$\sigma_n=2(p-e)/\rho n^2D^2$,其中,$p=p_a+\rho gH$ 及 $H=H_S$ 时,是达到桨轴的潜深,也是桨叶剖面转到轴线水平时的潜深。SQ-5-70 系列图谱中绘有以 H_S 为标识深度的空泡数及空泡斗。根据各直径 D 对应的 P/D 和 $\sigma_n(\sqrt{\sigma_n})$,可查出该桨出现背空泡的进速系数 $J_{P\min}$,及出现面空泡的进速系数 $J_{P\max}$。$J_{P\min}$ 到 $J_{P\max}$ 是该桨计算工况的无空泡区。将其绘成图1,可以看到各 D 桨的适配 P/D 方案的无空泡 J_P 区及桨实际运行的 J_P 间的关系。以 $D=7.75\ \mathrm{m}$ 桨为例,桨运行 $J_P=0.693$,距面空泡限界 $\Delta J_P\approx 0.042$,距背空泡限界 $\Delta J_P\approx 0.078$。若采用 $D=7.30\ \mathrm{m}$ 桨,则桨运行在 $J_P=0.736$,距面空泡限界 $\Delta J_P\approx 0.134$,距背空泡限界 $\Delta J_P\approx 0.016$。

3.2 压载航行

$P_D=28\,153\ \mathrm{kW}$、MCR 工况,$N=105.2\ \mathrm{r/min}$,轴系平均潜深 $H_S=3.7\ \mathrm{m}$,原案例桨达到航速 $V_S=24.49\ \mathrm{kn}$,设计时认为 $K_T=0.178\,2$。由案例桨的 $K_T-K_Q-J_P$ 查得 $K_T=0.178\,2$ 时对应 $J_P=0.695$,$10K_Q=0.309\,9$,$\eta_P=0.636$。

$$J_P=0.514\,4V_S(1-w)/nD=0.514\,4\times 24.49(1-w)\Big/\left(\frac{105.2}{60}\times 7.75\right)=0.695$$

$$1-w=0.750,\ w=0.250$$

该桨在运行(压载 MCR)中的工况:$K_T/J_P^2=P_E/\rho v_A^3(1-t)(1-w)^2/D^2=0.369$

式 $(K_T/J_P^2)D^2=\dfrac{P_E}{\rho v_A^3(1-t)(1-w)^2}$ 中,右边不随换桨而变,应有

$$(K_T/J_P^2)D^2=0.369\times 7.75^2=22.16=\mathrm{const.}$$

不计船后桨的相对旋转效率 η_r,按案例桨的扭矩系数 K_Q 算得桨的吸收功率 $P_{DO}=2\pi\rho n^3D^5K_Q=2\pi\rho\left(\frac{105.2}{60}\right)^3\times 7.75^5\times 0.030\,99=30\,663\ \mathrm{kW}$。

对于已经选定的取代案例桨的各方案,要达到 $V_S=24.49\ \mathrm{kn}$,必须提供推力 $T=\rho n^2D^4K_T=\rho\times\left(\frac{105.2}{60}\right)^2\times 7.75^4\times 0.178\,2=2\,065\ \mathrm{kN}$,即与案例桨相同的推力,满足 $(K_T/J_P^2)D^2=22.16$ 的条件。为此在各选用桨的相应 $K_T-K_Q-J_P$ 线找满足所述条件的转数 n 及相关的动力数据。

计算列于表3,其中 $K_T/J_P^2=22.16/D^2$ 为对应 D 直径桨的 K_T/J_P^2 值,在 K_T-J_P 坐标图上的曲线 $K_T=(22.16/D^2)\times J_P^2$,与为该直径 D 选定的 $(P/D)_{0.7}$ 的 K_T-J_P 线的交点值 K_T、J_P 即为满足要求点。进而由 $J_P=v_A(1-w)/nD$,算出该桨应旋转的转数 n。并得出各直径 D 螺距比 $(P/D)_{0.7}$ 方案,在压载航行的桨推力 T 及各桨 $P/D_{0.7}$ 的性能曲线 $K_T-K_Q-J_P$ 得到 K_Q、J_P 等,与案例桨的相应 P_{DO} 等值比较,可见桨的推力及吸收功率的差别均小于 0.5%,即用 SQ-5-70 各方案桨取代案例桨,压载航行 (MCR) $V_S=24.49\ \mathrm{kn}$ 时的匹配表现一致。为检查该运行状态时各方案的空泡情况,计算了相应转数 n 及轴系潜深 $H_S=3.7\ \mathrm{m}$ 的运行空泡数 σ_n 值,由 SQ-5-70 系列图谱中 $(P/D)_{0.7}$ 桨的空泡斗线,查出 σ_n 值不变(n 不变)条件下,由于局地进速变化,导致桨出现背空泡的 $J_{P\min}$ 和面空泡的 $J_{P\max}$ 值。将空泡化

情况绘于图 2 上。

表 3　SQ-5-70 桨各方案的压载航行计算

项　目	数　值					备　注
桨径 D/m	7.90	7.75	7.60	7.45	7.30	
$(P/D)_{0.7}$	0.891	0.921	0.958	1.000	1.042	
K_T/J_P^2	0.355	0.369	0.384	0.399	0.416	$K_T/J_P^2=22.16/D^2$
J_P	0.685	0.698	0.712	0.727	0.742	
K_T	0.166 6	0.179 8	0.194 7	0.211 1	0.229 0	
n/s^{-1}	1.746	1.747	1.746	1.744	1.744	$n=v_A(1-w)/(J_PD)=\dfrac{9.448}{J_PD}$
N/(r/min)	104.8	104.8	104.8	104.6	104.6	
T/kN	2 067	2 068	2 069	2 067	2 067	$T=\rho n^2D^4K_T$
$10K_Q$	0.286 5	0.314 0	0.346 4	0.384 0	0.425 9	由 K_T-K_Q-J_P 线查得
η_P	0.634	0.636	0.637	0.636	0.635	由 K_T-K_Q-J_P 线查得
P_{DO}/kW	30 805	30 734	30 696	30 694	30 751	$P_{DO}=2\pi\rho n^3D^5K_{QO}$
σ_n	1.371	1.423	1.481	1.545	1.609	$\sigma_n=2(p-e)/\rho\pi^2D^2$
$\sqrt{\sigma_n}$	1.717	1.193	1.212	1.243	1.268	
$J_{P\min}$	0.620	0.648	0.682	0.718	0.755	背空泡临界
$J_{P\max}$	0.660	0.700	0.747	0.793	0.842	面空泡临界

3.3　压载状态以 1/1.15 MCR 工况功率 $P_D=28\,153\text{ kW}/1.15=24\,481\text{ kW}$ 航行，案例桨以 $N=100.91\text{ r/min}$ 运行达到 $V_S=23.8\text{ kn}$ 航速，认为 $K_T=0.174\,0$。由性能曲线查得 $J_P=0.710$，$10K_Q=0.305\,8$，$\eta_P=0.643$。$T=\rho n^2D^4K_T=1\,855\text{ kN}$。$J_P=0.514\,4V_S(1-w)/nD=0.514\,4\times 23.8(1-w)/\left(\dfrac{100.91}{60}\times 7.75\right)=0.939\,3(1-w)=0.710$，$1-w=0.756$，$w=0.244$。桨运行工况：$K_T/J_P^2=P_E/\rho v_A^3(1-t)(1-w)^2D^2=0.345$，为达到与案例桨相近 V_S 的航速指标，SQ-5-70 系列的各方案应满足 $\dfrac{K_T}{J_P^2}D^2=0.345\times 7.75^2=20.72$。按原案例桨的 $10K_Q=0.305\,8$ 计算，这时 $P_{DO}=2\pi\rho n^3D^5K_Q=2\pi\rho\left(\dfrac{100.91}{60}\right)^3\times 7.75^5\times 0.030\,58=26\,705\text{ kW}$。压载($MCR$)工况空泡化情况如图 2 所示。

将与表 3 类似的计算列于表 4。

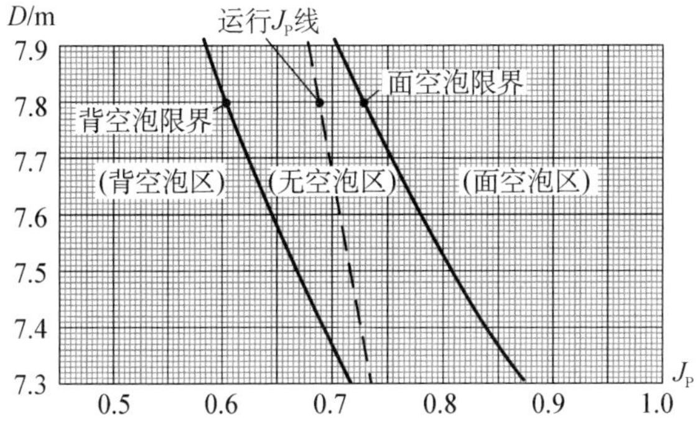

图 1　设计工况空泡化情况图 V_S=23.26 kn

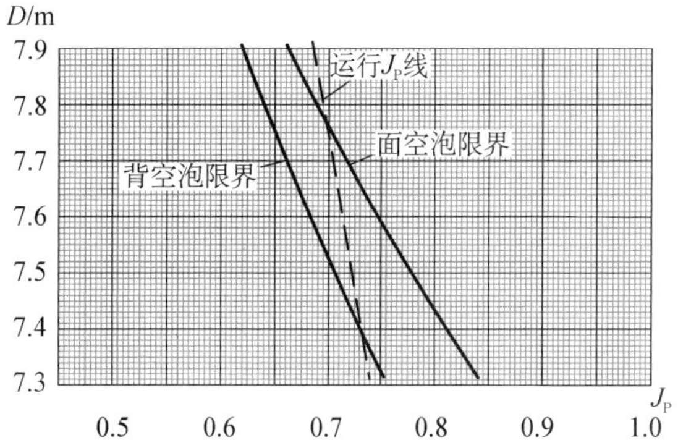

图 2　压载(MCR)空泡化情况图 V_S = 24.49 kn

表 4　SQ－5－70 桨各方案在压载状况以 1/1.15 *MCR* 功率航行

项　目	数　据					备　注
桨径 D/m	7.90	7.75	7.60	7.45	7.30	给定
$(P/D)_{0.7}$	0.891	0.921	0.958	1.000	1.042	
K_T/J_P^2	0.332	0.345	0.359	0.373	0.389	$K_T/J_P^2 = 20.72/D^2$
J_P	0.700	0.710	0.722	0.742	0.757	
K_T	0.162 7	0.173 9	0.187 2	0.205 3	0.222 9	
n/s^{-1}	1.674	1.682	1.687	1.674	1.675	$n = v_A(1-w)/(J_P \cdot D) = 9.255/(J_P \cdot D)$
N/(r/min)	100.42	100.92	101.20	100.45	100.48	
T/kN	1 856	1 855	1 857	1 852	1 855	$T = \rho n^2 D^4 K_T$
$10K_Q$	0.285 0	0.307 4	0.352 9	0.377 1	0.419 0	由各自 K_T－K_Q－J_P 查得
η_P	0.636	0.645	0.646	0.643	0.641	由各自 K_T－K_Q－J_P 查得
P_{DO}/kW	27 011	26 617	26 608	26 657	26 802	$P_{DO} = 2\pi\rho n^3 D^5 K_{QO}$
σ_n	1.491	1.535	1.586	1.667	1.744	
$\sqrt{\sigma_n}$	1.221	1.238	1.259	1.295	1.321	
$J_{P\min}$	0.610	0.636	0.670	0.706	0.742	背空泡临界
$J_{P\max}$	0.674	0.705	0.750	0.800	0.850	面空泡临界

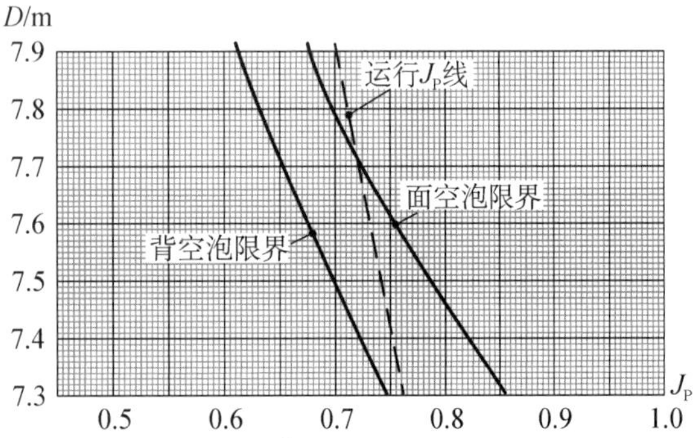

图 3　压载状态以 $\frac{1}{1.15}$*MCR* 功率航行时空泡化情况图 $V_S \approx 23.8$ kn

现将计算所得压载状态，以 $\frac{1}{1.15}$*MCR* 功率运行时，空泡化情况绘于图 3 上。各不同直径桨在不同 $(P/D)_{0.7}$ 情况下，达到的推力 T 及按模型试验(图谱)数据算得的桨吸收功率 P_{DO} 值，与案例桨相差甚微，均在计算误差范围之内。由于本报告希望探讨的是案例桨出现面空泡剥蚀的技术原因。故查对了各个方案在不同装载情况下的相应空泡数 σ_n 下的空泡限界 J_P 值。看看不同直径 D 和 $(P/D)_{0.7}$ 组合方案的运行状态所遇到的空泡风险。

4　讨论

以上计算及图表显示，从船舶推进和改善螺旋桨的空泡、振动和剥蚀性能看，有以下几点规律性的东西。

(1) 桨直径 D 的选择，影响适配桨的螺距比 P/D 及其运行进速系数 J_P。J_P 在空泡斗中的相对位置(距背和面空泡限界)发生变化。随着直径 D 的增大，桨的螺距比 P/D 减小，桨的运行进速系数 J_P 普遍有向面空泡限界方向移动的趋势。

(2) 在船后伴流场中运动的桨叶剖面，瞬间遇到 v_P 值随周向位置而变，在转数 n 不变(σ_n＝定值)的情况下，桨盘面局地的 J_P 一直在变。而且随着直径变大，桨的无空泡间距 $\Delta J_P = J_{P\max} - J_{P\min}$ 却更小。因此，直径 D 更大的桨更容易因 J_P 变化而越出空泡斗，而且是从面空泡方向越出。综上所述，可见直径 D 更大的螺旋桨更容易遇到面空泡。

(3) 基于实际观察，目前公认螺旋桨面空泡所造成的剥蚀、噪声后果更严重，宁愿背空泡，也要远离面空泡，故通常设计时，让运行进速系数接近 $J_{P\min}$ 背空泡限界。如文献[6]中，设计航速 $V_S \approx 24.5$ kn，直径 $D \approx 7$ m，转数 $N \approx 106$ r/min 的螺旋桨，在航速 $V_S \approx 19$ kn 时就出现背空泡 ($\bar{r} \approx 0.95$ 处)，而要

到 $V_S \approx 26$ kn 时，才出现面空泡。

(4) 桨叶运行过程中，剖面出现面空泡的瞬间，大多在低伴流 w 区，即远离船体表面区。由于潜深的影响，该区水静压更高，因而空泡溃灭所激发的压力峰值理应更高，剥蚀也更甚。

(5) 若在螺旋桨旋转过程中，叶剖面既遇到背空泡(高伴流 w 值，近时针“0”点位置)，又遇到面空泡(低伴流 w 值，近时针“6”点位置)。出现空泡溃灭脉冲两次激发，则船体表面受到的脉动压力，将包含更高的二阶叶频分量。的确，试验测定相同直径的案例桨和比较桨，在相同推进条件下，曾测得案例桨的叶频脉动压力分量 $\Delta p_1 = 3\,326$ Pa 及二阶叶频分量 $\Delta p_2 = 3\,972$ Pa；而比较桨的 $\Delta p_1 = 11\,200$ Pa 及 $\Delta p_2 = 5\,966$ Pa。综合脉动压力 $\Delta p \approx \sqrt{\Delta p_1^2 + 2\Delta p_2^2 + \cdots}$ 相应为：案例桨 $\Delta p \approx 6\,475$ Pa；比较桨 $\Delta p \approx 14\,020$ Pa。

一般地讲，若空泡溃灭脉冲发生二次，一次发生在距船底板～0.3D 处，另一次发生在距船底板1.2D 处。由于脉冲以球面波的形式扩散，脉动压力与到脉冲源的距离平方成反比。因此，距船底～1.2D 处空泡溃灭，与距船底约 0.3D 处空泡溃灭相比，若脉冲值相同，在船底板测得的因约 1.2D 处空泡溃灭的脉动压力将为约 0.3D 处空泡溃灭脉动压力的 $(0.3D/1.2D)^2 = \frac{1}{16}$，即衰减了一个数量级以上。

(6) 由图 1、2、3 可看出，船舶装载及航行情况(桨轴潜深及桨推力)变化，将影响桨的空泡化。图 3 所示压载状态以 1/1.15 *MCR* 功率运行时，面空泡危险更甚，用 $D = 7.75$ m 桨推进，桨的运行 J_P 已越出面空泡限界。若将桨径 $D = 7.75$ m 缩小到 $D = 7.3$ m，在 $V_S = 23.8$ kn 航态，桨运行进速系数 J_P 由 0.710变为 0.755，运行点距背空泡限界 $J_{P\min}$为 $\Delta J_P \approx 0.01$，距面空泡限界 $J_{P\max}$为 $\Delta J_P \approx 0.09$，有利于避免面空泡。同时，原用桨 $D = 7.75$ m 叶梢到船底间隙为 $kD = 0.284D$，由于桨径减到 $D = 7.3$ m，$\Delta D = -0.45$ m，按“关于低振螺旋桨直径及螺距比选择”中的式(4)，脉动压力变化 Δp 与脉动压力 p 有关系：$\Delta p/p = \frac{1}{k} \times \frac{\Delta D}{D} = \frac{1}{0.284} \times \frac{-0.45}{7.75} \approx -20\%$，即脉动压力将下降约 20%。

注：本报告中桨 SQ－5－70 系列的数据均取自“SQ－5－70 系列低振螺旋桨”。

可调螺距螺旋桨快速性

报告主旨

在我国，近年来越来越广泛地采用可调螺距螺旋桨（调距桨）推进舰船航行。与采用定螺距螺旋桨不同，为满足船舶以不同航速航行的需要，除了和定距桨一样，可以用改变转数的办法来调节航速之外；因螺距可调，装备“调距桨”的船舶，还能用调节螺距的办法来调节航速。关于采用“调距桨”所带来的船舶在推进和操纵性能方面的优势，技术文献中有论述。但是，为满足船舶不同的航态要求，如何具体选择转数—螺距组合，达到较佳的综合效益，还需仔细权衡。实践中确有失算的事例，曾导致螺旋桨迅速剥蚀损坏，或未能充分发挥“调距桨”的效益。为解决所述课题，本文提出：类似“定距桨”快速性预报曲线（V_S-RPM；P_B-RPM）那样，为“调距桨”建立“快速性网络”图，图中列出螺旋桨转数 RPM、螺旋桨吸收功率 P_B、船舶航速 V_S、螺距 P/D，以及空泡限界等数据。

1　可调螺距螺旋桨的流体动力

可调螺距螺旋桨的设计，与“定距桨”的设计比，没有实质的差异。按任务书的要求，根据给定的转数，选定方案（包括直径 D、螺距比 P/D、桨叶数 Z、盘面比 EAR、剖面翼型等）后，通常已经知道螺旋桨的流体动力性能数据（推力系数 K_T、扭矩系数 K_Q 和进速比 J_P）；在设定桨叶转叶轴位置后，流体动力设计基本完成。当实际航运中船舶阻力 R（有效功率 P_E）变化时，螺旋桨载荷的改变，导致“定距桨”不适应，螺旋桨显得“重”或“轻”，这种情况在实船航行和交船试航中经常发生。采用“调距桨”的主要原因之一，就是调节螺距，使之适应所述变化。

1.1　可调螺距螺旋桨的推进性能

按任务书设计螺旋桨并设定桨叶转叶轴后，可以令螺旋桨叶绕该转叶轴转动，改变螺旋桨的推进性能，满足船—机—桨匹配需要。桨叶转动某个角度，会改变螺旋桨的流体动力性能数据。实际航行中，指令速度和方向、船舶阻力、主机输出功率等的改变，都会要求螺旋桨转动“桨叶片”来使之适应。通常，桨叶片转动的幅值在 60～70°间，每改变一个角度，都得到一个“新”的螺旋桨，虽然在绕转叶轴转动桨叶时，螺旋桨叶的形状没有变化，但不同半径处的剖面与水流的相对位置变了，成为一个“新”的螺旋桨。需要了解绕转叶轴转动后的这个螺旋桨的流体动力性能。在以螺旋桨轴线为中心的圆柱展开面内观察，有所谓桨叶畸变问题；但当人们按设计螺旋桨图纸加工并试验模型时，无论是设计状态，还是转角后的状态，模型和实物都是几何相似、并一一对应的，只要满足流体动力相似律，则可以取得这个“新”螺旋桨的、可信的流体动力性能数据。给定一系列绕转叶轴的转动角，将得到一个螺旋桨"系列"。与一般螺旋桨图谱系列不同，这个"系列"是靠绕转叶轴转动形状已设定的螺旋桨桨叶而得到的。

为标记"调距桨"的位置，技术文件中仍采用相对半径 $2r/D=0.7$ 处的螺距比值，写成 $(P/D)_{0.7}$，有时为简化起见，直接写 P/D。例如，对于 $(P/D)_{0.7}=1.0$ 的螺旋桨，其 $2r/D=0.7$ 剖面的"螺距角"γ 为 $\gamma=\tan^{-1}[(P/D)_{0.7}/0.7\pi]=24.45°$，写为 $P/D=0.7\pi\times\tan 24.45°=1.0$，称 $P/D=1.0$ 的螺旋桨。若将桨叶绕转叶轴转动 $\Delta\gamma=+4.17°$，得"新"螺距角 $(\gamma+\Delta\gamma)=28.62°$，及 $(P/D)_{0.7}=1.2$，称为 $P/D=1.2$ 的螺旋桨；$\Delta\gamma=-4.46°$，得"新"螺距角 $\gamma-\Delta\gamma=19.90°$，及 $(P/D)_{0.7}=0.8$，称为 $P/D=0.8$ 的螺旋桨，其余类推。

现以上述 $(P/D)_{0.7}=1.0$ 的三叶螺旋桨为例进行讨论。该螺旋桨的盘面比为 $EAR=0.65$，径向变螺距，由叶根到叶梢，螺距比变化量在 $5\%(P/D)_{0.7}$ 内。每经螺距比变化 $\Delta P/D=0.1$ 或 0.2，试验一只"螺旋桨"；并同时进行空泡初生(及等空泡数)试验，可测试得图 1 所示的螺旋桨性能图。为避免图面曲线过分拥挤，采用双层图，每图中只标出部分曲线。如图 1 所示，图的底层所示为涉及螺旋桨推力状态的数据推力系数 K_T 和桨叶上空泡初生对应的数据。图的上层所示为支持螺旋桨旋转的扭矩需要 $(10K_Q)$ 和推进效率 (η_P)，即涉及功率的数据。比较图中 K_T、$10K_Q$、η_P 等和常用图谱(例如，B 系列 3-65 图谱)的相应数值，可以发现数据差异在 2% 内，即在桨叶绕转叶轴转动 4°～5°范围时，由转动桨叶所得螺旋桨，与按开发图谱的原创者所提出的系列，具有相当的推进性能。也就是说，当人们在船舶营运过程中，调节螺距角幅值不大时，获得的"新"螺旋桨的推进性能与常见图谱螺旋桨的推进性能相当。

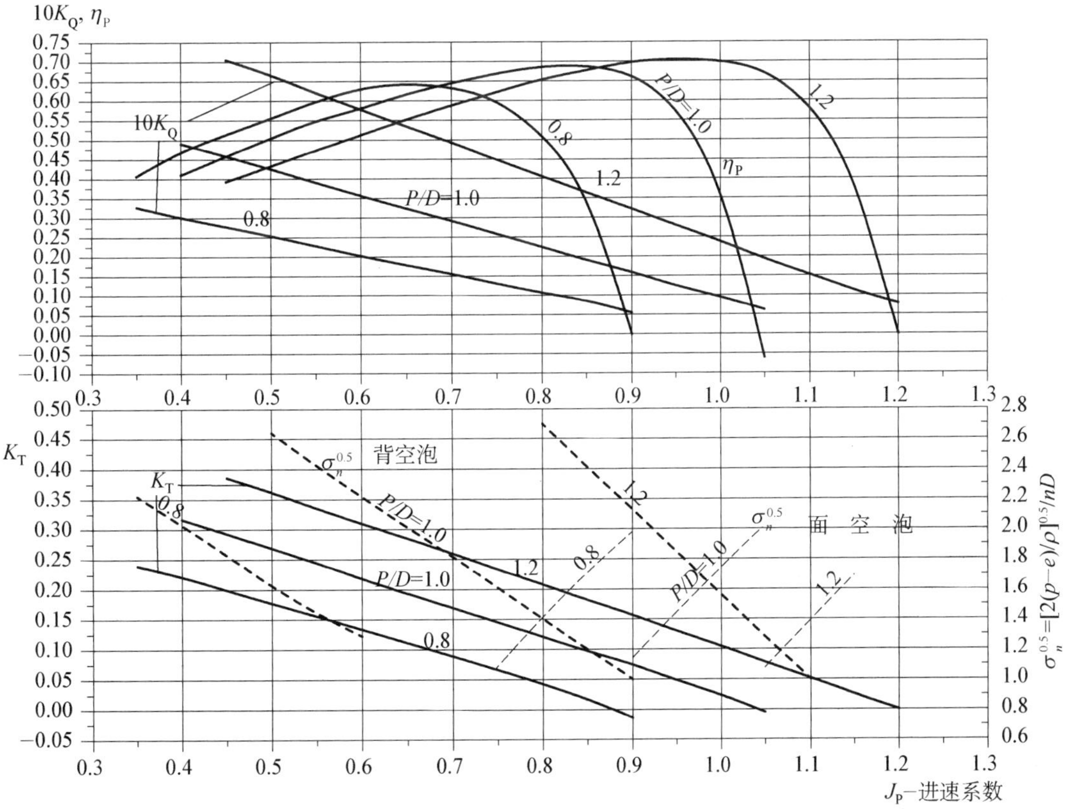

图 1 常规三叶可调螺距螺旋桨性能曲线及空泡斗(设计螺距比 $P/D=1.0$)

1.2 可调螺距螺旋桨的空泡斗

关于螺旋桨的空泡斗，图 1 底层，标出背空泡初生及面空泡初生所对应空泡数 $\sigma_n(\sigma_n=2(p-e)/\rho$

n^2D^2，ρ—水密度，p—大气压，e—饱和蒸汽压，n—螺旋桨转数）。图中所示为$\sigma_n^{0.5}=[2(p-e)/\rho]^{0.5}/nD$。常见民船螺旋桨的“$\sigma_n^{0.5}$”值大致在1.5左右；而高速军船螺旋桨的“$\sigma_n^{0.5}$”值可能低到1.0以下。图1中相同空泡数“$\sigma_n^{0.5}$”值条件下，不同$P/D$的桨“空泡斗”宽度，即由背空泡初生的$J_P$到面空泡初生的$J_P$值之间距$\Delta J_P$，相差较大，以$\sigma_n^{0.5}=1.5$情况为例，$P/D=0.8$，1.0，1.2时相应的$\Delta J_P$值约为0.27，0.17，0.10。而文献[3]中发表的，四个系列螺旋桨的空泡斗数据，同一“σ_n”值下，各系列中不同P/D的螺旋桨的“空泡斗”宽度（ΔJ_P值）相差不大。造成这种差异的原因在于：绕转叶轴转动桨叶所得的“新”螺旋桨的螺据比的径向分布，即各半径当地剖面处螺距比P/D与$2r/D=0.7$处螺距比$(P/D)_{0.7}$比值$(P/D)/(P/D)_{0.7}$，与常见图谱螺旋桨中的螺距径向分布规律不同。常见图谱系列中不同螺距比螺旋桨的$(P/D)/(P/D)_{0.7}$值变化规律基本相似，而转动桨叶所得螺旋桨的$(P/D)/(P/D)_{0.7}$的变化是非线性的。的确，以图1所示三叶螺旋桨为例，该螺旋桨设计的$(P/D)_{0.7}=1.0$，$2r/D=0.95$处螺距比$P/D=(P/D)_{0.95}=0.975$，若将螺旋桨叶转动$\Delta\gamma=+4.5°$，得“新”螺旋桨的$(P/D)_{0.7}=P/D=0.7\pi\times\tan[24.45°+4.5°]=1.216$；而$2r/D=0.95$处叶剖面螺距比变为$(P/D)_{0.95}=0.95\pi\times\tan[18.09°+4.5°]=1.242$，原来的叶梢轻微卸载螺旋桨变成叶梢增载螺旋桨。若将螺旋桨叶转动$\Delta\gamma=-4.5°$，得螺距比$(P/D)_{0.7}=P/D=0.7\pi\times\tan[24.45°-4.5°]=0.798$；这时$2r/D=0.95$处剖面的螺距比为$P/D=(P/D)_{0.95}=0.95\pi\times\tan(18.09°-4.5°)=0.721$，明显是叶稍卸载螺旋桨。而螺旋桨图谱系列中不同螺距比P/D螺旋桨的叶载荷状态相近，$[(P/D)/(P/D)_{0.7}]$值变化甚微。综上所述，转动桨叶，增大或减小螺距比，当以$2r/D=0.7$半径剖面为基准的情况，$2r/D>0.7$处的剖面变化超前；$2r/D<0.7$处的剖面变化滞后。因此，“调距桨”调距引起的P/D变化是非线性的。螺旋桨桨叶剖面要提供推力，粗略地讲，必须满足螺距角γ大于“进速角”β的条件，可以写成：$\beta=\tan^{-1}[(v_P/nD)/2r/D\times\pi]$，相应进速系数$v_P/nD=2r/D\times\pi\times\tan\beta$，计及$P/D=2r/D\times\pi\times\tan\gamma$，如图2所示，即各半径$2r/D$处剖面的$P/D$应不小于$J_P(v_P/nD)$。由于剖面螺距比变化超前，在往减小螺距角方向转动桨叶时，很“快”就出现叶稍局部$P/D<J_P$的情形，出现面空泡。鉴于图1所提及的螺旋桨，其原始设计P/D径向变化不大，基本上是等螺距的，现由于叶稍螺距变化超前，叶梢局部P/D增大更“快”，导致螺旋桨“背空泡初生线”沿横轴J_P方向，大跨度向图面右移，背空泡起始点相对移动值更大，从而“空泡斗”宽度ΔJ_P变小（由0.17降到0.10）；同理，随螺距比P/D减小，叶梢局部P/D减小得更“快”，导致“背空泡初生线”沿横轴J_P方向，大跨度向图面左移，从而“空泡斗”宽度ΔJ_P变大（由0.17升到0.27）。

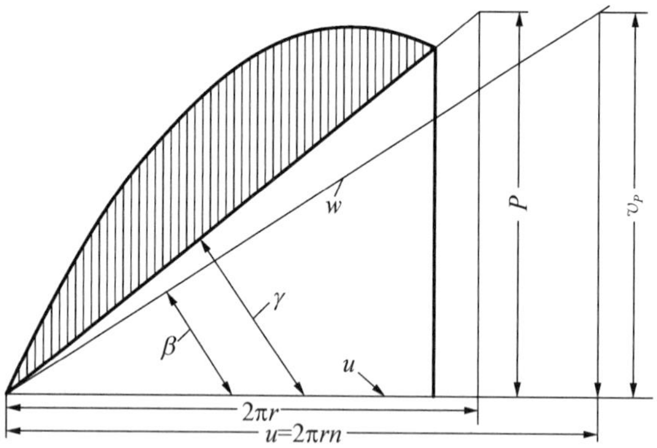

图2 桨叶剖面螺距速度图

为减小螺距，令桨叶绕转叶轴转动、减小螺距角γ，当绝对值$|-\Delta\gamma|$进一步更大时，叶梢极易出现面空泡，“面空泡初生线”将沿横轴J_P方向，大跨度向图面左移。导致空泡斗变窄，即ΔJ_P值变小。此外，如图1中的三叶螺旋桨，当$\Delta\gamma>|-20°|$，则$2r/D=0.95$处附近的剖面螺距角本身，就是负值，对于向前航行的螺旋桨，“进速角”是正值，在低进速比$J_P(v_P/nD)$运行，在$\sigma_n^{0.5}$很高（桨转速很低）条件下，都会遇到叶梢部面空泡、叶根部背空泡同时出现的情形。这时桨叶的绕流，不再是流线形物体的绕流问题，有时还涉及脱体绕流（分离）和涡流、空化，水流变得不稳定。

当桨叶转动角度过大，同一桨叶的叶根出现背空泡，叶梢出现面空泡，剖面大多处于大攻角的条件下，虽然实桨和模型几何完全相似，却不能保证流体运动和动力相似，非流线形物体（处于大攻角下的机翼形剖面)的流线分离，与雷诺数关系很大，运动不相似，将难以进行实物—模型的流体动力测试和换算。只有在几何形状、运动、流体动力都相似的条件下，进行模型试验，才能取得可靠的数据。就可调螺距螺旋桨的绕流，进行上述物理概念方面的讨论，目的在于解释桨叶转动角度过大后，试验结果不稳定、不可重复的原因。

2 可调螺距螺旋桨快速性网络

据技术任务书的要求，完成“定距桨”设计后，通常将提供快速性预报，其中包含船航速及螺旋桨吸收功率 P_D(主机输出功率 P_B)，与螺旋桨转数的关系曲线。可根据有关预报，制订主机转数与航速关系的“车令”，并在交船试航时用做考核依据。按所述预报曲线，若船舶有效功率 P_E(阻力 R)数值未变，则转数—航速一一对应，每个转数对应单一航速值，要调节船舶航速，只能改变螺旋桨转数。现在，采用了可调螺距螺旋桨，可以通过改变“螺距”和螺旋桨转数来调节船舶航速。有了二元调节的可能，如何具体操作，应考虑那些因素，就是本节希望提出和解决的问题。

2.1 计算螺旋桨推船航行的自航点

船舶要实现均速直线航行，必须满足的条件是：螺旋桨推力 T 与船体阻力 R (计及推力减额 t) 平衡条件：$Z_P \times T(1-t) = R$。计及以下关系：全船有效功率 $P_E(P_E = R \times v_A)$，船舶阻力 $R(R = 0.5\rho v_A^2 \times C_R \times S$，$C_R$—船体阻力系数，$S$—船体湿面积，$v_A$—船航速以 m/s 计)，螺旋桨总数 Z_P，螺旋桨推力 $T(T = K_T \rho n^2 D^4)$，螺旋桨进速 v_P，$v_P = v_A(1-w)$，w—伴流分数，进速系数 $J_P(J_P = v_A(1-w)/nD)$。由关系式 $Z_P \times T(1-t) = R$ 可推得

$$Z_P \times K_T/J_P^2 = 0.5\, C_R S/(1-t)(1-w)^2 D^2 \text{及} Z_P \times K_T/J_P^2 = P_E/\rho v_A^3 \times (1-t)(1-w)^2 D^2$$

当 $Z_P = 1$，则 $K_T/J_P^2 = 0.5\, C_R \times S/(1-t)(1-w)^2 D^2$ 及 $K_T/J_P^2 = P_E/\rho v_A^3 \times (1-t)(1-w)^2 D^2$

在设计螺旋桨前，已经知道螺旋桨总数 Z_P，P_E - v_A 曲线、t、w 及螺旋桨轴线吃水、桨直径限制等条件。按给定的主机输出功率 P_B和螺旋桨转数 RPM，选用螺旋桨直径 D 后，除了航速 v_A 外，上列等式的右边已经确定；等式左边的“K_T/J_P^2”是与螺旋桨性能曲线有关的数值，其中 $J_P[J_P = v_A(1-w)/nD]$ 所含的数值，也只有 v_A 未知。若设定需达到的航速 v_A，则螺旋桨的进速系数 $J_{Pd} = v_A(1-w)/nD$ ，“J_{Pd}”(下标“d”指期望值)也已知，上述等式中唯一待定值为

$$K_T = [P_E/\rho v_A^3 \times (1-t)(1-w)^2 D^2] \times (J_P^2/Z_P) = K_{Td}$$

从而肯定：用于设计船舶达到航速 $v_A(v_A = 0.514\,4 V_S)$ 的螺旋桨，应具有所设定的 K_{Td}、J_{Pd}。可通过理论计算或到图谱上查找满足所述条件的螺旋桨。对某特定螺旋桨系列，从图谱上查，K_{Td}、J_{Pd}对应的只有单一的螺距比线上的“点”，其 P_d/D 是该系列中唯一的。的确，由图 1 底层图也可看到所述情况。

当螺旋桨的 P_d/D、J_{Pd}值确定后，在图谱 $10K_Q$- J_P 中也只有唯一的 $10K_Q$值(由图 1 的上层图也可看到)，意味着螺旋桨只能和必须吸收的功率值为

$$P_D = 2\pi\rho n^3 D^5 K_Q$$

当给定的主机输出功率 P_B值，大于或等于计及传动和轴系损失(η_T和 η_S)后的螺旋桨吸收功率 P_D，则螺旋桨可以推进船舶在以该给定的速度 v_A 航行。亦即船舶自主均速直线航行—自航的另一条件为

$$P_B \geqslant P_D/(\eta_T \times \eta_S) = 2\pi\rho n^3 D^5 K_Q/(\eta_T \times \eta_S)$$

在设计"定距桨"时,通常给定若干航速 v_A、直径 D,找到充分利用给定主机输出功率 P_B[即 $P_B = P_D/(\eta_T\eta_S)$],达到尽可能高航速 v_A 的方案。

确定了"定距桨"几何参数后,螺旋桨就具有了唯一的一组 $K_T - J_P$、$10K_Q - J_P$ 曲线,就可以计算得出:用该"定距桨"推船航行时的航速、主机输出功率 P_B 与桨(主机)转数 RPM 关系的快速性预报曲线。由于确定了几何参数的"定距桨",现桨叶可以绕转叶轴转动,变成了"调距桨",它有像图 1"图谱"状的 $K_T - J_P$、$10K_Q - J_P$ 性能曲线族,从而增加了"调距"的办法,可用来调节航速。目前,实践中经常就是按设计"定距桨"的整套步骤来设计可调螺距螺旋桨的,开始时并不考虑在实际航行中转动桨叶调节螺距角后的各种问题。

2.2 计算可调螺距螺旋桨推船航行的快速性网络

既然可以用变动主机(螺旋桨)转数,也可以用调距——绕转叶轴转动桨叶的办法,来适应船舶调节航速的需要,具体如何运作,技术上希望能有个帮助抉择的参考材料。故提出建立快速性网络的办法,来协助解决问题。为便于说明技术思路,将以某双桨船为例,进行"快速性网络"预报计算。

给定某船的有效功率 P_E(kW) - V_S(kn) 关系(见表 1),拟采用双机双桨方案推进,要求航速不低于 20 kn。并已知与螺旋桨设计有关参数如下:

主机最大持续功率 $P_B(MCR)$:	5 740 kW
螺旋桨设计功率 P_D:	5 166 kW
螺旋桨转数 RPM:	200 r/min
伴流分数 w:	0.13
推力减额 t:	0.16
相对旋转效率 η_r:	1.0
齿轮箱传动效率 η_T:	0.97
轴系效率 η_S:	0.98
螺旋桨直径 D 最大允许值:	3 650 mm
螺旋桨轴潜深 H:	3 000 mm

表 1 船舶有效功率数据 (V_S 以 kn 计;P_E 以 kW 计)

V_S	6	7	8	9	10	11	12	13	14
P_E	152	242	361	513	690	908	1 165	1 450	1 811
V_S	15	16	17	18	19	20	21		
P_E	2 276	2 838	3 473	4 191	5 052	6 055	7 193		

设计的是叶梢卸载螺旋桨(叶梢/标称螺距比～0.72/1.126),主要参数如下:

螺旋桨直径 D:	3 650 mm
螺旋桨桨叶数:	4
EAR:	0.58
螺距比分布:	变
标称螺距比 $P/D = (P/D)_{0.7}$	1.126
侧斜角(按剖面基线中点计)	～40.74°

按施工图纸制作直径为 250 mm 的"调距桨"模型,进行了标称螺距比 P/D 由 1.4 到 −1.0 的试验,其中(按常规精度可用于快速性计算的)部分数据及相应空泡斗示于图 3。背、面空泡"初生线"的变化趋

势与图 1 所示三叶(设计螺距比接近常值)螺旋桨类似。只是由于叶梢卸载,面空泡倾向加剧,随着P/D减小,“面空泡初生线”以更大“ΔJ_P”向左移。

照 2.1 节计算螺旋桨推船自航的办法,在已知螺旋桨直径 D 和船舶有效功率 P_E(见表 1)后,按 $K_T/J_P^2=[P_E/\rho v_A^3\times(1-t)(1-w)^2D^2]/Z_P)$ 式,算出不同航速V_S所对应 K_T/J_P^2。假定以某一指定转数推动船以各种不同航速航行,螺旋桨转数 $RPM(n)$ 和船航速 V_S都已定,K_T/J_P^2 也已知。相应运行空泡数 $\sigma_n(\sigma_n=2(p-e)/\rho n^2D^2)$ 也已定,则按 $J_P=v_A(1-w)/nD$ 算得J_P及 $K_T/J_P^2\times J_P^2=K_T$。由图 3 查出螺距比 P/D 及 $10K_Q$,得出用指定转数 RPM 推动船以指定航速 V_S航行,应有螺距比 P/D 和需要提供的主机功率 P_B。例如,要实现 190RPM * 17 kn 航行,算得:$\sigma_n=2(p-e)/\rho n^2D^2=1.87$,$K_T/J_P^2=0.299$,$J_P=0.514\,4V_S(1-w)/nD=0.658$,$K_T=0.129$。从图 3 查得:$P/D=0.89$、$10K_Q=0.237$,得螺旋桨将吸收主机功率 $P_B=3\,140$ kW,并查出螺旋桨处于“不出现空泡”状态。给定一系列转数—航速,进行同样计算,可得各 V_S为定值时的各有关数据,包括主机输出功率 P_B-RPM、螺距比 P/D-RPM 组成的曲线族—快速性网络。再核查螺旋桨空泡状态(是否出现空泡,和出现何种空泡),找到出现空泡的临界值:$\sigma_n^{0.5}$及$J_P(V_S$-$RPM)$,从而在快速性网络上绘出空泡限界线。得到图 4 所示的快速性网络预报图。利用该网络预报图,可以制订船舶航行指令。例如,指定螺旋桨转数 RPM 不变,则可以在该图“RPM=常值 ”线上读得不同航速 V_S所要求的螺距比 P/D 及主机输出功率 P_B;或要求船舶以某恒定航速 V_S航行,则可以由图中“V_S=常值”(纵向直线)线上,找到各种满足航速要求的 RPM-P/D 组合,及相应主机输出功率 P_B。此外,参照图上所示“空泡初生线”还可进行空泡预估。

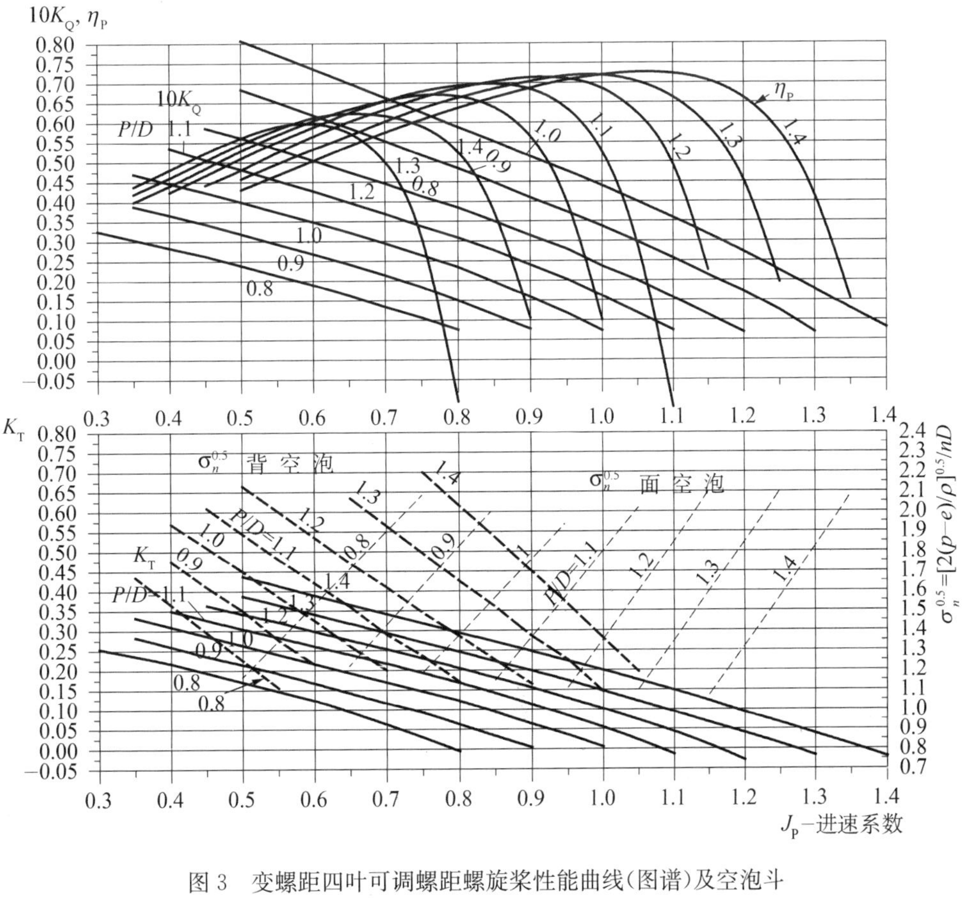

图 3 变螺距四叶可调螺距螺旋桨性能曲线(图谱)及空泡斗

当螺旋桨锁定在 P/D 不变位置,得出类似“定距桨”的 P_B-RPM 曲线,图 4 中标出有 $P/D=1.0$ 及

$P/D=1.1$ 的 P_B- RPM，由底层图的 P/D 线与“V_S=常值”各相交点，移到上层图中“V_S=常值”曲线，即得需要的曲线，图中用箭头指出绘图过程。根据图中各“P/D=常值”的 P_B- RPM 线，可以推测：达到任务书要求主机转数时的输出功率 P_B，螺距位置 P/D 及试航速度指标。

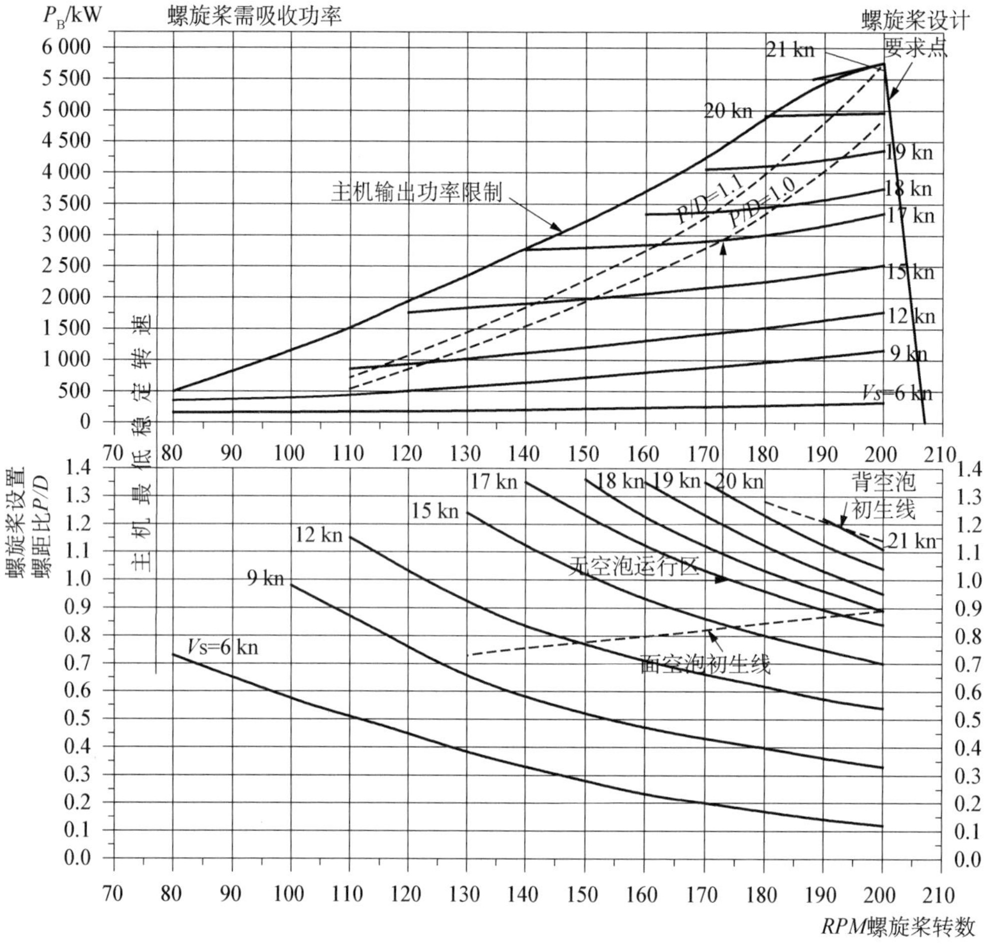

图 4 某螺旋桨的快速性网络预报图（$D=3\,650$ mm 方案）

由于“快速性网络预报图”是针对特定的船舶航行状态（装载排水量、船体污底、海况等）的 P_B- V_S所制定的，若船舶航态未变，每一 RPM 和 P/D 对应唯一航速。当船舶状态变化后，该如何改动船舶航行指令，也可通过类似估算，提供参考。

3 利用快速性网络权衡设计“调距桨”

为评价船舶推进性能和验收船舶的快速性和主机外特性指标，在设计“定距桨”时，通常是在设计指定状态，试航检查螺旋桨，能否在设定输出功率 P_B下，达到指定航速，作为参考指标，有时检查螺旋桨激发的船体和机械振动情况。对于验收船用发动机，所述试验十分重要，因为只有通过试航，才能检查主机装船后的输出功率特性等，是否符合铭牌额定指标。但是，实际船舶，经常以低于最高航速的速度运行，鉴于“定距桨”在变动航速时，其进速系数 J_P 变化甚微，达到更高设计航速的螺旋桨，较低航速时也是与设计工况相近效率较高的方案，随着航速（转数）的下降，螺旋桨的空泡状况也有改善。但是，一旦船舶航行状态（风浪、污底、装载、主机磨损等）发生变化，“定距桨”将显得不适应，故而提出采用“调距桨”的命题。当螺旋桨有可能进行二元调节，来适配船体—主机新的状态后，从 20 世纪 80 年代开始，还曾有的船舶、螺旋桨供货方提供的“调距桨”操作指南：仍指令螺旋桨转数不变，改变螺距直到实现要求的较低自航速；也有将“螺距”先调整到适配状态后，靠调节螺旋桨转数来实现要求降低航速的指令，直到转数低至额定值的～70%，才允许调节螺旋桨螺距。供货方均未对其提供的调速办法做出解释。下面将利用快速性网络预报图，来讨论可调螺距螺旋桨的运行指令问题。

3.1 满足船舶快速性要求的可调螺距螺旋桨技术指令

(1) 由图 4 所示快速性网络可见，若指定螺旋桨以 200*RPM*① 转动，当螺距 $P/D \approx 1.15$ 时，背空泡开始出现，航速可能达到 $V_S \approx 21$ kn，螺旋桨吸收功率将超出主机输出功率极限；当螺距比调至 $P/D \approx 0.9$ 时，航速 V_S 降至约 18 kn 以下，开始出现面空泡，若航速再下降，螺旋桨的推进效率越来越差，面空泡剥蚀也将越来越严重。

(2) 该船以低于～19.5 kn 航行时，将螺旋桨置螺距 $P/D \approx 1.0$（常值），采用降低螺旋桨转数的办法，在相同的航速 V_S 条件下，使桨吸收功率相对低些，还有利于避免面空泡；在同一航速要求下，采用相对略低的转数、相对略高的螺距比 P/D，甚至对效率和空化还更有利。由此可见，采用“调距桨”，不能取消主机的调速功能，至少主机应该有可能需降到 70% 额定转数区稳定运转的外特性。

2.2 节中的示例，是取尽可能大的直径 D 来设计螺旋桨螺距比 P/D，实船试航有可能在主机短期超载下，取得显著超过航速指标的效果，到日常航行时，再降低螺距比营运。按给定有效功率及螺旋桨试验数据计算，该船以 $P/D \approx 1.1$ 试航，吸收功率 $P_D \approx 5\,900$ kW 时，可达到航速 $V_S \approx 21$ kn。要达到设计要求状态，螺距应减小到 $P/D \approx 1.05$，届时将达到主机输出功率 $P_D = 5\,166$ kW、航速 $V_S \approx 20.4$ kn，满足技术任务书指标。严格地讲，试航和日常营运时用的螺旋桨，都“不是”原设计（$P/D = 1.126$）的方案，而是个叶梢卸载程度（与原设计方案比）更甚的螺旋桨。

3.2 改变可调螺距螺旋桨设计（选用）直径后的快速性

本来在设计螺旋桨时，直径、螺距比分布、剖面翼型、侧斜、纵倾等等，都是需要仔细考虑的参量，鉴于 2.2 节中所述方案偏重，为探讨利用快速性网络，进行螺旋桨权衡设计及制订“调距桨”操作指令的可行性，尝试改变螺旋桨直径，看看会出现什么情况。先假定减小 2.2 节中示例螺旋桨的直径，在船舶有效功率 $P_E - V_S$ 关系不变的条件下，试算出快速性网络。选择计算方案之前，先按“定距桨”要求，选择满足设计要求的“定距桨”，算得俄罗斯 1973 年手册资料推荐四叶螺旋桨：$D = 3\,530$ mm、$P/D = 1.1$、$EAR = 0.58$ [4]；还算得 B 系列螺旋桨可用方案之一：B-4-55、$D = 3\,550$ mm、$P/D = 1.1$ [5]。现假定选用与图 3 所示模型形状完全相似的，直径减小到 $D = 3\,400$ mm 实桨，按同一流体动力数据图 3，进行快速性网络计算。直径 $D = 3\,400$ mm 算例的选择，是随意的，只是希望充分显示改变螺旋桨直径的影响。按计算图 4 同样步骤进行，得图 5 所示快速性网络预报结果。

3.3 选用不同直径的“调距桨”的综合评估

比较图 4、图 5 可见，当 200 r/min 时，两个方案都满足达到航速 $V_S \geqslant 20$ kn 的任务书要求。其中，$D = 3\,650$ mm 的螺旋桨以 $P/D \approx 1.05$ 运行，可达到约 20.4 kn 航速；而 $D = 3\,400$ mm 的螺旋桨以 $P/D \approx 1.26$ 运行，只能达到约 20.2 kn 航速，且在试航最大航速时，出现背空泡。按计算，$D = 3\,650$ mm 螺旋桨，在均匀流场中不会出现背空泡。证实“定距桨”设计时，采用工程允许的更大直径螺旋桨，确实是有利的。

---

① *RPM* 指转/分。

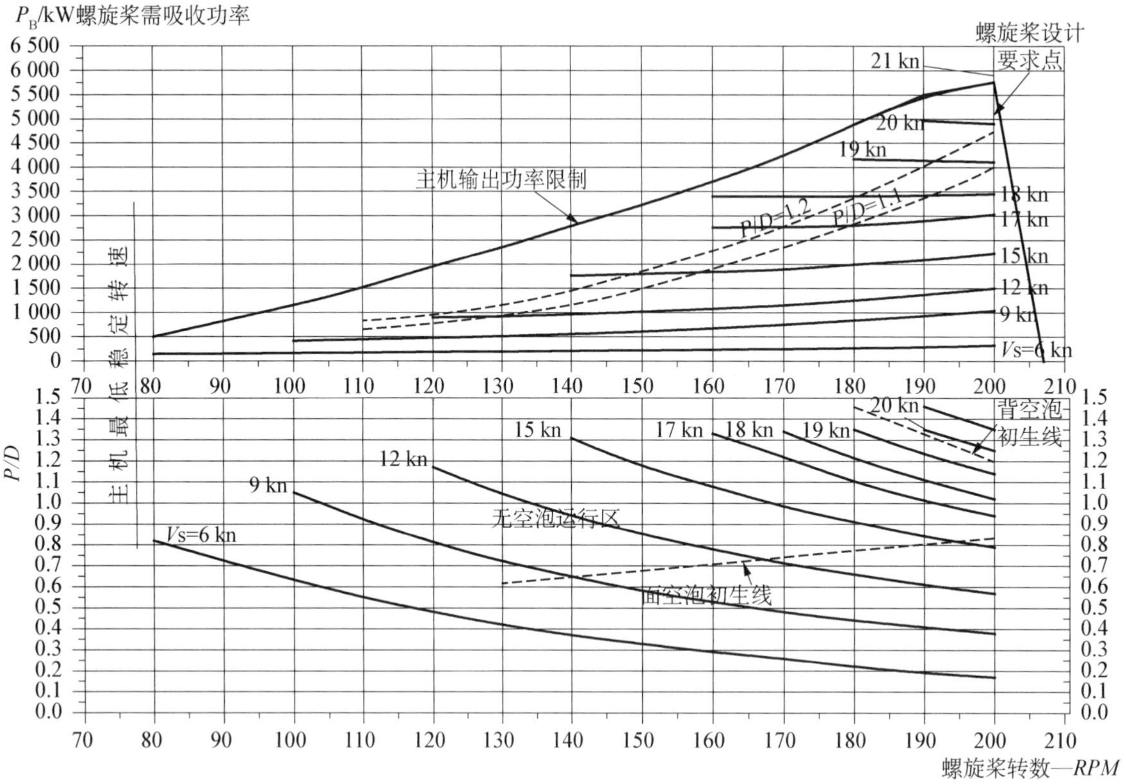

图 5　某船螺旋桨的快速性网络预报图(D=3 400 mm 方案)

船舶在实际营运或执勤时,大多以低于"交船试航"速航行。为适应非"设计工况"航行需要,本是以更高的技术含量制造、采用"调距桨"的原因之一。除了一般工程设备的可靠性外,为安全利用在水中运动的船舶推进器——螺旋桨,必须保证桨叶的抗剥蚀强度,不致出现按工程经验不可接受的"空蚀"——流体空化所导致的剥蚀。现有的共识是:在螺旋桨实际运行中,只要高速时未导致螺旋桨"失推"(因空泡导致推力系数 K_T 不随进速系数 J_P 的减小而增大,反而降低),出现背空泡是可以允许的,但面空泡却应该极力避免,它会造成螺旋桨从"导边"附近起出现叶面剥蚀。严重的面空泡,经短期营运(例如有挖泥船仅作业两周)螺旋桨就剥蚀损坏;"轻微的"面空泡,也会在螺旋桨叶面留下剥蚀痕迹,如曾有"调距桨"减小螺距轻载全转数试航后,桨叶压力面表面就出现粉状金属析出物。另外,在指令航速下,螺旋桨消耗功率,或耗油最低的方案,也是实船营运中的选项。基于以上考虑,进行以下比较。

1) 相同转数 RPM 下,螺旋桨"无空泡运行区"的速度范围

指定螺旋桨转数后,为改变航速,需调节螺距,从而螺旋桨的流体动力性能随之发生变化,会导致空泡现象次第出现,具体数据可由图 4、图 5 读得,结果见表 2。表中部分背空泡"高速端值"由图面外插得出,未考虑增大螺距比后,螺旋桨的功率需求,是否是主机所能满足(拖动)的。出现面空泡的"低速端"速度,指该转数下为船舶减速而减小螺距后,桨叶出现面空泡的相应航速。装备直径 D = 3 650 mm 的"调距桨"的船舶,以转数 200 r/min 运转,指定以 18 kn 的速度航行的话,要准备遇到面空泡。装备直径 D = 3 400 mm"调距桨"的船舶,以转数 200 r/min 运转,航速低到 15. 5 kn,仍可以避免面空泡。前者的"无空泡运行速度"范围为 ΔV_S = 21. 3 − 18 = 3. 3 kn;而后者为 ΔV_S = 19. 5 − 15. 4 = 4. 1 kn。这也意味着在不均匀伴流场中,后者适应伴流不均匀的性能更好。综合地看,D = 3 400 mm"调距桨"的空泡性能,优于 D = 3 650 mm"调距桨"。这个比较还提示:据试验认定可以避免面空泡的叶梢卸载可调螺距螺旋桨,在实际运行中最好避免进一步减小螺距,以防出现与面空泡有关的技术问题。有研究显示,据

设计要求将“母型调距桨”螺距比减小后，试验曾发现螺旋桨叶梢“导边”出现面空泡，后采取措施在实验中消除，并改进设计方案，若试航中再进一步调低螺距比，就要有再次遇到面空泡的准备。当然，应该承认，“调距桨”出现上述问题，也不是与有效功率 P_E 的给定无关，随着 P_E 的变化，要保持同样的航速 V_S 及转数 RPM，必须改变螺距比 P/D，从而遇到不同的空泡现象，及面临可能的面空泡危险。通常随着营运期的增长，船舶污底、阻力增大，在主机功率允许条件下，要保持原有转数 RPM 与航速 V_S 关系不变，必须加大螺距，从而有利于避免面空泡。

表 2　比较“调距桨”的“无空泡运行速度”(kn)范围

螺旋桨转数/(r/min)	D=3 650 mm	D=3 400 mm	备　注
200	21.3～18	19.5～15.4	超出此范围 高速端有背空泡 低速端有面空泡
190	20.8～17.2	19.8～14.5	
180	20.5～16.4	20～13.6	
170	20～14.2	20.2～2.4	
150	19.5～12	20.6～10	

2) 以不同螺旋桨转数 RPM 推进船舶以指定航速 V_S 航行的效率比较

既然可以以不同 $RPM-P/D$ 组合，来满足指定速度 V_S 航行的需要，希望比较一下，选用不同直径的“调距桨”后，怎样影响船舶航行的能耗、推进效率。为此，在指令 V_S＝常值(75%设计航速以上)的情况下，取若干螺旋桨转数 RPM 推船运动，由“快速性网络”图 4、图 5 中，读出主机输出功率 P_B 及“调距桨”设置螺距比 P/D，列于表 3 中。可以看到，对于选作比较的两个螺旋桨方案，所有比较的航态，为达到同一航速 V_S，采用较低螺旋桨转数(螺距比更高)后，螺旋桨向主机所索取的功率 P_B 总是低些。再者，在低于设计最高航速的航态(约低于 18.5 kn 时)，较小直径 D = 3 400 mm 的“调距桨”，反而效率高出约 4～10 个百分点。这是因为：较小直径 D 的“调距桨”，将以更高的进速系数 J_P 及更高的螺距比 P/D 运行，桨正好处于相对高效率范围。

表 3　以不同 *RPM*～*P/D* 组合推船航行的推进功率比较

航速 V_S/kn	螺旋桨转数 /(r/min)	D = 3 650 mm P_B(kW)/P/D	D = 3 400 mm P_B(kW)/P/D	功率比 $P_{B,3.65m}/P_{B,3.40m}$
15	140	1 900/1.12	1 760/1.31	1.08
	150	1 980/1.02	1 800/1.17	1.10
	160	2 060/0.93	1 840/1.08	1.12
17	160	2 850/1.12	2 760/1.33	1.03
	170	2 900/1.03	2 770/1.21	1.047
	180	3 000/0.96	2 790/1.10	1.075
18	170	3 360/1.12	3 400/1.34	0.99
	180	3 450/1.03	3 380/1.22	1.02
	190	3 560/0.96	3 400/1.11	1.047
19	180	4 100/1.12	4 170/1.35	0.98
	190	4 200/1.03	4 140/1.24	1.014
	200	4 360/0.95	4 100/1.15	1.063

综上所述，对于选作示例的、带“减振降噪”要求设计的叶梢卸载螺旋桨，采用更小直径、更高“螺距比”的方案，在实际运行中，将具有更优的推进和空泡(抗剥蚀、振动)性能。

4 结语

除了利用“快速性网络”图进行可调螺距螺旋桨的权衡设计外，本报告推荐用“快速性网络”图来管理船舶的操作指令，充分发挥“调距桨”所带来的工程效益。所引述的算例证实，曾有由供货方提出的“令转数 RPM 不变、仅靠调节螺距角”的办法，用来设定操船指令，会导致严重的面空泡剥蚀——“空蚀”及推进效率极差。相比之下：按管理定螺距螺旋桨操作指令的传统，在一定航速区，只准用改变螺旋桨转数 RPM 的办法，来调节航速，直到航速足够低时，才允许“调距”，虽然限制了“调距桨”效能的发挥，但实际效果较好。本计算例子还表明，有可能选用不同的转数—螺距(RPM - P/D)组合，来取得更好的应用效果。例如，在降低转数的同时，增大“螺距”，就有可能提高效率、消除面空泡威胁。当船舶在营运中有效功率 P_E(阻力)变化后，也应针对变化后的 P_B，计算“快速性网络”图，制订新的操船指令。

在设计可调螺距螺旋桨时，可以权衡选择的参量很多，作为演算示例，本报告只选了直径 D 一个变量，工程中各种船舶有各自的要求，应该选择最主要的影响参量，进行“快速性网络”图计算，加以权衡评估。例如，以最高交船航速时减小振动为目的的叶梢卸载方案，不一定是满足执勤航速减振降噪要求的较佳螺旋桨。也有可能选用另一种螺距分布，当全功率高速试航时，加大“螺距”运行，在试航时也能考核主机额定功率及达到设计航速，可能取得实际执勤航行时效能较佳的结果。

螺旋桨剖面空泡及伴流场的试验和模拟

报告主旨

螺旋桨空泡和伴流场的研究，都是船舶推进学科中的热门课题。在理论建模和实际物象、实物和模型异同方面，都存在一些可以商榷的问题。报告提出一些可能被忽略了的物理现象，供参考。

1 螺旋桨叶剖面空泡化

物体在水中运动，导致绕流场中水压力变化。随着运动速度增高，水中压力 p 值下降，当压力下降到临界压力 e（通常认为是饱和蒸汽压）时，流体的连续性被破坏，出现空泡。

在平面定常流场中，联系压力和速度关系的是 Bernoulli 方程，即有关系式为 $p+\frac{1}{2}\rho v^2=p_A+\frac{1}{2}\rho v_A^2$，及 $p-p_A=\frac{1}{2}\rho v^2[v_A^2/v^2-1]$。其中，$p$ 为匀速来流远方的压力，v 为远方流速。在绕流体上 A 点局地流速 v_A 增高，压力 p_A 下降，而比值 v_A/v 仅与绕流的几何参数（绕流体纵向、横向尺度比、局地曲率等）有关，即按流体力学中表达的绕流物体表面压降系数 $\varepsilon=(p-p_A)/\frac{1}{2}\rho v^2=\left(\frac{v_A}{v}\right)^2-1$ 分布是确定的。现若将含临界压力 e 的无量纲比值 σ 定义为空泡数，并表示为

$$\sigma=(p-e)/\frac{1}{2}\rho v^2 \tag{1}$$

与压降系数 ε 相比，绕流体上某 A 点压力 p_A 降到临界压力 e，该点处出现空泡。依据所述物理概念，若知道水（连续介质）中绕流物体上每点处的速度与来流速度 v 之比，就可在已知环境压力 p 及临界压力 e 条件下，出现空泡的 $\varepsilon=\sigma$ 所对应的具体来流速度 v。一旦出现空泡，连续介质（水）中物体表面的速度将重新分布，也就是求解物体绕流场的连续方程及边界（速度、压力）条件都发生变化。因此，在工程技术研究中，更常用和相对更可信的手段，是用模型试验的办法，来确定水中绕流体上出现空泡的条件和部位，或者某一 σ 定值下，何处出现空泡及随之而来的各种物理效应。

1.1 螺旋桨叶剖面空泡数

安装在沉深 H_S 轴上的螺旋桨的桨叶剖面，随着桨的转动，其沉深在变化。如图 1 所示，桨叶剖面转到 θ 角位置时，沉深为：$H=H_S-r\cos\theta$。在时针“0”点位置 $\theta=0$；在时针“6”点位置 $\theta=\pi$。即剖面实际

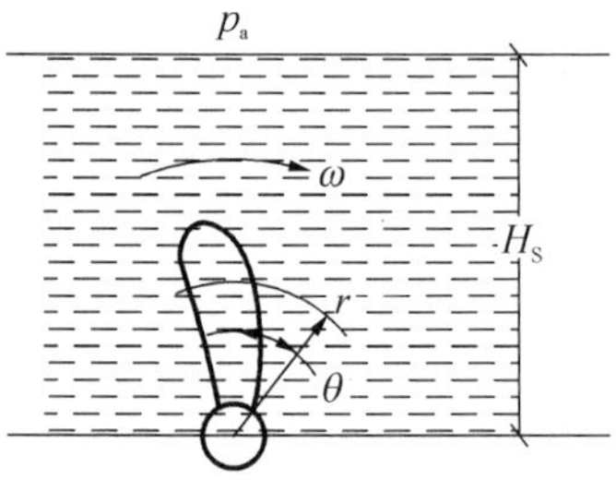

图 1 桨叶剖面沉深变化

沉深在 $H_S - r$ 到 $H_S + r$ 之间变动，相应的剖面静压 $p = p_a + \rho g(H_S - r\cos\theta)$ 也会发生周期性地变动。

若以桨叶剖面中点沉深为分布在圆弧上的该剖面的计算沉深，来计算空泡数的静压，则剖面的空泡数可表示为

$$\sigma_v = \frac{p - e}{\frac{1}{2}\rho v^2} = \frac{2[p_a + \rho g(H_S - r\cos\theta) - e]}{\rho v^2} \tag{2}$$

鉴于运动相似条件 $J_P = v/nD$，故在式(2)中选用合速 $u = \sqrt{v^2 + \pi nD^2}$，或 nD 作为特征速度，所算得的空泡数 σ_v、σ_n 等，相差一个常比例值。例如：

$$\sigma_v = \frac{2(p-e)}{\rho v^2} = \frac{2(p-e)}{\rho n^2 D^2} \times \frac{n^2 D^2}{v^2} = \frac{2(p-e)}{\rho n^2 D^2}\frac{1}{J_P^2} = \sigma_n / J_P^2$$

上述式(2)可写成：

$$\sigma_v = \frac{2[p_a + \rho g H_S - e]}{\rho v^2} - \frac{2r\cos\theta\rho g}{\rho v^2} = \sigma_{v0} - \frac{2rg}{v^2}\cos\theta \tag{3}$$

式中，表示 $\sigma_{v0} = \dfrac{2[p_a + \rho g H_S - e]}{\rho v^2}$，为轴沉深处的空泡数，也是叶剖面通过桨轴水平面时的局地空泡数。而 $(2rg/v^2)\cos\theta$ 项，除与剖面的瞬间位置 θ 有关外，还与剖面运动的线速度 v 及重力场有关。的确，$2rg/v^2 = \bar{r}gD/v^2$（$\bar{r} = 2r/D$ 相对半径），考虑到常见的 Froude 数 $F_D = v/\sqrt{gD}$，可将式(3)写成：

$$\sigma_v = \sigma_{v0} - \bar{r}\cos\theta / F_D^2 \tag{4}$$

当$\bar{r}$半径剖面转到时针“0”点位置时，$\theta = 0$，剖面空泡数 $\sigma = \sigma_{\min} = \sigma_{v0} - \bar{r}/F_D^2$；到达时针“6”点位置时，$\theta = \pi$，剖面空泡数 $\sigma = \sigma_{\max} = \sigma_{v0} + \bar{r}/F_D^2$；只有当剖面转到时针“3”、“9”点位置时，$\sigma = \sigma_{v0}$。综上所述，可见旋转着的桨叶剖面，其运行空泡数一直在 $\sigma_{\min}$ 到 $\sigma_{\max}$ 变化，周而复始。就算翼型剖面绕流不变，剖面两侧（吸力面和压力面）的压降系数 $\varepsilon = (v_A/v)^2 - 1$ 不变，由于 σ 值的变化，也可能出现空泡现象化的情况。

流场中出现的空泡，受到垂直于水平面的浮力之作用，将要上浮。当剖面运转在 $\theta[0, \pi]$ 向下，和运转在 $\theta[\pi, 2\pi]$ 向上时，剖面上出现的空泡都将上浮。因此，甚至在均匀流场中，叶剖面的空泡图像及物理效应（振动、噪声等）都不对称，即左右、上下（轴平面）都不相像。

因为是在固定于螺旋桨的坐标系中观察的定常运动流场，坐标系以转速 $\boldsymbol{\omega}$ 绕桨轴转动。观察到的流体速度带有旋转分量。因此，必定有离心力参与影响空泡的运动。再有，讲到运动速度时，指的是对旋转坐标系的相对速度$\boldsymbol{v}$，因此，还出现 Coriolic 加速度和相应的作用力，该加速度为 $2\boldsymbol{\omega} \times \boldsymbol{v}$，即坐标自转角速度矢量$\boldsymbol{\omega}$，与相对速度$\boldsymbol{v}$的矢量积，也会影响空泡的物理图像。在承认现有空泡问题的研究，基本反映了现象的规律同时，除了空气含量、流体黏性、表面能力等影响之外，对于绕旋转螺旋桨的三维流动，提及有关问题，可能是有益的。

1.2 螺旋桨空泡的模拟试验

桨模型空泡试验，是在模型（加注脚“m”）和实物（加注脚“S”）形状相似和进速系数 J_P 相同条件下，令空泡数 $\sigma_m = \sigma_S$。通常以桨轴系沉深 H_S 作为计算 σ_S 的参照值，即认为空泡数平均值$\bar{\sigma}_S$ 为

$$\bar{\sigma}_S = \sigma_0 = 2[p_a + \rho g H_S - e]/\rho v_S^2$$

是桨的运行空泡数。对于绕桨轴旋转的叶剖面，在旋转到图 1 所示 θ 位置时，按式(3)、式(4)，叶剖面的

瞬间空泡数为

$$\sigma_S = 2[p_a + \rho g H_S - e]/\rho v_S^2 - \bar{r}\frac{gD_S}{v_S^2}\cos\theta = \sigma_0 - \bar{r}\frac{\cos\theta}{F_{D_S}^2} \tag{5}$$

进行模型空泡试验时，通常调节筒内压力来调节空泡数 σ_m，即改变

$$\sigma_m = 2[p - e]/\rho v_m^2 - \bar{r}\frac{gD_m}{v_m^2}\cos\theta$$

其筒内压力 p 值，得

$$\bar{\sigma}_m = \sigma_0 = 2[p - e]/\rho v_m^2,\ p = \frac{\rho}{2}\sigma_0 v_m^2 + e$$

这时试验桨模叶剖面的瞬间空泡数为

$$\sigma_m = 2[p - e]/\rho v_m^2 - \bar{r}\frac{gD_m}{v_m^2}\cos\theta = \sigma_0 - \bar{r}\frac{\cos\theta}{F_{D_m}^2} \tag{6}$$

比较式(5)、式(6)，对于实桨和模型，在相同相对半径$\bar{r}$及位置 θ 处，桨叶剖面的瞬间空泡数与 $F_D = v/\sqrt{gD}$ 有关，类似水面船舶拖曳试验时，要求拖曳速度与模型线性尺度平方根成正比。在空泡筒中试验研究的主要是空泡化及其所带来的物理、工程效应。鉴于空泡试验筒实际尺度、功率需求、测试仪表和模型加工精度等等的综合考虑和限制，目前进行空泡试验的桨模直径在 200～250 mm 之间，试验转数在 1 200～1 800 r/min 之间为最常见。

为说明实桨和模型在运行过程中剖面瞬间空泡数 σ 变化的情况，以不同直径 D 和轴线沉深 H_S 的螺旋桨及其对应的模型为例进行评估，结果如下：

例 1 某螺旋桨直径 $D_S = 5$ m，轴系沉深 $H_S = 5$ m，以 $V_S = 24$ kn 及 $V_S = 32$ kn 速度航行。计划以转数 1 500 r/min 的直径 $D_m = 250$ mm 桨模进行涉及空泡化的试验。实桨运行进速系数 $J_P \approx 0.8$。以大气压 $p_a = 101\,325$ N/m^2，海水密度 $\rho = 1\,025$ kg/m^3 及饱和蒸汽压 $e \approx 3\,000$ N/m^2 计，可以算出螺旋桨运行空泡数$\bar{\sigma}_S$，即桨轴线水平处空泡数 σ_0 的数值：$\bar{\sigma}_S = \sigma_0 = 2[p + \rho g H_S - e]/\rho v^2$。取船航速 $V_S = 24$ kn 及 $V_S = 32$ kn 的情况，算出其 σ_0 及桨叶梢 $\bar{r} = 1.0$ 处剖面的瞬间空泡数最低值及最高值。并估算模试按满足 $\bar{\sigma}_S = \sigma_0 = \bar{\sigma}_m$ 条件进行时，桨模 $\bar{r} = 1.0$ 处剖面的相应值。按式(6)计算模型 gD_m/v_m^2 项时，基于 $J_{PS} \approx J_{Pm} \approx 0.8$，当 $D_m = 250$ mm 以 $N = 1\,500$ r/min 旋转，则试验水速 $v_m = J_{Pm} \times n_m D_m \approx 0.8 \times (1\,500/60) \times 0.25 \approx 5$ m/s。计算列于表 1。

表 1 船舶航行实桨—模型叶剖面瞬间空泡数比较

船速	实桨					模型				
V_S/kn	v_S/(m/s)	$\bar{\sigma}_S=\sigma_0$	gD_S/v_S^2	σ_{Smin}	σ_{Smax}	v_m/(m/s)	$\sigma_0=\bar{\sigma}_m$	gD_m/v_m^2	σ_{mmin}	σ_{mmax}
24	12.35	1.901	0.322	1.579	2.223	5	1.901	0.098	1.803	1.999
32	16.46	1.070	0.181	0.889	1.251	5	1.070	0.098	0.972	1.168

由表 1 计算结果可见，在按 $\bar{\sigma}_S = \sigma_0 = \bar{\sigma}_m$ 设定空泡模拟试验压力 p 值时，式(6)中的值：$p = \frac{1}{2}[\rho v_m^2 \bar{\sigma}_m + \bar{r}\rho g D\cos\theta] + e$。当 $V_S = 24$ kn 时，实桨 $\bar{r} = 1.0$ 处剖面在时针“0”点位置的 $\sigma_{Smin} = 1.579$ 模型桨在该位置的 $\sigma_{mmin} = 1.803$。当 $V_S = 32$ kn 时，相应的 $\sigma_{Smin} = 0.889$ 及 $\sigma_{mmin} = 0.972$。其比值为：

$V_S = 24$ kn，$\sigma_{Smin}/\sigma_{mmin} = 1.579/1.803 \approx 0.876$；$V_S = 32$ kn，$\sigma_{Smin}/\sigma_{mmin} = 0.889/0.972 \approx 0.914$

即在通常最早出现空泡的位置,因 $\sigma_{\mathrm{mmin}} > \sigma_{\mathrm{Smin}}$,模型的空泡现象与实桨空泡现象相比,空泡化区域及程度都相对轻微。

例 2 某螺旋桨直径 $D_{\mathrm{S}} = 8.5\,\mathrm{m}$,轴系沉深 $H_{\mathrm{S}} \approx 8.5\,\mathrm{m}$,以 $V_{\mathrm{S}} = 24\,\mathrm{kn}$ 及 $V_{\mathrm{S}} = 32\,\mathrm{kn}$ 速度航行。计划以转数 1 500 r/min 的直径 $D_{\mathrm{m}} = 250\,\mathrm{mm}$ 桨模进行涉及空泡化的试验,实桨运行进速系数 $J_{\mathrm{P}} \approx 0.85$。将所列船舶航行时实桨—模型叶剖面瞬间空泡数比较计算列于表 2 中。

表 2 D=8.5 m 桨航行中实桨—模型叶剖面瞬间空泡数比较

船速	实桨					模型				
V_{S}/kn	v_{S}/(m/s)	$\bar{\sigma}_{\mathrm{S}} = \sigma_o$	$gD_{\mathrm{S}}/v_{\mathrm{S}}^2$	σ_{Smin}	σ_{Smax}	v_{m}/(m/s)	$\sigma_o = \bar{\sigma}_{\mathrm{m}}$	$gD_{\mathrm{m}}/v_{\mathrm{m}}^2$	σ_{mmin}	σ_{mmax}
24	12.35	2.351	0.547	1.804	2.898	5.3	2.351	0.087	2.264	2.438
32	16.46	1.324	0.308	1.016	1.632	5.3	1.324	0.087	1.237	1.411

当 $V_{\mathrm{S}} = 24\,\mathrm{kn}$,$\sigma_{\mathrm{Smin}}/\sigma_{\mathrm{mmin}} = 1.804/2.264 \approx 0.797$;$V_{\mathrm{S}} = 32\,\mathrm{kn}$,$\sigma_{\mathrm{Smin}}/\sigma_{\mathrm{mmin}} = 1.016/1.237 \approx 0.821$。结果与例 1 类似,若在实桨-模型模拟时以轴系沉深为空泡数 σ 的计量压力,则模型试验中看到的空泡化,不如实桨的严重。以上指的是船底板近处 $\theta \approx 0$(时针"0"位置)桨叶上的背、梢涡空泡。国际上有的实验室约定:令 $\bar{r} = \bar{r}_c$、$\theta \approx 0$ 处,$\sigma_{\mathrm{m}} = \sigma_{\mathrm{S}}$ 作为条件,进行空泡试验。通常指定的相对半径近叶梢 $\bar{r}_c = 0.8 \sim 0.95$。

对于 $\bar{r} < \bar{r}_c$ 处于时针"0"点水平以下的叶剖面,模型的瞬间值 σ_{m} 将低于实桨的瞬间空泡数 σ_{S} 值,若出现空泡前,实桨和模型对应剖面各自的压降系数 ε 与位置无关,而模型的瞬间(局地 θ)空泡数 σ_{m} 相对低,即处于更易发生空泡的状态,可能比实桨提前出现了空泡。

以上讨论的是桨叶剖面叶背出现空泡的情况。当来流与剖面攻角过小,可看到绕流由螺旋桨叶剖面前缘驻点翻越向压力面时,出现局部流线分离,下游出现面空泡。它与螺旋桨整体绕流、剖面压降系数 ε 及空泡数 σ 的关系不大。在桨叶剖面绕流分离后,局部地区出现的空穴,将溃灭于环境压力(瞬间空泡数 σ_S)相对更高的空间,由之产生的力学、声学效应将更强。

2 螺旋桨伴流场

船后伴流场是经船体扰动后,留在桨运行区的流体速度场。相对桨而言,流场不是单一沿桨轴(船行)方向的匀速流动,而是含有桨轴向、径向、周向分量的三维不均匀速度场。

除了在理想流体中船体影响所形成的伴流不均匀性分量之外,更主要的是,船首到桨盘的是黏性绕流,形成不可逆的伴流不均匀性分量。流体经船首到船尾的黏性"折腾"——黏性流体边界层、湍流涡、界层分离等影响汇集到了桨盘。这种影响受雷诺数 Re(流体惯性和黏性关系的无量纲比值)的制约,几何相似的船体和螺旋桨,在同一相对位置,如桨盘各处,流速的大小和方向并不相似。船舶实物和模型的 Re 数相差在 2 个量级以上,其界层相对厚度相差约 10 倍(模型边界层相对更厚),加上界层内分离点和速度分布截面图的不同,目前仍没有可靠、可信的数据资料,能将实船和模型伴流场联系起来。例如,长度百米开外的船从航速 $V_{\mathrm{S}} \approx 15\,\mathrm{kn}$ 运动时桨盘处的流速大小和方向测试结果,哪怕有一例用来与水池中的船模伴流测试结果比较,也未能实现。因此,在船模伴流场测试数据基础上,利用控制伴流场来改善螺旋桨推进效率、减小桨激振动等的工程设施——例如,非对称导管,桨前、桨上方的一些附加体,都未能得到普遍认可和推广。

虽然对实船后伴流场的了解有限,鉴于其对螺旋桨推进和空泡性能等有重大影响,近几十年来进行了一批实船螺旋桨空泡观察，得到的图像可用来推断船后伴流场的大致情况，如伴流分数 w 在桨盘内分布的趋势和峰值的位置等等。催生了在空泡实验室中模拟船后伴流场进行模型试验的技术。认为在定性反映了实船伴流场特点的环境中，试验观察不同螺旋桨的空泡、激振表现，用做相对比较的依据，所得结论在实船上得到了验证。

2.1 轴向伴流的试验环境模拟

当分析螺旋桨叶剖面流场时，于固定在旋转桨上的坐标系中，在绕桨轴的圆柱面内，看到的是轴向流 v_a 及周向(切向)流 v_T。鉴于水介质的连续性，任意单方向的运动，都会引起其他两个方向的运动，即在上述圆柱面内，除 v_a、v_T 之外，还有径向速度 v_r。这是讨论船后伴流场问题的基本物理概念。

现在想在空泡试验装置中，模拟不均匀的轴向伴流：$v-\Delta v_a$，并表示为 $w_a=\dfrac{\Delta v_a}{v}$，$(v-\Delta v_a)/v=1-w_a$。在有伴流 w_a 分布图的条件下，通常在桨盘上游，布放相应物件，意在影响桨盘各特定点的速度，使之与 w_a 分布图相对应，形成模拟伴流场。

常见的模拟轴向伴流场的办法有：假体(Demibody)法和网格(screen)法。关于假体法，有用一块有限长宽板加轴支架或部分龙骨(呆木)置于桨前，造成桨盘有 w_a 峰值区及带船底板的环境；也有将船长方向"缩骨"的模型装入空泡试验筒内，使船后流场含有 w_a 峰值区的特点，前面提到过由于实船和船模尾部伴流场的巨大差异，后者也只能说是有伴流 w_a 峰值区带船底板的近似环境。形象地说，用假体法模拟轴向伴流场，有点像中国水墨画，有峰有谷，意思到了。至于网格法，就是将一些不同孔径(目数)的网，有时加上几根棒状物，置于桨盘前，网孔越小，其后水速越低(w_a 值越高)，从而形成预期的伴流场。

为模拟给定的轴向伴流 w_a 场，通常在桨前方布放物体后，启动空泡筒水流驱动水泵，测定桨盘各处的局地水速值，然后估算所得 w_a 分布，反复调节到满足预期为止。这个调试过程是在大气压力条件下以水速 $v\leqslant 2$ m/s进行的，并认为所得桨盘面水速分布关系，即 $w_a=\Delta v_a/v$，不随水速及压力而变。调试过程中运行空泡数 σ 是：若筒轴线沉深 $H<0.4$ m，则 $\sigma\approx 2[p_a+\rho g H-e]/\rho v^2\approx 2[101\,325+10\,000\times 0.4-3\,000]/1\,000\times v^2\approx 204/v^2$，当筒水速 $v\leqslant 2$ m/s，则 $\sigma\geqslant 50$，意味着被布放的物体的压降系数 $q<50$ 即可。

而实际船用螺旋桨的运行空泡数，以船速计为：$\sigma\approx 1\sim 2$ (见表 1、表 2)，要求预置在桨轴同一水平处的任何物体的压降系数 $\varepsilon<1\sim 2$。否则在螺旋桨进行空泡试验时，假体或网格上将出现空泡。倘若这些空泡进入桨盘，则调节所得模拟伴流场完全被破坏，所得"试验"结果，就可能是"Demigod"(半仙)预报。在此提出，是因为看到过这种事情。若认为可以在试件(桨模)本身缺席的情况，用网络将筒内环境(水速分布)调到预设情况，不考虑桨模空泡试验时网络已经空泡化的现实，试验结果的价值就清楚了。

2.2 周向伴流的试验环境模拟

船舶水下部分型线的共同特点是：沿船长方向往尾部宽度不断收缩和吃水逐渐减小，整体纵向是流线型的。与螺旋桨和舵有关的固定附件，也尽可能与船体组成光顺曲线。船舶纵中剖面两侧，当桨盘处出现变化的轴向伴流 w_a 的同时，应出现周向分量 Δv_T。受到桨上游船体和近处船体外法线方向的制约，总的来看，桨盘近处水流，有由底部向水面上涌的趋势，带有外旋的分量，这种近船体的流动，牵带船外侧水流。对处于船纵中剖面一侧的螺旋桨，桨盘内出现绕桨轴周向流场 v_T 分量。早在 20 世纪 60 年代，美国 DTMB 研究院发表过一批水面舰船模型伴流场的测试数据。按图 1 所示桨叶方位角 θ 所示，周向伴流分数 $w_T=\Delta v_T/v$ 的分布大致如图 2 所示，可参看参考文献[10]

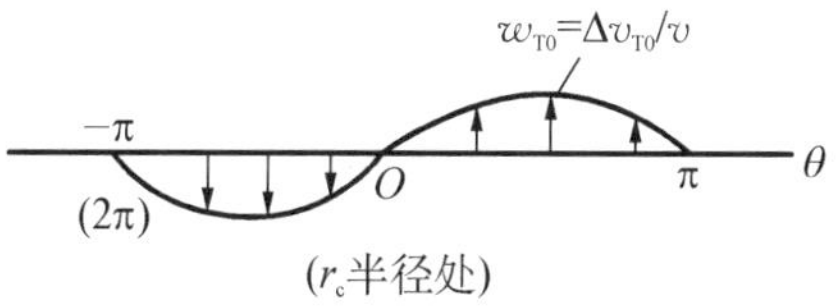

图 2 周向伴流分布 w_T
(所示为左舷侧的外旋周向流)

及其引文。周向伴流 w_T 总的趋势是外旋。在时针“3”、“9”点时接近峰值。可以近似表达为

$$w_T = (\Delta v_{T0}/v)\sin\theta = w_{T0}\sin\theta \tag{7}$$

通常 $w_{T0} \approx 0.08 \sim 0.13$。

由于黏性所带来的界层、流线分离等的影响，实船桨盘内的周向流情况如何，有待研究。但由采用外旋桨或内旋桨来推进双桨船的实际效果看，内旋桨显得更有利。若将右旋螺旋桨装在船舶左舷，桨叶剖面遇到的水流来流速度 $2\pi nr$（r 为剖面所在半径），加上图 2 所示外旋伴流 $\Delta v_T = w_T v$，则任意 θ 位置时的相对周向速度 v_T 为

$$v_T = 2\pi nr + w_T v = 2\pi nr + w_{T0} \mid \sin\theta \mid v \tag{8}$$

桨叶剖面在任意 θ 位置遇到的周向来流速都要增高，即在时针“3”、“9”点处接近峰值，v_T 的增大导致剖面进速角（攻角）增大，从而推力增高。

关于试验观察周向伴流的空泡影响问题，在已模拟的轴向伴流场 w_a 中，可以用将桨轴与来流设置为斜流角 ψ 的办法来进行模拟。的确，如图 3 所示，当桨轴与来流 v 有夹角 ψ 时，桨盘上看到如该图“A 视图”上的速度分量 $v\sin\psi$。该流动与旋转的桨叶剖面的相对速度为 $v\sin\psi \cdot \sin\theta$。总的桨叶剖面在 θ 位置时的相对周向速度为

$$v_T = 2\pi nr + v\sin\psi \cdot \sin\theta \tag{9}$$

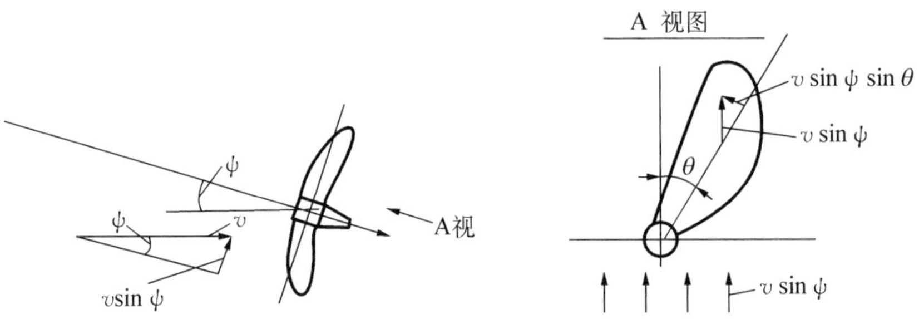

图 3　斜流中的螺旋桨

该式与式(8)的差别在于：$2\pi > \theta > \pi$ 时，斜流导致相对周向速度下降。比较式(8)和式(9)，要求 $v\sin\psi \cdot \sin\theta = w_{T0} \mid \sin\theta \mid v$，则有

$$\sin\psi = w_{T0}\frac{\mid \sin\theta \mid}{\sin\theta}$$

在 $\pi > \theta > 0$ 区，即时针在“0” 到“6” 处，$\sin\psi = w_{T0}$；

在 $2\pi > \theta > \pi$ 区，即时针在“6”到“12”处，$\sin\psi = -w_{T0}$。

为了设置斜流用 ψ 来模拟周向伴流，斜流角 $\psi = \pm\sin w_{T0}$，在螺旋桨叶每转一圈时间内，要改变 ψ 角的方向，在实践中这是不可能的。以右旋桨为例，若将其置于船左舷，并将 ψ 设置如图 3 所示，则在 $\pi > \theta > 0$ 区间，时针“0”转到“6”处，斜流所造成的周向速度与周向伴流完全一致；在 $2\pi > \theta > \pi$ 区间，时针“6”转到“12”处，斜流造成的周向速度与周向伴流方向相反，导致叶剖面周向速度 v_T 下降，这时可能出现面空泡，与实际情况不符。后面的情况类似右旋桨装置在船右舷，桨叶扫过时针“6”到“12”位置的情况下，并在时针“9”附近遇到攻角最小的状态。也就是说，进行所述模型试验时，在桨子午线两边看到了桨安装在船左右舷的不同空泡图像。

对于船模测试所得周向伴流场，其 $w_{T0} \approx 0.08 \sim 0.13$，可用设置斜流角的办法，取 $\sin\psi = w_{T0}$，即

$\psi \approx 4^\circ \sim 7.5^\circ$ 的状态，进行桨模在轴向伴流场 w_a 和周向伴流场 w_{T0} 中的试验。

进行模型试验的目的，首先在于了解实船运行中遇到的物理现象，做出评估，并寻找可能的工程对策。事实上在制订模型试验计划之初，已对实船环境和其物理现象做过分析，并做了预设。在该预设环境下的试验结果是否正确，仍有待实践检验，只有被实践所证实，才算达到试验目的。关于螺旋桨在伴流场中性能的模拟试验，同样有待实践的考核。

B–4–55系列螺旋桨在0～360°方位角运行时的流体动力性能(汇编资料)

报告主旨

基于船舶操纵的需要,目前常采用“舵桨”来取得实现定位动力必需的力,这个力的大小和方向应该是按照预定要求可调节的。为研制“舵桨”,要知道“舵桨”在不同方位角时提供的力及为提供力要求有怎样的功率(扭矩)支持。由螺旋桨提供力的“舵桨”在运行过程中作为“舵桨”部件,桨轴有时与船航行方向成夹角 Ψ。为此,除了需要知道桨在任意情况下的推力和扭矩,借以选定拖动螺旋桨所需电机功率之外,还需知道保持“舵桨”在特定方位角(Ψ)所需“稳舵力矩”,即锁住“舵桨”于设定位置的转矩。此前,用于“舵桨”的是常规螺旋桨,通常是在欧洲广泛用于船舶推进的螺旋桨型号B系列螺旋桨。但在该系列的资料中,曾缺少来流在0～360°方位角时的流体动力数据。本咨询报告所提供的是B–4–55系列桨中四只螺距比($P/D=1.2, 1.0, 0.8, 0.6$)螺旋桨在0～360°方位时的流体动力数据。这也是最常用于“舵桨”的,盘面比为0.55的螺旋桨。本报告所有数据源自Müller E., Results of open water tests with ducted and no ducted propeller with angle of attack from 0 to 360 deg. Polish Academy Science, Proceeding of Symposium “Advance in propeller research and design”. Gdansk, 1981, paper 12.。德国人Müller E.的这项试验资料原文,笔者并未见到,蒙俄罗斯莫斯科Винт(螺旋桨)研究所Мартиросов Г. Г.先生(1994年)转赠该资料,现将其整理汇编,并加算例,供参考。

第1部分　螺旋桨(裸)情况

1.1　螺旋桨在0～360°方位角时的推力及横向力变化

数据是在船模试验水池取得的。为测量螺旋桨的推力 T,横向力 C 及扭矩 Q,和相对于(通过桨盘面)舵垂直轴的稳舵力矩 M_d(看来由于桨盘面位置选取的不确定性,而且照理横向力 C 就在盘面内,应该不产生力矩,以致最后论文作者没有给出详细的力矩 M_d 数据),Müller E.专门设计了测试仪器。试验数据表达为各不同方位角 Ψ 时的推力 T,横向力 C 与 $\Psi=0$ 时(正常推进)的推力 T_0 之比。在不计水面空泡影响的条件下,舵桨“左转舵”和“右转舵”时的流场,流体动力完全对称,故只进行了0～180°的测试。在含方位角 Ψ 试验时,保持拖车速度 v_a 及模型转数 n 不变,也就是说保持推进($\Psi=0$)状态的进速比 $J_P=v/nD=\text{const.}$ 不变,对于特定的桨,对应的载荷系数 $C_T=8/\pi(K_T/J_P^2)$ 也不变。所得数据意味着船速不变，舵桨的转数也不变，随 Ψ 的改变，问舵桨的推力 T，横向力 C，有何变化。应当指出：在0～360°方位角时螺旋桨的横向力 C 的作用方向永远与来流速度(和船舶实际运动速度相反)垂直转轴线的速度分量方向一致。按常规：推力 T 和横向力 C 都表达为

$$T = K_T \rho n^2 D,\ C = K_C \rho n^2 D^4$$

1.1.1　B-4-55 *P/D*=1.2 桨模型试验结果

数据见表 1 和图 1。

以下各表中数据均由所获得的资料中较小曲线图获得，与用于推进性能预估所需数据相比，工程对动力定位所涉及数据的精度要求较低，所得资料完全可满足工程要求。

表 1　*P/D*=1.2

名称	推力变化比 T/T_0					横向力之比 C/T_0				
Ψ/(°)	$C_T=1.0$	$C_T=2.0$	$C_T=4.0$	$C_T=8.0$	$C_T=12$	$C_T=1.0$	$C_T=2.0$	$C_T=4.0$	$C_T=8.0$	$C_T=12$
0	1	1	1	1	1	0	0	0	0	0
15	1.19	1.13	1.07	1.03	1.02	0.184	0.100	0.06	0.056	0.041
30	1.38	1.26	1.16	1.09	1.05	0.319	0.218	0.148	0.095	0.070
45	1.59	1.40	1.21	1.12	1.07	0.427	0.305	0.195	0.132	0.093
60	1.92	1.58	1.31	1.19	1.10	0.551	0.378	0.231	0.165	0.107
75	2.26	1.75	1.41	1.23	1.11	0.670	0.442	0.266	0.179	0.121
90	2.67	1.94	1.50	1.29	1.14	0.776	0.491	0.281	0.194	0.130
105	3.19	2.16	1.60	1.30	1.17	0.843	0.490	0.281	0.199	0.144
120	3.36	2.12	1.53	1.28	1.14	0.497	0.309	0.229	0.186	0.146
135	3.2	2.00	1.30	1.17	1.06	0.173	0.153	0.144	0.176	0.201
150	3.25	2.00	1.23	1.10	1.02	0.062	0.073	0.073	0.096	0.134
165	2.7	1.70	1.13	1.06	1.01	0	0.023	0.024	0.035	0.051
180	2.28	1.45	1.06	1.03	1.01	0	0	0	0	0

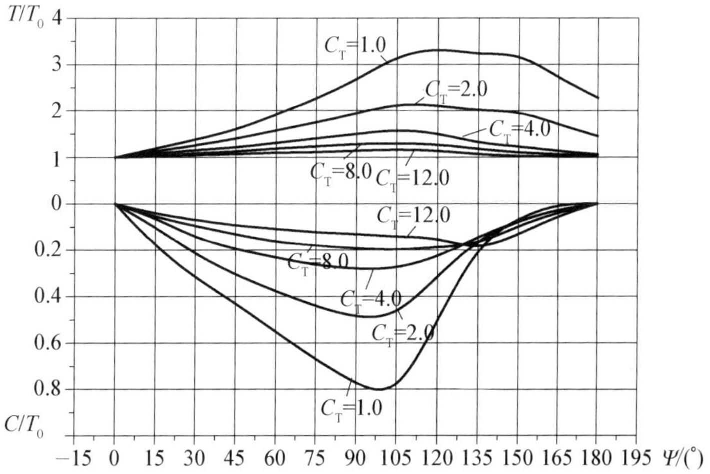

图 1　B-4-55，P/D=1.2 螺旋桨在方位角 360°时的 T/T_0，C/T_0 变化

1.1.2　B-4-55 *P/D*=1.0 桨模型试验结果

数据见表 2 和图 2。

表 2 $P/D=1.0$

名称	推力变化比 T/T_0					横向力之比 C/T_0				
$\Psi/(°)$	$C_T=1.0$	$C_T=2.0$	$C_T=4.0$	$C_T=8.0$	$C_T=12$	$C_T=1.0$	$C_T=2.0$	$C_T=4.0$	$C_T=8.0$	$C_T=12$
0	1	1	1	1	1	0	0	0	0	0
15	1.22	1.15	1.08	1.04	1.03	0.126	0.090	0.057	0.042	0.027
30	1.48	1.33	1.19	1.11	1.07	0.260	0.175	0.111	0.062	0.050
45	1.77	1.46	1.26	1.16	1.09	0.367	0.242	0.159	0.112	0.076
60	2.19	1.70	1.37	1.22	1.13	0.485	0.306	0.192	0.145	0.095
75	2.61	1.91	1.48	1.29	1.17	0.594	0.354	0.217	0.149	0.106
90	3.15	2.17	1.58	1.34	1.19	0.699	0.386	0.231	0.160	0.116
105	3.53	2.37	1.69	1.37	1.19	0.681	0.375	0.226	0.168	0.125
120	3.60	2.29	1.59	1.30	1.15	0.424	0.278	0.187	0.160	0.151
135	3.60	2.09	1.39	1.19	1.09	0.182	0.157	0.139	0.144	0.162
150	3.60	2.10	1.30	1.17	1.05	0.050	0.073	0.079	0.098	0.114
165	3.00	1.76	1.19	1.10	1.03	0	0.012	0.029	0.035	0.045
180	2.42	1.54	1.11	1.06	1.02	0	0	0	0	0

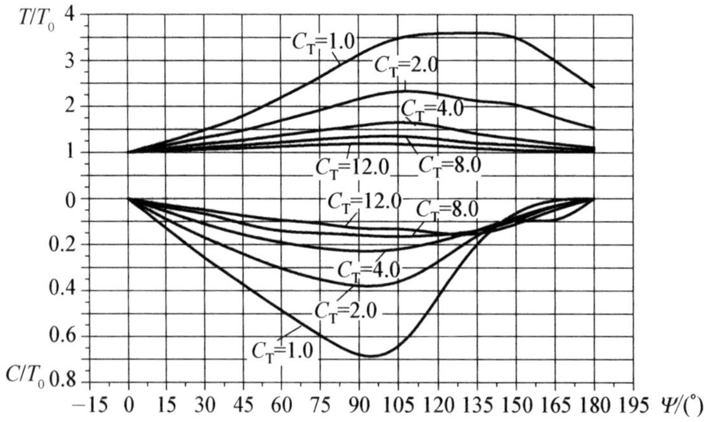

图 2 B-4-55，$P/D=1.0$ 螺旋桨在方位角 360°时的 T/T_0，C/T_0 变化

1.1.3 B-4-55 $P/D=0.8$ 桨模型试验结果

数据见表 3 及图 3。

表 3 $P/D=0.8$

名称	推力变化比 T/T_0					横向力之比 C/T_0				
$\Psi/(°)$	$C_T=1.0$	$C_T=2.0$	$C_T=4.0$	$C_T=8.0$	$C_T=12$	$C_T=1.0$	$C_T=2.0$	$C_T=4.0$	$C_T=8.0$	$C_T=12$
0	1	1	1	1	1	0	0	0	0	0
15	1.24	1.15	1.09	1.05	1.04	0.097	0.062	0.048	0.031	0.020
30	1.56	1.34	1.19	1.13	1.09	0.199	0.129	0.087	0.059	0.056
45	1.92	1.54	1.28	1.19	1.11	0.303	0.197	0.128	0.083	0.052
60	2.42	1.82	1.41	1.26	1.15	0.419	0.262	0.166	0.110	0.068

（续表）

名称	推力变化比 T/T_0					横向力之比 C/T_0				
75	2.98	2.10	1.53	1.31	1.19	0.526	0.310	0.185	0.127	0.079
90	3.65	2.37	1.67	1.37	1.22	0.598	0.337	0.196	0.135	0.094
105	4.26	2.48	1.74	1.37	1.22	0.584	0.305	0.192	0.135	0.100
120	4.34	2.35	1.62	1.29	1.17	0.341	0.197	0.145	0.118	0.106
135	4.00	2.25	1.44	1.22	1.10	0.133	0.114	0.095	0.104	0.106
150	4.34	2.29	1.40	1.20	1.09	0.045	0.064	0.051	0.063	0.059
165	3.35	1.80	1.28	1.14	1.05	0.005	0.016	0.018	0.030	0.027
180	2.78	1.60	1.19	1.09	1.03	0	0	0	0	0

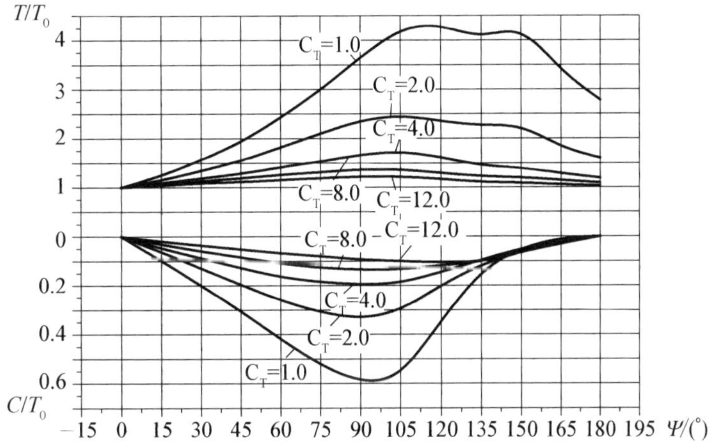

图 3　B-4-55，$P/D=0.8$ 螺旋桨在方位角 360°时 T/T_0，C/T_0 变化

1.1.4　B-4-55 $P/D=0.6$ 桨模型试验结果

数据见表 4 及图 4。

表 4　$P/D=0.6$

名称	推力变化比 T/T_0					横向力之比 C/T_0				
$\Psi/(°)$	$C_T=1.0$	$C_T=2.0$	$C_T=4.0$	$C_T=8.0$	$C_T=12$	$C_T=1.0$	$C_T=2.0$	$C_T=4.0$	$C_T=8.0$	$C_T=12$
0	1	1	1	1	1	0	0	0	0	0
15	1.30	1.18	1.10	1.06	1.05	0.073	0.048	0.031	0.024	0.010
30	1.69	1.40	1.21	1.15	1.10	0.166	0.098	0.059	0.046	0.017
45	2.18	1.64	1.32	1.22	1.13	0.276	0.161	0.076	0.057	0.026
60	2.87	1.93	1.47	1.31	1.19	0.414	0.216	0.129	0.073	0.035
75	3.76	2.25	1.59	1.39	1.22	0.522	0.248	0.142	0.085	0.047
90	4.66	2.52	1.73	1.42	1.26	0.581	0.264	0.151	0.089	0.059
105	5.18	2.65	1.79	1.43	1.28	0.498	0.223	0.135	0.085	0.074
120	5.15	2.57	1.72	1.39	1.22	0.261	0.148	0.096	0.075	0.077
135	5.14	2.45	1.58	1.36	1.14	0.108	0.072	0.062	0.057	0.070

(续表)

名称	推力变化比 T/T_0					横向力之比 C/T_0				
150	5.30	2.60	1.55	1.38	1.09	0.028	0.032	0.035	0.041	0.050
165	3.95	2.19	1.40	1.20	1.08	0	0.008	0.012	0.019	0.025
180	3.16	1.86	1.28	1.13	1.04	0	0	0	0	0

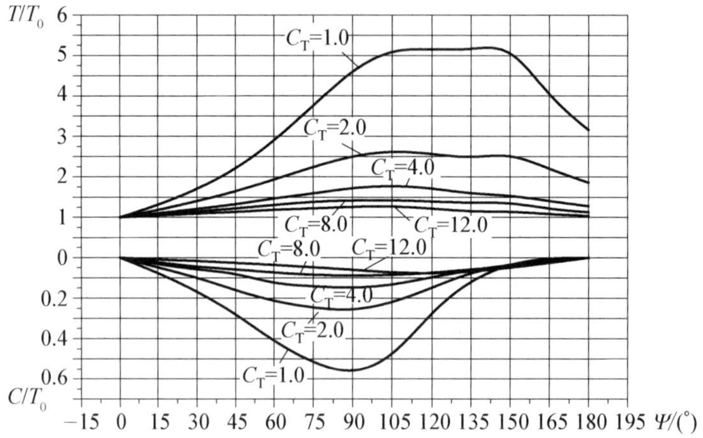

图 4 B-4-55，$P/D=0.6$ 螺旋桨在方位角 360°时的 T/T_0，C/T_0 变化

1.2 螺旋桨在 0～360°方位角时的扭矩变化

前面已经提到，试验者没有详细列出扭矩 Q(Q 按常规表达：$Q = K_Q \rho n^2 D^5$) 随方位角 Ψ 变化的数据，只列出了不同螺距比 P/D 的 B-4-55 桨在 0°～360°方位角时可能遇到的最大值 Q_{max}/Q_0 比值，现将有关数据列于表 5 并绘制成图 5。关于扭矩 Q 值与方位角 Ψ 的关系，和船舶推进一样，只要按螺旋桨在设计转数下最大吸收功率(扭矩)不超过主机能提供的功率就行，在较低的运行转数时，主机实际提供的功率(扭矩)并不等于最大值。因此，只要有了 Q_{max} 值，也就可选定"舵桨"的拖曳电机。实际工程中，为保证"舵桨"执行推进使命之外，还能执行动力定位任务，为此可能需要提前将螺旋桨的转数降低到拖曳电机扭矩能够拖动的区域(电机输出扭矩大于桨在 0～360°方位角时可能遇到的最大 Q_{max})，才能保证定位装置的安全。

表 5 B-4-55 各 P/D 桨模在不同载荷 C_T 下的 Q_{max}/Q_0 比值

C_T	1	2	4	8	12	16
$P/D=1.2$	2.9	2.18	1.74	1.47	1.36	1.29
$P/D=1.0$	2.79	2.11	1.69	1.43	1.33	1.26
$P/D=0.8$	2.66	2.0	1.6	1.37	1.28	1.22
$P/D=0.6$	2.5	1.9	1.53	1.32	1.24	1.18

据了解，目前国际市场上供应的"舵桨"，包括近年来出现的吊舱推进器，在作动力定位机动操作的同时，拖曳电机的控制系统已动作，在转动方位角 Ψ 之前，将转数降低 50%左右，从而保证装置的正常运转。

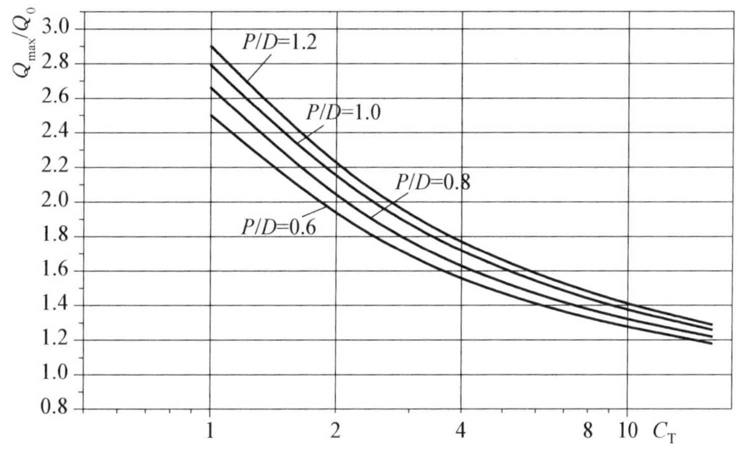

图 5　不同载荷 C_T 及 P/D 可能的 Q_{max}/Q_0 值

1.3　螺旋桨在 0～360°方位角时的稳舵力矩

在预期的任意方位角位置，都必须将桨锁定或能够调整，为此要知道特定桨（P/D=常数）在 0～360°方位角时的转舵力矩，这个力矩也就是稳舵力矩 M_{dmax}，通过无量纲式表示为：$M_{dmax} = K_{dmax}\rho n^2 D^5$，及 $K_{dmax} = M_{dmax}/\rho n^2 D^5$。B-4-55 系列螺旋桨的 K_{dmax} 数值见表 6，并图示于图 6。还要说明的是：该技术资料说有的公司在提供的产品中采用的 $K_d = 0.05$。

表 6　不同螺距比 B-4-55 桨在 0～360°方位角中可能达到的稳舵力矩系数最大值 K_{dmax}

P/D	0.6	0.7	0.8	0.9	1.0	1.1	1.2	1.3
K_{dmax}	0.135	0.183	0.202	0.208	0.215	0.228	0.242	0.250

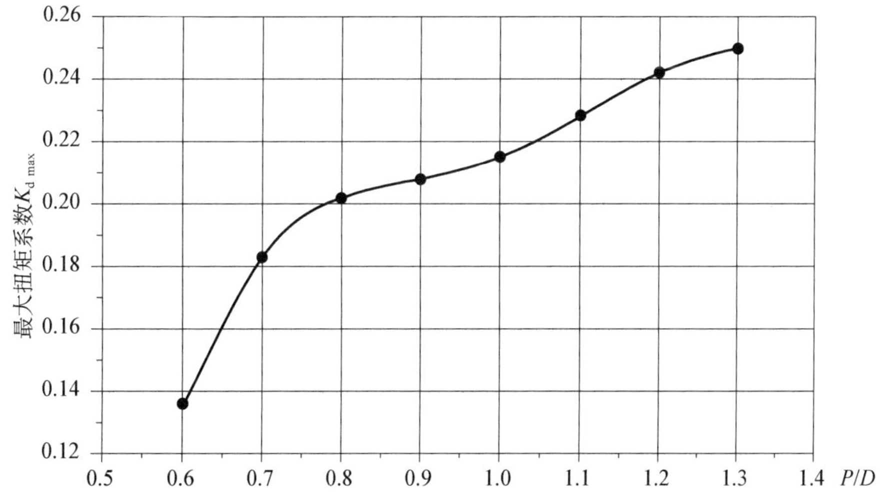

图 6　不同螺距比 P/D 下“舵桨”桨的最大扭矩系数 K_{dmax}

1.4　B-4-55 系列螺旋桨的 C_T 与 J_P 的关系

本节系编者所加入的常见资料，供使用前述资料时参考。

我们知道：螺旋桨进速系数 J_P 与推力系数 K_T，扭矩系数 K_Q 成一一对应的关系，对于特定的螺旋桨，该对应关系是唯一的。而螺旋桨的载荷系数 C_T 与进速系数 J_P 与推力系数 K_T 的关系为

$$C_T = T/(\rho v_A^2/2)(\pi D^2/4) = (8/\pi)K_T/J_P^2$$

这个 C_T 实质上是桨盘上单位面积所承受推力（压力）的无量纲表达式，即推力除以 $\rho v_A^2/2$ 所得，称为载荷系数。

根据公开发表的资料，B－4－55 系列螺旋桨的数据 J_P、K_T、C_T 值略有差异，我们采用的是荷兰水池重新整理发表的结果数据[5]。将其列成表 7 并绘成图 7。

表 7　不同 P/D 桨的 C_T 值与 J_P 的关系

J_P	0.2	0.25	0.3	0.4	0.5	0.6	0.7	0.8
$P/D=1.2$			12.0	6.18	3.63	2.27	1.43	0.92
$P/D=1.0$			9.4	4.88	2.7	1.56	0.96	
$P/D=0.8$			7.0	3.36	1.65	0.94		
$P/D=0.6$	12.1		4.40	1.9	0.66			

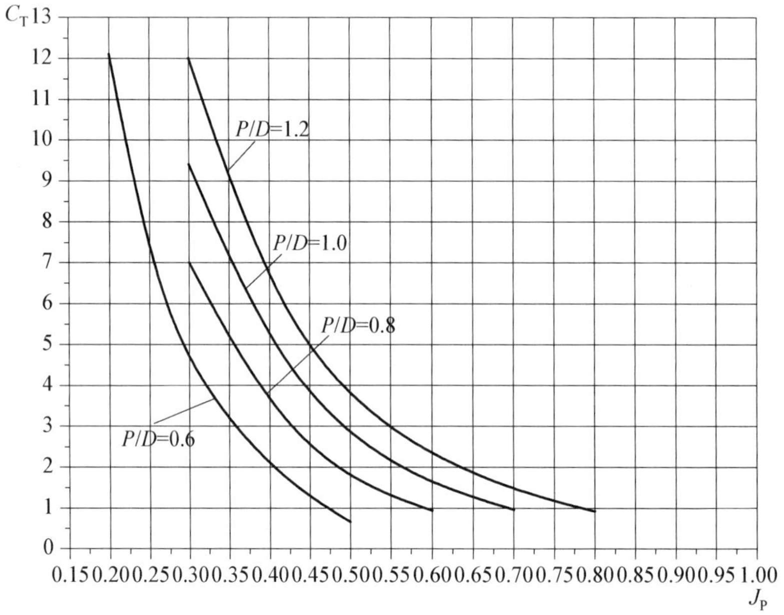

图 7　B－4－55 系列桨的载荷系数 C_T 与进速比的关系

1.5　利用以上数据计算舵桨的需要功率及“稳舵力矩”示例

例 1　设：技术任务书要求提供电机功率 1 000 kW 的舵桨，电机转速 1 500 r/min，拖动螺旋桨以 254 r/min运行，装备舵桨的工作船常用航速为 $V_S = 7$ kn，要求舵桨提供“系柱推力”值为 $T_{系柱} = 140$ kN。问舵桨在机动过程中可能出现的推力 T，扭矩 Q_{max} 和侧向力 C，以及为保持舵桨处于设定位置所需的稳舵力矩 M_{dmax}。

系柱状态的进速比 $J_P = 0$，要求 $T_{系柱} \geqslant 140$ kN，吸收 $P_D = 1\,000$ kW；由 $T_{系柱} = K_{系柱}\rho n^2 D^4$，桨的系柱推力系数应为：$K_{T0} = T_{系柱}/\rho n^2 D^4$，$K_{T0} = 140\,000/1\,000 \times (254/60)^2 \times D^4 = 7.812 \times D^4$ 选用不同的 D，可求出满足系柱推力需要的 K_{T0}，若选直径 $D = 2.16$ m，则有 $K_{T0} = 0.359$，可以由 B－4－55 系

列螺旋桨图谱查得 $P/D=0.85$ 的桨,其 $K_{T0}=0.359$,该点对应 $10K_Q=0.435$,算得系柱状态的推力及吸收功率 P_D 相应为:$T=0.359\times 1\,000\times(254/60)^2\times 2.16^4=140$ kN 及 $P_D=2\pi\rho n^3D^5K_Q=2\pi\times 1\,000\times(254/60)^3\times 2.16^5\times 0.043\,5=975$ kW。

故选定 $P/D=0.85$,直径 $D=2.16$ 米的定距桨 B-4-55 为舵桨用螺旋桨。

1) 计算桨($\Psi=0$)推进运行的载荷系数 C_T

"系柱状态"螺旋桨的推力及吸收功率与 Ψ 无关。设该船以 7 节运行,螺旋桨的进速比为 $J_P=v_P/nD=7\times 0.514\,4/(254/60)\times 2.16=0.394$。由同一 B-4-55 系列螺旋桨图谱查得 $P/D=0.85$ 的桨,在 $J_P=0.394$ 时的 $K_{T0}=0.240$,相应 $10K_{T0}=0.320$,则由关系式 $C_T=(8/\pi)\times(K_{T0}/J_P^2)=(8/\pi)\times(0.240/0.394^2)=3.94$,可估算舵桨能提供的推力为 $T_0=K_{T0}\rho n^2D^4=0.240\times 1\,000\times(254/60)^2\times 2.16^4=96$ kN;这时需要向螺旋桨提供的拖动扭矩为 $Q=K_Q\rho n^2D^5=0.032\,0\times 1\,000\times(254/60)^2\times 2.16^5=27.6$ kN·m 及相应功率 $P_D=2\pi nQ=734$ kW。

2) 计算桨在不同 Ψ 时的推力 T 及横向力 C

由 1.2 节表 2 及图 2 中可内插出 $P/D=0.85$ 螺旋桨的 $C_T=3.94$ 时 T/T_0,C/T_0 值,如表 8 所示。

表 8 螺旋桨所发出的推力 T 及横向力 C

Ψ/(°)	15	30	45	60	75	90	105	120	135	150	165	180
T/T_0	1.08	1.19	1.27	1.40	1.51	1.60	1.72	1.60	1.43	1.39	1.23	1.17
C/T_0	0.050	0.092	0.132	0.170	0.192	0.202	0.200	0.156	0.104	0.054	0.020	0
Θ^*(°)	2.6	4.4	5.9	6.9	7.2	7.2	6.7	5.6	4.2	2.2	0.9	0

* 注:$\Theta=\tan^{-1}C/T$ 为螺旋桨在方位角 Ψ 状态所承受的合力与桨轴的夹角。

3) 计算桨在作 360°机动时出现的最大扭矩 Q_{max}

由 2 节表 5 及图 5 查出 Q_{max} 的数值,$Q_{max}/Q=1.65$,即 $Q_{max}=1.65\times 27.6$ kN·m $=45.5$ kN·m,为此,需要功率 $P_D=1\,211$ kW。电机没有能力拖动螺旋桨,势必降速运行。

4) 计算在作 360°范围机动时螺旋桨需要的最大稳舵力矩 M_{dmax}

由 3 节表 6 及图 6 查出 $K_{dmax}=M_{dmax}/\rho n^2D^5$ 的数值 $K_{dmax}=0.205$,要维持舵桨在设定位置,必须用 $M_{dmax}=0.205\times 1\,000\times(254/60)^2\times 2.16^5=172.7$ kN·m 的力矩锁住或转动舵桨轴,以保证运行。这个 M_{dmax} 虽然不消耗功率却超过螺旋桨用做推进消耗最大功率时所遇到的扭矩 Q_{max}。

以上所讨论的是类似拖轮用舵桨,假如技术任务书规定舰船按航行要求设计螺旋桨,则情况将差异更大。

例 2 设:技术任务书要求提供电机功率 1 000 kW 的舵桨,电机转速 1 500 r/min,拖动螺旋桨以 254 r/min运行,用桨直径 $D=2.16$ 米的舵桨装备舰船以航速 $V_S=13.5$ kn航行,桨运行进速系数:$J_P=v_P/nD=0.759$,选用 $P/D=1.15$ 的 B-4-55 桨用做推进,由性能图谱查得,其相应 $K_T=0.226$,$10K_Q=0.425$,$C_T=(8/\pi)\times(K_{T0}/J_P^2)=(8/\pi)\times(0.226/0.759^2)=1.0$。桨的实际推力 $T_0=K_{T0}\rho n^2D^4=0.226\times 1\,000\times(254/60)^2\times 2.16^4=93.5$ kN;这时拖动螺旋桨所需的扭矩 $Q=K_Q\rho n^2D^5=0.042\,5\times 1\,000\times(254/60)^2\times 2.16^5=35.8$ kN·m,对应的桨吸收功率为 $P_D=2\pi nQ=953$ kW。

1) 计算桨在不同 Ψ 时的推力 T 及横向力 C

这是根据船舶自航行条件设计的桨,其 $C_T=(8/\pi)(K_{T0}/J_P^2)=(8/\pi)\times(0.226/0.759^2)=1.0$;螺距比 $P/D=1.15$,由图 1、图 2 插得 T/T_0,C/T_0 值,如表 9 所示。

表 9 螺旋桨所发出的推力 T 及横向力 C

Ψ/(°)	15	30	45	60	75	90	105	120	135	150	165	180
T/T_0	1.2	1.39	1.61	1.94	2.30	2.90	3.24	3.60	3.25	3.30	2.75	2.32
C/T_0	0.18	0.31	0.40	0.50	0.63	0.74	0.82	0.47	0.16	0.05	0	0
Θ^*(°)	8.5	12.6	14.0	14.5	13.3	14.3	14.2	7.4	2.8	0.9	0	0

* 注：$\Theta = \tan^{-1}C/T$ 为螺旋桨在方位角 Ψ 状态所承受合力与桨轴的夹角。

2）计算在作 360°范围机动时螺旋桨需要的最大扭矩 Q_{max}

由 2 节表 5 及图 5 查出 Q_{max}的数值 $Q_{max}/Q = 2.87$，$Q_{max} = 2.87 \times 35.8\,kN \cdot m = 102.7\,kN \cdot m$，为此，需要功率 $P_D = 2\pi n Q_{max} = 2\,732\,kW$。大大超过电机拖动功率，因此，必须严格控制转速，以免电机过度超载，近年来在国际市场上看到，有的舵桨在作机动时，先将电机转数降低，其原因盖于此。

3）计算桨在作 360°机动时需要的最大稳舵力矩 M_{dmax}

由 3 节表 6 及图 6 查出 $K_{dmax} = M_{dmax}/\rho n^2 D^5$ 的数值 $K_{dmax} = 0.235$，要维持舵桨在设定位置，必须用 $M_{dmax} = 0.235 \times 1\,000 \times (254/60)^2 \times 2.16^5 = 198.0\,kN \cdot m$ 的力矩锁住舵桨轴，才能保证运行。这个 M_{dmax}也超过螺旋桨用做推进消耗最大功率时所遇到的扭矩 Q_{max}。

第 2 部分 导管螺旋桨情况

目前用于船舶动力定位装置的，如“舵桨”等，除配备常规螺旋桨之外，经常采用导管螺旋桨作推力部件。作动力定位机动时，导管螺旋桨的轴线可能处于与航速方向成 0～360°的各种方位角 Ψ 状态，因此也需要知道导管螺旋桨在相应状态下的流体动力数据。现将前面曾提到的 Müller E. 进行的研究报告中发表的导管螺旋桨数据汇编于下，供参考。

关于带导管螺旋桨的情况，想先讨论一下整个问题的物理概念。当动力定位装置中的推力器——螺旋桨外部有导管。在直航 $\Psi = 0$ 时，随着载荷 C_T的增大，导管要承担的载荷分量越大，有时高达约 40%的推力。在有方位角 Ψ 状态时，导管本身就是一个圆环形状机翼，也要产生升力，即垂直螺旋桨轴的力。从而可以预期，采用导管螺旋桨的动力定位装置，在作 0～360°的机动时，整个装置出现的横向力 C，系由螺旋桨和导管各自的横向力合成，横向力和轴向推力组成的合力，与航向的夹角将更大，因而有可能在动力定位方面更有效。这也是带导管螺旋桨的舵桨取得了广泛应用的原因之一。

2.1 导管螺旋桨在 0～360°方位角时的推力及横向力变化

采用舵桨的目的主要是保证船舶动力定位和在狭窄航道中运动，因此这时螺旋桨的效率和震动噪声等性能都退居次要地位。资料作者 Müller E. 对 1 节中曾试过的螺旋桨模型中的三只，在导管中进行了试验，螺旋桨的螺距比分别为 $P/D = 1.0$, 0.8, 0.6，即限于 B-4-55 系列桨中的几个 P/D 方案，而且螺旋桨叶梢部削除了一段，使桨叶成了方头。众所周知，在螺旋桨梢部叶片翼形剖面“导边和随边”处削出圆角过渡后，桨在导管中有更优的空泡性能。作了所述处理后，螺旋桨的实际盘面比略有增大，不再是 B-4-55 系列的 $EAR = 0.55$，而变成了 $EAR = 0.571$，螺距值等则无变化，但因螺旋桨直径变小，螺距比值将相应变大。各参试模型装在荷兰水池 2# 导管(2# 简易导管，导管的长径比 $L/D = 0.5$) 中，采用专门设计组装的仪器在船模试验池进行的试验。测得了导管螺旋桨轴线方向的推力 T_F，试验时测量的是整个装置的复合推力 T_F，由螺旋桨推力 T_{PR}和导管推力 T_{DUCT}合成 ($T = T_F = T_{PR} + T_{DUCT}$)。同时，测得导管螺旋桨横向力 C_F，它由桨横向力 C_{PR}和导管横向力 C_{DUCT}合成 ($C_F = C_{PR} + C_{DUCT}$)。在0～360°方位角时装置的横向力 C_F的作用方向，永远与来流速度(船舶实际运动速度相反)垂直转轴线的速度分量方向一致。

与 1.1 节中一样,试验结果表达为:特定 P/D 的螺旋桨加导管,各方位角 Ψ 复合推力 T_F 与 $\Psi=0$ 时的复合推力 T_{F0} 之比,当出现横向力 C_F 时,也标出复合横向力 C_F 与复合推力 T_{F0} 之比。因此只要知道导管螺旋桨的推进工况($\Psi=0$)时的性能曲线 $K_{TF}-J_P$, $K_{QF}-J_P$,算出装置的载荷系数 C_T 值,就可以估算出导管桨在各种方位角 Ψ 时复合推力 T_F 和横向力 C_F。有关值的表达式如下:

$$T_F = K_{TF}\rho n^2 D^4,\ T_{F0} = K_{TF0}\rho n^2 D^4,\ C_F = K_{CF}\rho n^2 D^4,$$
$$Q_F = K_{QF}\rho n^2 D^5,\ C_T = T_F/(\rho v^2/2) * (\pi D^2/4) = (8/\pi)(K_{TF0}/J_P^2)$$

通常,导管螺旋桨运作工况的载荷系数 C_T 比较大,在作动力定位机动时,船的运动速度比较低,装在其内的螺旋桨的螺距比也较低,故选取的导管螺旋桨载荷系数 $C_T \geqslant 2$,螺距比 $P/D \leqslant 1.0$,试验结果分述于后。

2.1.1 B-4-55 P/D=1.0 导管螺旋桨模型试验结果

数据见表 10 及图 8。

表 10 P/D=1.0

名称	导管的推力比 $T_F/T_{F0}(K_{TF}/K_{TF0})$				横向力比 $C_F/T_{F0}(K_{CF}/K_{TF0})$			
Ψ/(°)	$C_T=2.0$	$C_T=4.0$	$C_T=8.0$	$C_T=12$	$C_T=1.0$	$C_T=2.0$	$C_T=4.0$	$C_T=8.0$
0	1	1	1	1	0	0	0	0
15	1.21	1.15	1.08	1.08	0.70	0.42	0.29	0.21
30	1.28	1.19	1.14	1.11	1.30	0.82	0.56	0.45
45	1.64	1.40	1.22	1.13	1.81	1.13	0.72	0.56
60	2.13	1.69	1.36	1.25	2.24	1.38	0.84	0.64
75	2.71	1.93	1.55	1.35	2.40	1.40	0.90	0.66
90	3.12	2.17	1.70	1.48	2.17	1.28	0.85	0.66
105	3.25	2.31	1.86	1.59	1.55	1.03	0.73	0.58
120	3.07	2.32	1.83	1.58	0.82	0.62	0.49	0.42
135	2.63	2.00	1.67	1.53	0.26	0.28	0.30	0.19
150	2.18	1.65	1.43	1.35	0.33	0.24	0.20	0.18
165	1.89	1.44	1.30	1.24	0.37	0.19	0.11	0.08
180	1.80	1.38	1.25	1.20	0	0	0	0

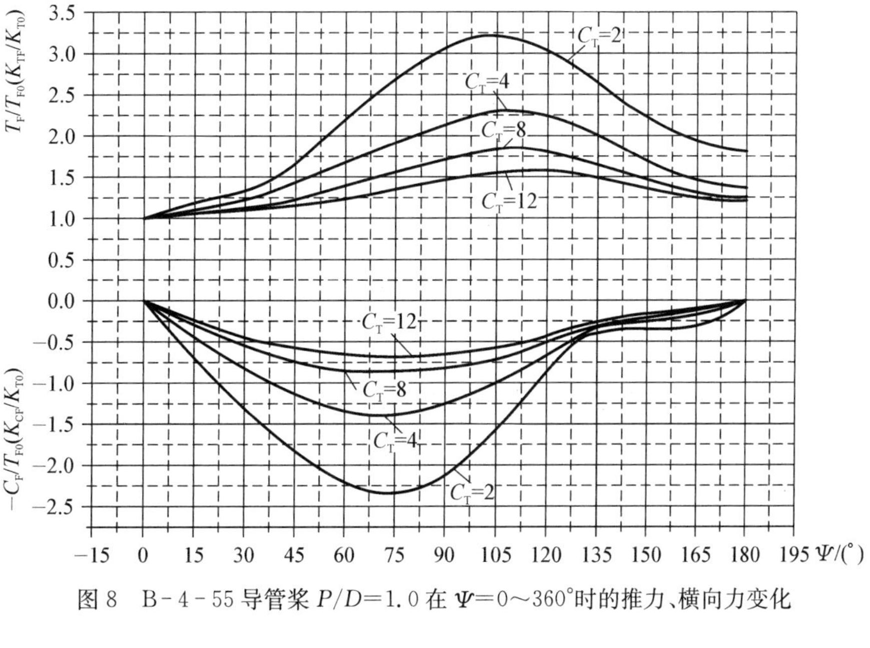

图 8 B-4-55 导管桨 $P/D=1.0$ 在 $\Psi=0$～360°时的推力、横向力变化

2.1.2 B-4-55 P/D=0.8 导管螺旋桨模型试验结果

数据见表 11 及图 9。

表 11 P/D=0.8

名称	导管的推力比 $T_F/T_{F0}(K_{TF}/K_{TF0})$				横向力比 $C_F/T_{F0}(K_{CF}/K_{TF0})$			
Ψ/(°)	C_T = 2.0	C_T = 4.0	C_T = 8.0	C_T = 12	C_T = 1.0	C_T = 2.0	C_T = 4.0	C_T = 8.0
0	1	1	1	1	0	0	0	0
15	1.20	1.17	1.10	1.07	0.69	0.42	0.29	0.22
30	1.31	1.25	1.19	1.11	1.33	0.86	0.58	0.45
45	1.69	1.46	1.29	1.18	1.87	1.17	0.76	0.59
60	2.22	1.71	1.44	1.28	2.34	1.40	0.88	0.65
75	2.79	2.05	1.65	1.43	2.46	1.49	0.95	0.70
90	3.28	2.35	1.85	1.55	2.28	1.39	0.92	0.69
105	3.61	2.58	2.05	1.72	1.72	1.15	0.81	0.63
120	3.62	2.69	2.11	1.79	0.97	0.72	0.56	0.48
135	3.28	2.48	1.97	1.72	0.32	0.35	0.35	0.33
150	2.72	2.05	1.71	1.49	0.41	0.30	0.24	0.20
165	2.34	1.78	1.50	1.38	0.45	0.24	0.13	0.08
180	2.14	1.65	1.40	1.28	0	0	0	0

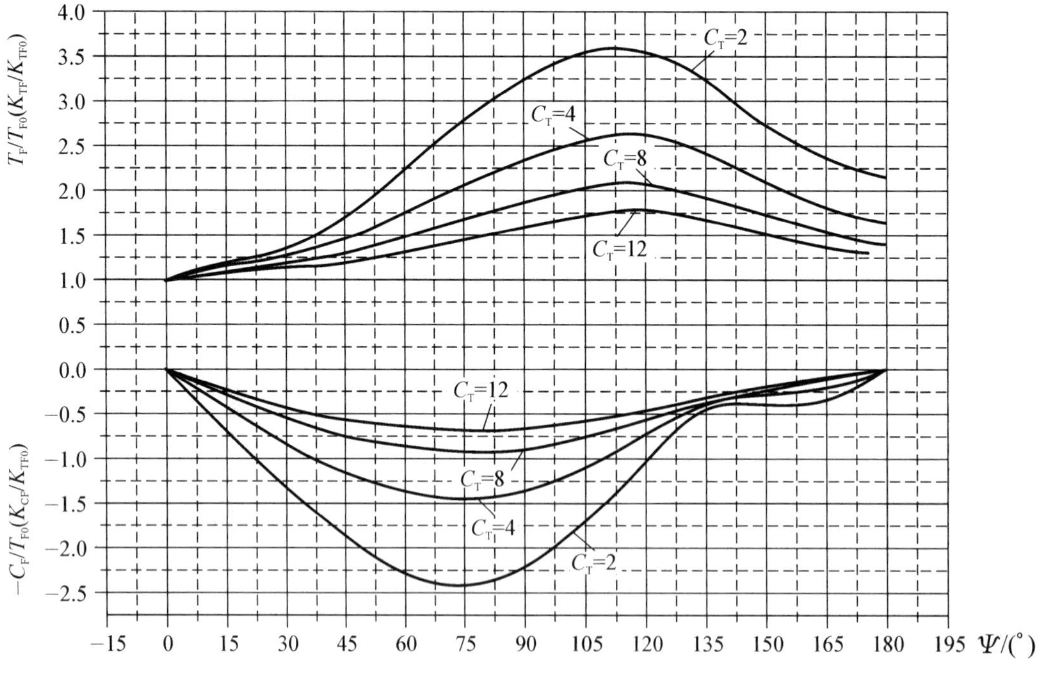

图 9 B-4-55 导管架 P/D=0.8 在 Ψ=0～360°时的推力、横向力变化

2.1.3 B-4-55 P/D=0.6 导管螺旋桨模型试验结果

数据见表 12 及图 10。

表 12　$P/D=0.6$

名称	导管的推力比 $T_F/T_{F0}(K_{TF}/K_{TF0})$				横向力比 $C_F/T_{F0}(K_{CF}/K_{TF0})$			
Ψ/(°)	$C_T=2.0$	$C_T=4.0$	$C_T=8.0$	$C_T=12$	$C_T=1.0$	$C_T=2.0$	$C_T=4.0$	$C_T=8.0$
0	1	1	1	1	0	0	0	0
15	1.19	1.18	1.13	1.07	0.69	0.43	0.30	0.21
30	1.30	1.29	1.20	1.12	1.33	0.88	0.59	0.45
45	1.68	1.50	1.32	1.18	1.85	1.20	0.78	0.59
60	2.22	1.77	1.53	1.28	2.34	1.45	0.94	0.65
75	2.90	2.13	1.71	1.44	2.56	1.55	0.99	0.70
90	3.47	2.54	1.97	1.61	2.41	1.50	0.98	0.72
105	3.98	2.89	2.21	1.77	1.90	1.29	0.87	0.64
120	4.23	3.01	2.31	1.85	1.13	0.81	0.62	0.50
135	3.88	2.91	2.24	1.83	0.38	0.41	0.39	0.35
150	3.16	2.52	1.95	1.68	0.47	0.37	0.27	0.22
165	2.61	2.21	1.78	1.50	0.51	0.29	0.28	0.09
180	2.40	2.0	1.60	1.39	0	0	0	0

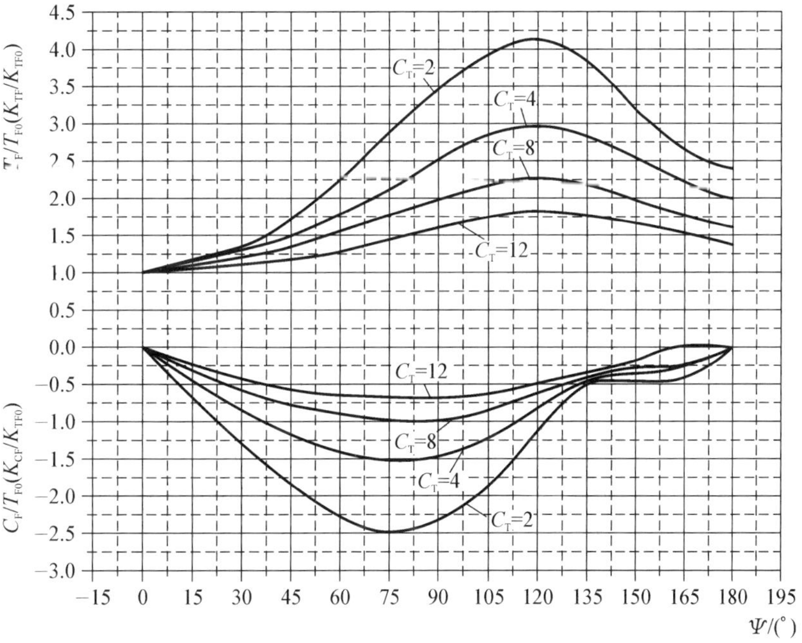

图 10　B-4-55 导管桨 $P/D=0.6$ 在 $\Psi=0\sim360°$时的推力、横向力变化

由本节的三只导管螺旋桨模型试验数据可以看出，导管螺旋桨用做动力定位装置的推力部件，在方位角 Ψ 的条件下，出现了导管螺旋桨比(裸)螺旋桨有更大的横向力。比较图 1～4 和图 8～10，可以看到：同样推力条件下，与装备(裸)螺旋桨的定位装置——舵桨相比，装备导管螺旋桨的定位装置——舵桨，横向力高约一个数量级。装备导管螺旋桨时，横向力与推力是同级量。这当然会影响到船舶的动力定位性能。它将更有“力”地操纵船舶，达到预期定位状态。

2.2　关于导管螺旋桨整体的合力和桨轴向推力的关系

比较表 10～12 的推力 T 和横向力 C 夹角 $T/C=\tan\Theta$ 的数值表明，在各个方位角 Ψ 下，装置的横向力和推力的合力，与桨轴线方向形成的夹角，主要与装置在 $\Psi=0$ 载荷有关，不同螺距比的桨，只要在 $\Psi=0$ 时的载荷 C_T 相同(这时航速转数比并不同)，其转动到方位角 Ψ 后的 $C/T(T/T_0=K_{TF}/K_{T0}$，$C/T_0=K_{CF}/K_{T0})$ 变化不大，即夹角 Θ 变化不大。试验结果列于表 13，并绘于图 11 中。从这个结果看来，配备有不同螺距比的导管桨，遇到不同方位 Ψ 的来流时，只要知道整个装置 $\Psi=0$ 时的复合推力 T_F，算出相应的载荷 C_T值，就可以估算整个导管螺旋桨处在方位角 Ψ 条件下合力的作用方向 Θ。但是，不同螺距比的螺旋桨，装在同一导管中，桨和导管各自的推力(T_{PR}，T_{DUCT})并不一样，其复合推力 $T_F=T_{PR}+T_{DUCT}$ 也不相同，因此，不同螺旋桨(包括导管螺旋桨)的合力矢量图还是不一样的。

表 13　导管螺旋桨整体的横向力和桨轴向推力合力与桨轴夹角 Θ

Ψ/(°)	0°	15°	30°	45°	60°	75°	90°	105°	120°	135°	150°	165°	180°
$C_T=2$	0	30	45.5	47.8	46.5	41.5	34.8	25.5	15	6.5	8.5	11	0
$C_T=4$	0	20	34.5	38.8	39.2	36	30.5	24	15	8	8.3	7.6	0
$C_T=8$	0	14.8	26	30.5	31.5	30	26.5	21.5	15	10	8	5	0
$C_T=12$	0	11.5	22	26.5	27	26	24	20	15	11	7.5	3.5	0

上述导管螺旋桨的合力作用方向，与其螺旋桨的螺距比相关不紧密的情况，当采用别型螺旋桨来设计新的舵桨时，若缺乏试验数据，可用来评价其他桨在导管中做全方位角 Ψ 机动时的流体动力(横向力和桨轴向推力)，供参考之用。

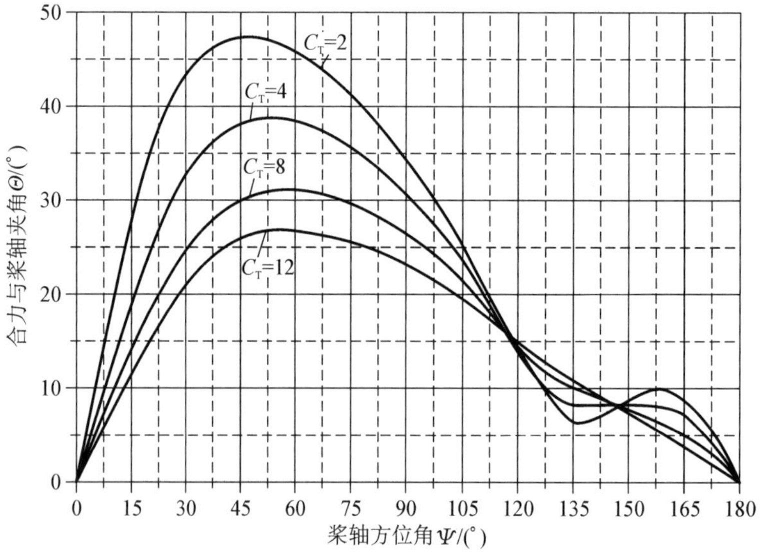

图 11　桨轴与舵桨合力之夹角

2.3　导管螺旋桨在 0 到 360°方位角时的扭矩变化

同 1.2 节中裸桨一样，发表的导管螺旋桨试验资料中，原作者没有详细列出螺旋桨扭矩 Q(Q 按常规表达：$Q=K_Q\rho n^2D^5$)随方位角 Ψ 变化的数据，只列出了不同螺距比 P/D 的 B-4-55 桨在 2# 简易导管中，当方位角 Ψ 由 0～360°时可能遇到的最大值 Q_{max}/Q_0，看来其理由也同样，即有了 Q_{max}值，可以对导管螺旋桨的设计和使用做出抉择。试验数据列于表 14 和图 12 中。

表 14　B-4-55 系列 P/D 桨模在 2# 简易导管中不同载荷 C_T 下的 Q_{max}/Q_0 比值

C_T	2	4	8	12	20
$P/D=1.0$	2.38	1.89	1.62	15.4	14.7
$P/D=0.8$	2.07	1.75	1.54	1.47	1.4
$P/D=0.6$	1.79	1.58	1.45	1.38	1.33

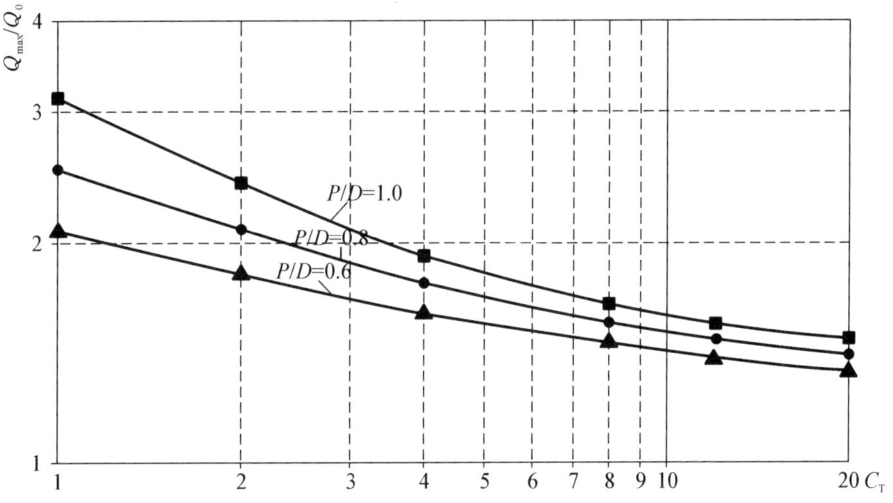

图 12　导管螺旋桨在 0～360°方位角出现的最大扭矩 Q_{max}/Q_0

有了螺旋桨的扭矩 Q 值，并计及桨在动力定位装置作全方位机动时可能出现的 Q_{max}，可以进行驱动电机的选取和制订舵桨装置使用条例。

2.4　导管螺旋桨在 0～360°方位角时的稳舵力矩

作为船舶机动装置的推力器，在完成航行或动力定位任务时，也必须保证将导管螺旋桨稳定地置于预期方位角 Ψ，即在任何状态下都必须能将装置锁定(或调整)，为此要知道特定桨在 0～360°方位角时的"转舵"力矩，即推力装置绕"舵柱"(通常垂直螺旋桨轴)作用的旋转力矩，这个力矩也就是"稳舵力矩"M_d——将装置"稳"在设定位置的力矩。由于导管螺旋桨的横向力的作用中心位置，与方位角 Ψ，桨螺距比，及桨在导管中的相对位置等有关，作者没有提供 M_d 的数据，只列出了最大稳舵力矩系数 K_{dmax}。现将其列入表 15 及图 13 中。据俄国人说，"Hollming"公司采用 $K_{dmax} = 0.100$。

表 15　导管 B-4-55 桨在 0 到 360°达到的稳舵力矩系数最大值 K_{dmax}

P/D	0.6	0.7	0.8	0.9	1.0	1.1
K_{dmax}	0.06	0.07	0.085	0.113	0.140	0.172

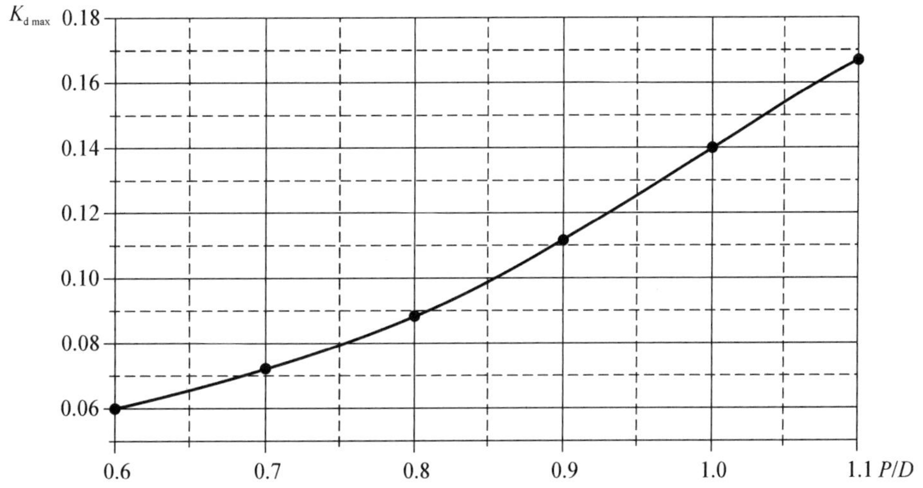

图 13　导管螺旋桨的最大稳舵力矩系数 K_{dmax}

2.5 变形 B-4-55 系列导管螺旋桨的 C_T 与 J_P 的关系

试验的是经削除部分桨叶的螺旋桨在 2# 简易导管中的情况，编译者手头没有现存公开资料。在资料中 Müller E. 附有自己的试验结果(K_{TF}-J_P，K_{CF}-J_P)及 $C_T = T_F/(\rho v^2/2)\cdot(\pi D^2/4) = (8/\pi)\cdot(K_{TF}/J_P^2)$ 计算值(C_T-J_P)图，现引述于下。但绘制这些数据的图太小，用来设计导管螺旋桨，解决船舶快速性问题，似乎显得太粗糙；作为舵桨设计用的资料，还是可以的。现将原绘图中"剥"的结果示于图 14、图 15、图 16 中，供参考。根据图 14 的 K_{TF}-J_P，计算 $C_T = (8/\pi)(K_{TF}/J_P^2)$ 值，即得图 16 的曲线数据。

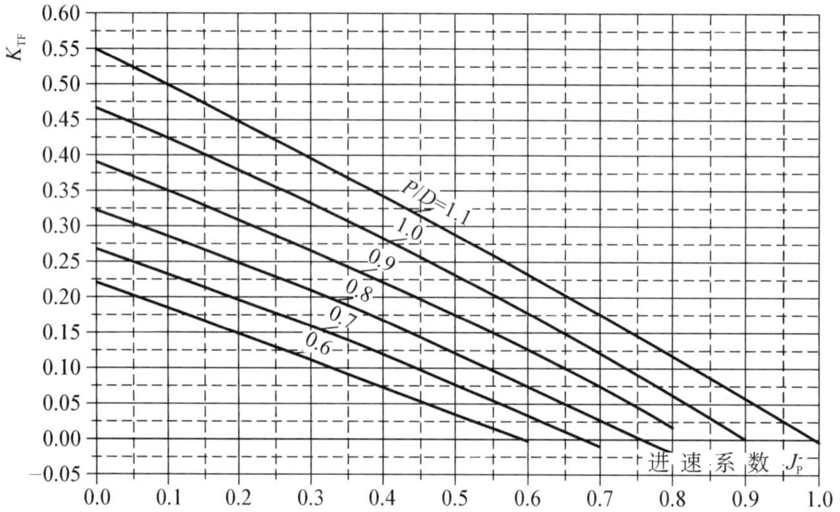

图 14 导管桨推力系数 K_{TF}-J_P

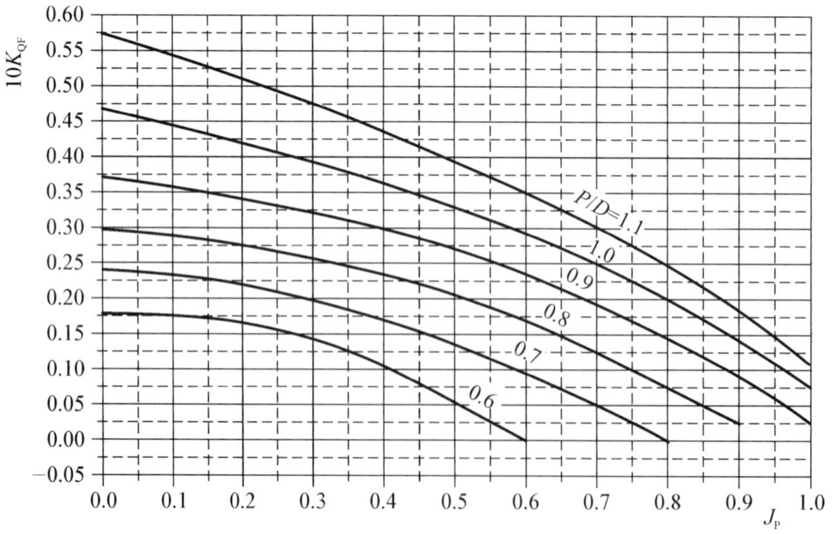

图 15 导管桨扭矩系数 K_{QF}-J_P

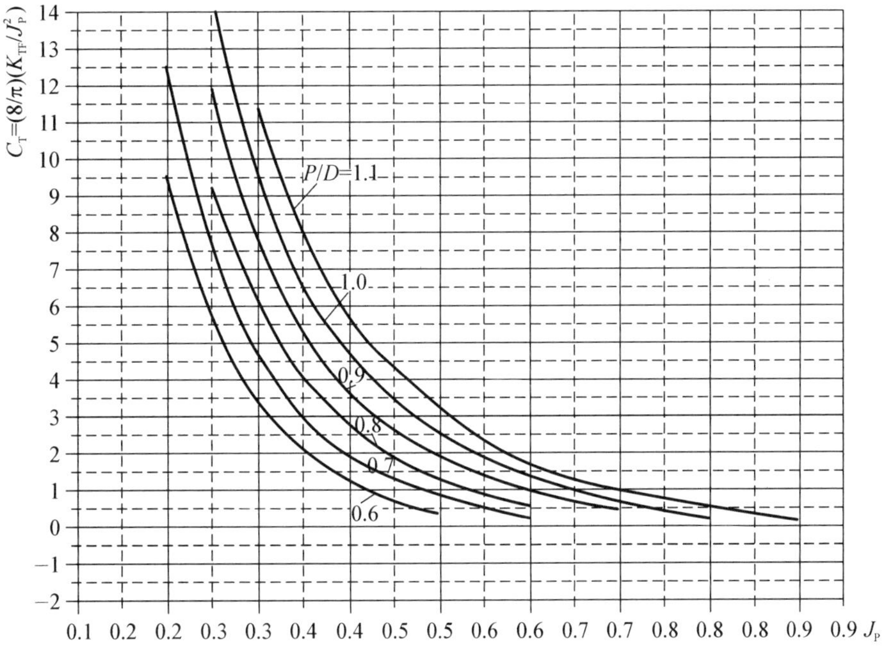

图 16　B-4-55 导管桨的载荷系数 C_T-J_P

吊舱推进器螺旋桨 360°全方位流体动力研究

报告主旨

近年来吊舱推进器(以下简称“吊推”)取得了推广应用，吊舱推进器包括吊舱(内有螺旋桨驱动电机为其特征)、吊柱(用做与船体相连支撑并改变“吊推”方位角机座)、螺旋桨。作为主要部件的螺旋桨，从流体动力性能角度看，吊舱不过是类似船体(或附体)一样临近螺旋桨的绕流物体，其影响螺旋桨推进性能的程度，与之相当。但吊舱推进器本身有围绕“吊推轴”转动的功能，当其螺旋桨轴与船行方向形成 Ψ 角之后，螺旋桨提供的推力和吸收的功率，将会发生变化。到达 Ψ 新位置后，每一转内桨叶剖面的速度矢量图，也将发生变动。螺旋桨在各 Ψ 角位置时的推力和扭矩变化，将影响装置的电机、机械的运行。此外，这时出现在螺旋桨上的侧向力，是常规船用螺旋桨运作时不太注意的，它将影响吊舱推进器部件——螺旋桨受到的合力的方向和大小，不仅影响吊舱推进器作为推进器和动力定位装置的效能，而且牵涉到吊舱推进器部件、螺旋桨推力轴承等机件的安全和寿命。试验测定螺旋桨在 360°方位角 Ψ 状态下的推力、扭矩、侧向力等等，了解它们的变化特征，以利定性评估这些力学因素对吊舱推进器等带有螺旋桨部件的工程装置的影响，从而做出恰当的技术决策。

鉴于常见的螺旋桨模型试验动力仪只能测螺旋桨推力、扭矩，而不能测其侧向力。需要专门设计、配置相应的环境和仪器，才能进行螺旋桨多维运动的流体力学测试。本报告以当前常见的各式船用螺旋桨为例，对螺旋桨置于吊舱前方(拖式)和后方(推式)的情况，进行了试验研究，企图找出当代螺旋桨装在吊舱推进器上后，各种流体动力力学数据变化的基本规律，补充已有的等螺距螺旋桨作为“舵桨”等的推力器时的有关流体动力性能数据范例[11]。

1　拖式吊舱推进器带 360°全方位角流体动力试验研究

1.1　拖式吊舱推进器模型试验设计

除了满足推进船舶航行要求之外，吊舱推进器还是船用特种设备，须执行船舶操纵和动力定位的任务。用做推进器时，吊舱推进器的推力部件——螺旋桨的流体动力功能与其在船舶常规推进时的功能，并无实质差异。当用做动力定位装置时，要求吊舱推进器能转动和稳定在指定位置，处在任意要求的方位角 Ψ(0～360°)。这时螺旋桨受到的流体动力和力矩，与它在执行推进任务时，有很大不同。需要有专门的了解，才能做出恰当的技术抉择。

鉴于缺少船用吊舱推进器装置研发所需的流体动力基础数据，为此进行吊舱推进器在 360°方位角状态的模型试验。希望取得有关数据，即除了螺旋桨发出的推力 T 和吸收的功率 P_D 外，还有螺旋桨产生的侧—横向力 C 及其对吊舱推进器方位调节轴—"吊推轴"(如同船舵柱)的力矩 M。

基于前述试验要求，需测定螺旋桨在任意方位角状态的推力 T、扭矩 Q 之外，尚需测定吊舱推进器整体所承受的航行方向的力 X 和垂直航行方向(水平面内)的横向力 Y(组成影响船舶运动合力)，及其对吊舱推进器方位调节轴"吊推轴"的力矩 M。在方位角 $\Psi = 0$ 时，测得的 T_0、Q_0、X_0($X_0 = T_0 - R_0$，R_0——吊柱、吊舱及其载体的阻力)；加上已知拖车速 v 以及转数 n，实际上就取得了常规"自航试验"的全套数据。在"吊推"方位角 Ψ 设定为某一特定值后，保持拖车速度 v 以及转数 n 不变条件下，测定试验装置各部件受到的 T, Q, X, Y, M。并逐次测得吊舱推进器各方位角 ($\Psi < 360°$) 时的上述流体动力数据。为保证改变方位角 Ψ 时，只有吊舱推进器受力变化，而载体(船模)受到的流体动力不变，避免吊舱刚性固定在船模底部后，随着吊舱方位角变化，船模与航速形成夹角也变动，难以扣除其对装置各部件受力 T, Q, X, Y, M 的影响。特意将吊舱模型安装在一圆盆形载体底部，"圆盆"的对称轴与吊舱推进器方位调节转轴"吊推轴"重合，调整 Ψ 角后，"圆盆"的阻力不随之改变，也不出现其他外力变化。

如"吊推"模型全景图(图 1 所示)，整个吊舱推进器装在"圆盆"底部。试验螺旋桨模型直径 $D = 240$ mm；吊舱直径 120 mm、长约 660 mm 圆柱体；螺旋桨轴线到"圆盆"底部距离 240 mm，"吊柱"横截面近椭圆形，弦长 500 mm。圆盆底直径为 800 mm，进行各方位角 Ψ 试验时，能完全阻止空气由水面吸入螺旋桨盘处，保证测试数据不受影响。在"吊推"模型未装螺旋桨时，先将吊舱各组件在预定航速——拖车速 v 和各方位角 Ψ 状况拖曳，用三分力天平测定装置的横向力 $Y_0 - C_0$(垂直拖车速度方向)、阻力 X_0(拖车速度方向)及"稳(转)舵力矩"M_0。然后装上螺旋桨模型，将螺旋桨动力仪开到预定转数 n，在拖车速 v 下，测定螺旋桨的推力 T 和扭矩 Q，同时，三分力天平测定装置整体的横向力 Y、拖车速度方向的力 X 及稳(转)舵力矩 M。按力的分解和叠加办法，计及装在吊舱内的动力仪直接测得的螺旋桨推力 T、扭矩 Q，求得这时螺旋桨所承受的(横)侧向力 C 及其对"吊推轴"的力矩 M 值和侧向力在螺旋桨轴线上的位置。为模型试验专门设计的吊舱、"吊柱"和"圆盆"等部件，与实际吊舱推进器的相应部件并无相似要求，工程上实物吊舱推进器各自的上述部件形状也不同。这只是要取得螺旋桨在 360°方位角状态的 T, Q, X, Y, M 等力学参数。

图 1　吊舱推进器模型全景照片

1.2　拖式吊舱推进器模型试验分析

试验装置准备完毕和螺旋桨模型选定之后，进行了螺旋桨空泡筒大气及空泡斗(初生空泡数 σ_n 随进速比 $J_p = v_p/nD$ 而变)性能测试。随后全部试验，包括吊舱推进器各方位角 Ψ 的试验，均在船模试验水池中进行。

1.2.1　吊舱推进器的推进性能试验

在图 2 上绘有 SQ-5-70、$P/D = 1.05$ 螺旋桨在船模试验水池的性能曲线 K_{TW}、K_{QW}-J_p，以及在空泡水筒中对应的 K_T、K_Q-J_p 性能曲线，性能数据如表 1 所示。由图 2 所得数据可以和处理常规船模的自航试验数据一样，求出吊舱推进器装置装在"圆盆"底部后的推进因子 w, t, η_r 等。

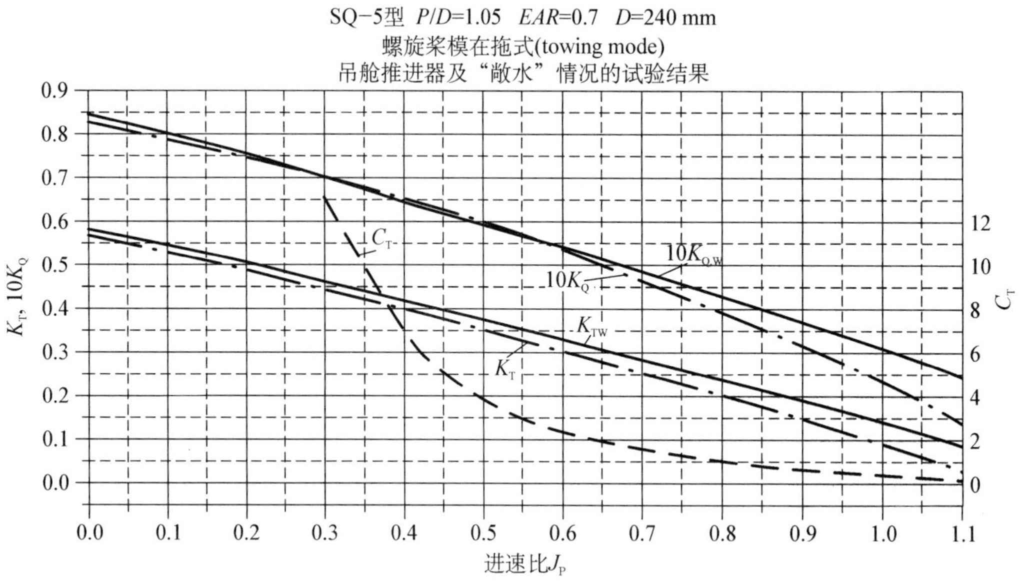

图 2 螺旋桨“敞水”及在“船后”的性能曲线

表 1 参试螺旋桨性能数据

J_P	K_{TW}	$10K_{QW}$	C_T	K_T	$10K_Q$
0	0.548	0.845	—	0.569	0.830
0.1	0.55	0.806	—	0.537	0.794
0.2	0.509	0.759	32.4	0.488	0.750
0.3	0.464	0.704	13.1	0.477	0.705
0.4	0.420	0.646	6.68	0.402	0.654
0.45	0.397	0.620	4.99	0.377	0.628
0.5	0.375	0.595	3.82	0.353	0.602
0.55	0.352	0.570	2.96	0.328	0.572
0.6	0.330	0.545	2.33	0.305	0.538
0.65	0.307	0.516	1.85	0.280	0.503
0.7	0.284	0.487	1.48	0.254	0.470
0.75	0.261	0.458	1.18	0.230	0.433
0.8	0.236	0.430	0.94	0.204	0.396
0.9	0.197	0.372	0.62	0.149	0.320
1.0	0.141	0.308	0.36	0.090	0.230
1.1	0.090	0.246	0.19	0.030	0.138

1.2.2 拖式吊舱推进器装置无桨时各方位角 Ψ 下升力 Y_0、阻力 X_0 及稳(转)舵力矩 M_0 试验

专门准备的吊舱推进器装置的“吊推轴”是吊舱及“吊柱”的对称轴，前部与后部对称，当水速 v 方向不变，“Ψ”与“$180°-\Psi$”位置时(掉头以后)阻力 X_0 大小、方向不变，而升力 Y_0 改变方向，由于合力作用中心对称于“吊推轴”，故稳(转)舵力矩 M_0 大小不变，方向相反。底部装有吊舱推进器的“圆盆”直径以 $D_p\approx 0.9$ m，相应傅氏数 $Fr=v_a/\sqrt{gD_p}$ 数据变化如表 2，在备注中分析了装置流体动力试验时 Re 雷诺数和 Fr 傅氏数的影响(无桨和带桨)，为保持阻力 X_0 相对稳定，选定试验水速为：0.4～1.3 m/s。

表 2 试验装置的 C_TS 及 Fr 变化

v_a/(m/s)	0.4	0.48	0.65	0.77	0.85	1.02	1.25	1.3	1.44	1.68
R/N	5.5	7.0	10	13.4	15.8	21	36	39	53.2	89.6
C_TS	0.069	0.060 8	0.047 3	0.045 2	0.043 7	0.038 4	0.043 5	0.046 2	0.051 3	0.063 5
Fr	0.135	0.162	0.219	0.259	0.286	0.343	0.354	0.421	0.485	0.566
备注	Re(雷诺数)太低						Fr(傅氏数)处于兴波峰区			

表注：C_T 为船模阻力系数，S 为船模湿面积

试验测得整个装置(无桨)时的阻力 X_0、侧向力 Y_0 和稳舵力矩 M_0。在水池拖车速度等于 $v_a = 0.4 \sim 1.3$ m/s 时，各 Ψ 位置的流体动力变化图。其中，图 3 所示为阻力 X_0。表 3 中列出具体试验值。图 4 所示为升力 Y_0，表 4 中也列出具体试验值。吊柱、吊舱等有对称性，可将在方位角 $\Psi = 0° \sim 90°$ 测试值推广拓展至 90° ～180°区间。装置(无桨)时的稳舵力矩 M_0，涉及流体动力合力作用中心，该稳(转)舵力矩 M_0与方位角 Ψ 有关。装置流体动力作用中心距“吊推轴”的距离 $L_C \sim \Psi$ 列于表 5。表 6 中列出试验测得的装置(无桨)稳(转)舵力矩 M_0绘于图 5。

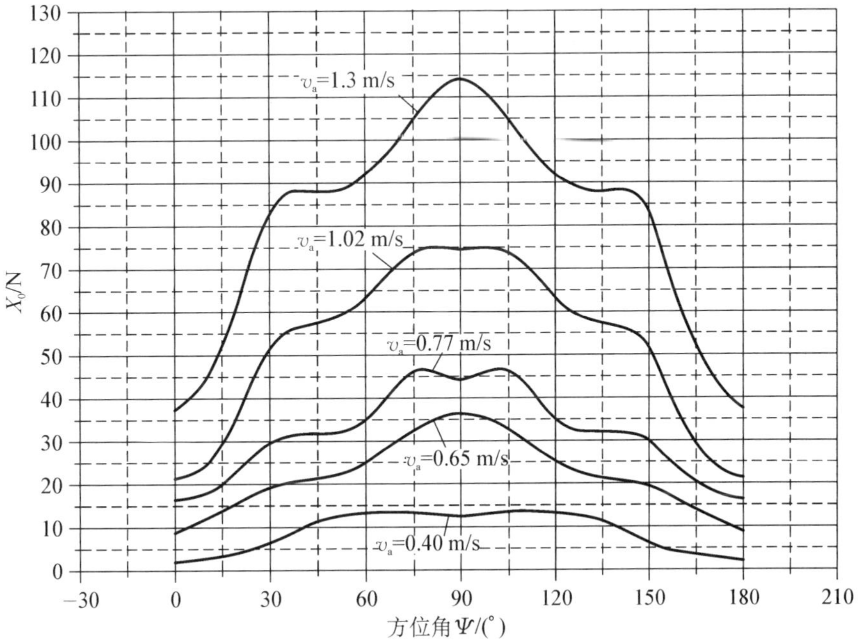

图 3 “吊推”无桨时的阻力

表 3 装置(无桨)的阻力 X_0(单位为 N)

方位角 Ψ/(°)	0.4 m/s	0.65 m/s	0.77 m/s	1.02 m/s	1.3 m/s
0	2	9	16.5	21.4	39
15	3.5	13.5	20	24.5	50
30	5.4	19.5	30	52	84
45	10.5	20.3	31.5	57	88
60	13	25	35.5	64.5	91
75	13.5	32.5	47	74.5	105.6
90	13	36.5	45	75	115
105	13.5	32.5	47	74.5	105.6

（续表）

方位角 Ψ/(°)	0.4 m/s	0.65 m/s	0.77 m/s	1.02 m/s	1.3 m/s
120	13	25	35.5	64.5	91
135	10.5	20.3	31.5	57	88
150	5.4	19.5	30	52	84
165	3.5	13.5	20	24.5	50
180	2	9	16.5	21.4	39

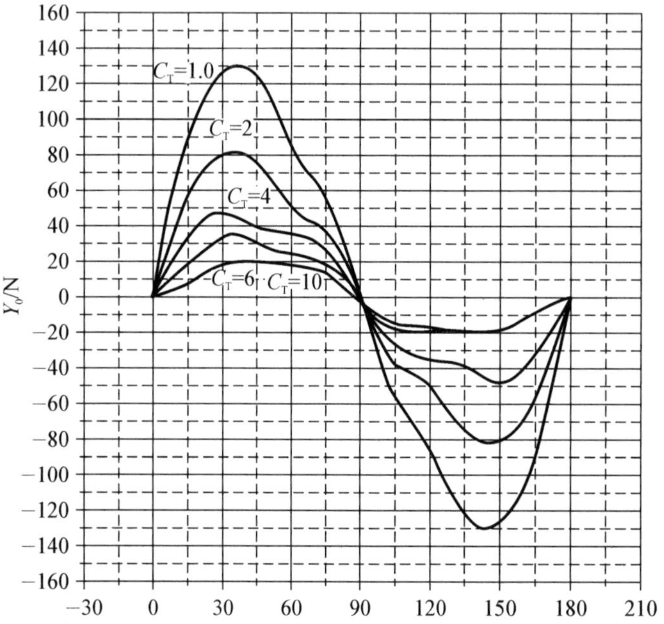

图 4　无桨时吊舱的侧向力

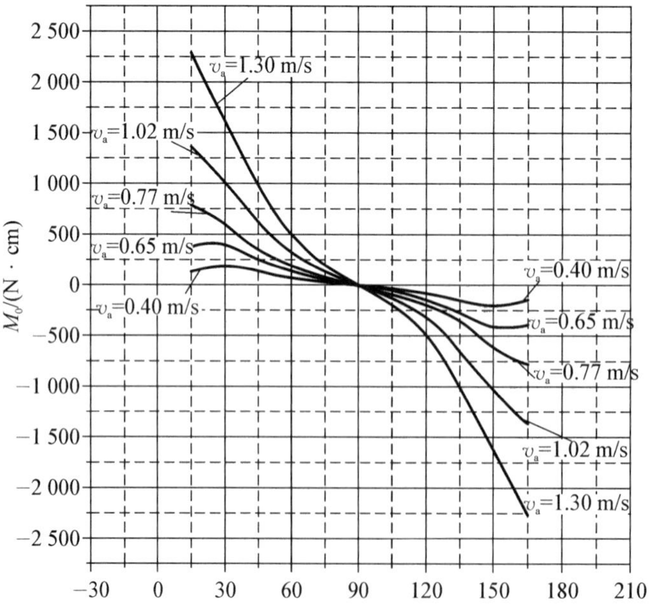

图 5　无桨时吊推的舵力矩